예수 그리스도의

사랑학

개 론

신학박사 김승한

풀이멘

신학박사 김승한

서울 장신대학교
장로회신학대학원
한국복음신학연구원 &
United Theological Seminary, EDP, 신학박사 Th.D 취득

예수그리스도의 사랑학 개론

초판1쇄 발행일 : 2006년 6월 20일

지은이: 김승한
펴낸이: 최은상
발행처: 도서출판 포이멘(제22-2818호, 2005.10.13)
주   소: 서울 서초구 양재동 319-3
전화(팩스겸용) : 02-573-7941

ISBN 89-957644-2-2   03210
책값은 뒷표지에 있습니다.

예수 그리스도의

사랑학

개 론

서언

　'존재하는 모든 것이 변한다' 는 말이 있지만 세상은 21세기를 맞아 빠른 속도로 변화하고 있다. 모든 분야에서 미래에 대한 예측을 못할 정도로 발전하고 있는 것이 현실이다. 세상은 작은 길이를 측정하는 단위도 펨토미터(10^{-15}m), 아토미터(10^{-18}m)로 계산되고, 크게는 싹세(3,258광년)를 넘어 엑사미터(10^{18}m)를 계산하고 있다. 내적으로는 인간의 신비를 밝히고, 밖으로는 우주로 향하고 있다. 특히 인간은 과학과 의술의 발달로 꿈으로만 생각하던 새로운 세계를 살아갈 소망을 갖게 되었다. 이러한 변화는 생명과 환경을 두 축을 이루고 있다. 그러나 그 발전의 결과는 언제나 예측할 수 없는 미래에 대한 불안으로 부정적인 평가를 접을 수 없다.

　변화하는 세상에 변하지 않는 진리를 가지고 있는 기독교와 교회는 이에 대한 방향을 제시해야 할 것이다. 그러나 과연 기독교가 그 해답을 주고 있는가. 교회가 오히려 세상에서 해답을 얻으려고 안절부절못하는 현실은 아닌가. 이제라도 새로운 미래를 위해서 기독교와 교회는 가지고 있는 영원한 진리에 대한 신학적인 재정립이 필요하다. 그 해답은 무엇인가? 기독교와 교회가 가지고 있는 성경에 있다. 그럼에도 불구하고 예수 그리스도의 복음을 영생의 진리로 믿고 따르는 교회가 방황하는 이유는 무엇인가? 바로 잘못된 성경관 때문이라고 본다. 성경에는 여러 시대의 역사와 문화, 그리고 각 시대에 따르는 율법과 교리와 신학이 들어 있다. 자칫 상반된 교훈들을 접하고 혼란할 때가 있다. 그래서 자기중심적인 해석과 선택으로 성경을 짜깁기하는 경우가 많다. 한 가지 분명한 것은 성경에는 변하지 않는 진리인 하나님의 뜻이 있다는 사실이다.

본서를 이해하기 위하여 몇 가지 이해를 공유하고자 한다.

먼저 기독교는 유대교의 연장이나 대안이 아니라는 사실이다. 기독교는 율법이나 제사종교의 연장이 아니다. 하나님의 원리요, 원칙이요, 근본 법칙인 예수 그리스도와 그의 복음으로 시작되었다. 예수 그리스도의 복음은 하나님께서 친히 인간의 몸을 입으셔서 인간의 말로 말씀하신 것이다. 그러므로 구약은 예수 그리스도의 복음을 위한 준비요, 예비에 불과하다. 또한 예수의 가르침과 상반될 경우 예수 그리스도의 복음으로 재조명되고, 해석되어야 한다.

둘째로 신약성서는 둘로 나누어야 한다. 바울의 서신 부분과 예수의 증인들이 기록한 복음서와 그들의 기록이다. 바울은 예수를 자기 신학적으로 해석하여 "예수 그리스도에 대한 복음(The Gospel about Jesus Christ)"을 서신으로 남겼다. 그는 예수를 만난 적이나 그의 복음을 들은 적도 없다. 오직 예수를 구약적으로 해석한 것이다. 그래서 율법적이고, 제사적인 의미에서 그리스도론을 정립한 것이다. 바울의 서신은 단지 예수의 죽으심과 부활을 제사적인 입장에서 완성으로 보고 구약의 연장으로 신학적으로 기록한 것이다. 바울에게는 예수께서 친히 말씀하신 복음은 없고, 예수께서 말씀하시지 않은 죄론과 심판론과 종말론이 있는 것이다. 그러므로 바울의 서신 부분을 신약으로 보고, 예수의 복음적인 입장에서 분석할 필요가 있다.

셋째로 복음서에 나타난 예수 그리스도의 복음이다. 복음서는 구약과 바울서신이 기록된 후에 마지막으로 기록되어 세상에 드러난 것이다. 예수의 복음에서 하나님의 음성으로 하나님의 뜻을 듣는다. 복음서에 예수 그리스도의 복음(The Gospel of Jesus Christ)이 있다. 예수의 복음은 영원한 진리이다. 기독교는 예수 그리스도와 그의 복음을 영원한 진리요, 생명이요, 인류가 살아가야 할 길로 받아들인다. 그러므로 기독교가 새 시대를 향한 방향 제시의 원리는 성경 중에서도 복음서에 나타난 예수의 복음이 그 해답이다.

본서는 예수 그리스도의 복음의 핵심인 "서로 사랑"으로 "하나님의 뜻이 하늘에서 이룬 것같이 땅에서도 이루어지는"(마6:10) 가정과 사회를 소망하며 신학적으로 정립한 것이다. 그 해답을 복음서에서 찾았다. 바로 서로 사랑하는 것이다. 예수 그리스도의 복음에 나타난 사랑이 그 첫째일 것이다. 예수 그리스도는 사랑에 대하여 하나님 사랑, 이웃 사랑, 원수 사랑을 말씀하신다. 기독교와 교회가 구약의 율법이나 성전 중심적 사고, 전통과 관습에 젖어 있고, 바울을 통한 서신서의 "이신득의"로 오는 구원을 말하고, 예수 그리스도의 "서로 사랑"으로 오는 구원에는 관심을 가지지 못하였다. 또한 수직적인 관계 즉 하나님과의 관계에는 열심이었으나 수평적인 관계인 이웃과의 관계에는 등한시 했다. 그리고 자기를 사랑하는 자만 사랑하는 이웃 사랑에 국한되어 원수를 용서하고 이해하고, 포용하는 원수와의 서로 사랑을 하지 못하였다. 그래서 한 교회 안에서 다툼이 끊이지 않고, 파당이 갈리고, 서로 미워하는 마음으로 종교 예식에만 집중했던 것이다. 이것은 구약과 바울이 말하는 제사를 통한 대속과 구원만을 믿었기 때문이었다. 카톨릭교회가 교황무오설과 마녀사냥, 유대교와의 화해와 동방정교와의 화해, 갈릴레오의 복권 등 지난 잘못을 사과하며 화해와 공존을 외치고 있건만, 교회는 도덕적, 윤리적, 신조적, 교리적, 율법적인 매너리즘에 빠져있음으로 화해와 공존과 평화는 없이 자신의 의와 구원과 승리와 축복 속에 있었다.

초대교회도 예수 그리스도의 "서로 사랑"으로 생명력 있는 교회가 되었지만, 기독교와 한국교회는 예수 그리스도의 "서로 사랑"을 잃으므로 배타적이며, 질시적인 교회가 되었고, 구약의 율법화와 유대교의 잘못을 답습하고, 바울의 구원론과 재림론과 심판론에 빠져 교회 성장과 신앙심 고취에만 빠져 있는 것이다. 예수 그리스도의 "서로 사랑"을 통한 "뜻이 하늘에서 이룬 것 같이 땅에서도 이루어지는" 구원의 뜻을 이루기 위해서는 예수 그리스도의 "서로 사랑"을 이루어야 한다.

새로운 세계를 향해 전진하는 기독교와 한국 교회는 예수 그리스도의 "서로 사랑"으로 거듭나야 하며, 구약과 바울의 신학에서 예수 그리스도의 복음으로 바뀌어야 한다. 예수 그리스도가 말씀한 "서로 사랑"은 하나님과 사람, 사람과 사람은 물론 이웃과 원수와 만물까지 "서로 사랑"하는 구원인 것이다. 교회는 "서로 사랑"을 통한 세계 평화와 나라와 민족의 구원과 사회의 구원과 교회 일치를 이루기 위한 연합 사업을 추진하고, 이웃과의 사랑을 나누기 위하여 구제와 봉사 활동과 이웃을 용서하고 사랑하는 마음을 심어 주어야 한다. 이렇게 될 때 교회는 곧 이 땅에 하나님의 나라를 이루는 사명을 이행하는 것이며, "예수 그리스도의 복음"을 실천하는 사랑의 교회가 될 것이다.

예수 그리스도의 복음을 전하는 일에 초대 기독교와 교회는 바울이 중심에 있었다. 바울은 제사종교의 그리스도론과 율법주의와 교리적인 교회와 신학으로 세웠다. 바울이 예수 그리스도의 십자가의 죽음과 부활과 재림을 전하며, 예수 그리스도의 십자가의 대속으로 인한 구원과 재림과 심판을 말하고 있었으며, 바울의 "주님의 교회"는 복음적이 아닌 구약적인 교회가 되어 왕국적인 교회를 시작하였다. 그러나 예수의 제자들은 "하나님 사랑"과 "이웃 사랑"과 "원수사랑"까지 포함한 "서로 사랑"을 전하며, 사랑으로 인류를 구원하기 위해 오신 하나님 즉 예수 그리스도의 복음만을 전하였다. "오직 성령이 너희에게 임하시면 너희가 권능을 받고 예루살렘과 온 유대와 사마리아와 땅 끝까지 이르러 내 증인이 되라"(행1:8)와 "너희는 가서 모든 족속으로 제자를 삼아 아버지와 아들과 성령의 이름으로 세례를 주고 내가 너희에게 분부한 모든 것을 가르쳐 지키게 하라"(마28:19-20)는 말씀을 지상 명령으로 받아 들여 왔는데, 예수 그리스도가 분부하신 것은 "네 마음을 다하고 목숨을 다하고 뜻을 다하여 주 너의 하나님을 사랑하라 하셨으니 이것이 크고 첫째 되는 계명이요 둘째는 그와 같으니 네 이웃을 네 몸과 같이 사랑하라 하셨으니"(마22:34-40)의 하나님 사랑과 이웃 사랑의 복음을 동반하지 않으면 안 된다. 나아가 "새 계명을 너희에게 주노니 서로 사랑하라 내가 너희를 사랑한 것 같이 너희도 서로 사랑하라"(요13:34)는 말씀과 요한복음 21장에서 베드로에게 말씀하신 사랑하는 마음으로 시명을 받고 나아가야 한다. 선교는 용서와 "서로 사랑"으로 이루어지는 가운데 맺어진다. 예수 그리스도가 말씀한 선교는 이웃과 지역만을 말씀하지 않으셨다. 세계와 우주(Cosmos)까지를 말씀하셨으며, 자연과 만물을 말씀하셨다. 때로 교회가 이슬람권과 불교권과 유교권에 대한 선교를 말하지만, 보다 시급한 것은 예수 그리스도의 "서로 사랑"을 전하고 가르치는 것이다. 앞으로의 선교는 시기와 질투, 불신과 착취, 억압으로 이루어지는 선교가 아니라, "서로 사랑"으로 이루어지는 선교를 통하여 세상이 화해와 공존과 공생과 공영을 이루어 나가도록 "서로 사랑"의 복음을 전해야 한다.

이에 성경을 예수 그리스도의 복음으로 재조명하였다. 구약과 신약을 통한 기독교 역사는 반목과 질시 속에 이기주의와 민족주의, 그리고 제한된 공동체의식만을 위한 삶을 살아 온 역사를 분석해 보고자 한다. 유대교와 기독교가 존경하는 구약의 인물들, 즉 믿음의 조상이라고 하는 아브라함과, 이삭, 야곱도 예수 그리스도가 말씀한 "서로 사랑"을 실천하지 못했다. 모세도 다윗도 솔로몬도, 신약시대로 와서 바울도 예수 그리스도가 말씀한 "원수사랑"의 "서로 사랑"을 실천하지 못했다. 그들은 한 가족임에도 질투 속에 상대를 대했으며, 한 부족이면서도 이웃을 사랑하지 못했고, 나아가 예수 그리스도가 말씀한 "서로 사랑"은 하지 못하였다. 자기 자신과 가정, 교회, 사회, 국가만 잘되면 되는 식으로 자기 중심적이요, 투쟁 속에 살며 오직 자기들만을 위하여 살아온 신앙 때문이었다. 그 결과 그들의 후손은 몇 천 년이 지난 지금까지도 서로 싸우고 있는 것이 아닌가. 계속되는 세계 역사의 불신과 시기, 질투, 전쟁의 중심에는 하나님의 선민으로서 자부심이 강한 이스라엘 민족이 앞장서서 행하였고, 예수 그리스도의 복음으로 시작된 기독교와 교회도 유대교에서 벗어나지 못한 체 반복과 답습으로 악순환의 역사를 기록하였다. 그러므로 이제 기독교와 교회는 "예수 그리스도의 복음"으로 돌아가야 한다. 예수 그리스도가 "하나님 사랑"과 "이웃 사랑" 나아가 "원수 사랑"까지를 포함한 "서로 사랑"을 말씀하시고 십자가에서 까지 이루신 새 계명의 실천해야 한다. 예수는 모든 사람이 이 땅에서 이웃은 물론 원수까지도 서로 사랑하며, 서로 용서하고, 서로 섬기는 길과 진리와 영생의 도리인 복음을 주신 것이다.

아직도 한국 교회는 구약의 율법과 제사 종교의 의식 속에 젖어 있다. 그러나 예수께서는 "하나님은 영이시니……신령과 진정으로 예배하는 자"(요4:23-24)를 찾으신다고 하셨다. 이는 제사 중심의 전통적인 유대 종교에 엄청난 충격이었다. 오늘날 교회는 선택해야 한다. 구약적인 성전 교회인가, 회당교회인가, 바울의 교회인가 아니면 베드로의 교회인가. 이제는 "서로 사랑"의 뜻을 이루었던 예수 그리스도의 복음으로 돌아가서, 미움과 원망과 불평과 질시 속에 있는 교회를 "서로 사랑"의 교회로 바꾸어야 한다.

'서로 사랑'으로 돌아가면, 심지어 죄의 문제에 있어서도, 교회는 구약의 율법과 죄만을 논하고 있을 바울의 대속을 말할 것이 아니라 사랑과 용서의 구원을 선포해야 한다. "서로 사랑"하면 원죄도 자범죄도 문제 될 것이 없으며, 대립과 대결도 문제 될 것이 없으며, 원수시와 적대시도 문제될 것이 없다. 사랑하고 용서하는 일 밖에 없을 때 "서로 사랑"의 평화를 누릴 수 있게 되는 것이다. "하나님사랑"과 "이웃 사랑"과 "서로 사랑"을 실천함으로 하나되어 아름다운 사랑과 평화가 넘치는 교회를 이루기 위하여 예수의 복음 교회를 만들고자 한다.

이상과 같이 논지로 예수 그리스도의 "서로 사랑"의 새 계명이 가득

한 교회와 가정과 사회와 나라와 민족은 물론, 온 세계가 복음화하는 길과 진리요 생명을 제시하기 위하여 필자는 박사 학위 논문을 정리하여 교회와 세상에 책을 내놓고자 한 것이다.

2005. 6.

신학박사 김승한

목차

예수 그리스도의 사랑학 개론

제 1 장
'서로사랑'과 '원수사랑'이 없는 구약

구 약성서는 유다왕국과 유다종교에서 저술된 역사의 성서이다. 그들이 비록 왕국을 세웠으나, 왕국은 460여 년에 불과하였고, 나머지의 3,500여 년의 역사는 왕국이나 국가 공동체가 아닌 "종교 공동체"로 유지된 역사를 말한다. 그럼에도 불구하고 모든 구약을 왕국으로 상향을 하여 왕국사로 보는 왜곡에 있다. 이를 기독교와 교회가 구약을 전부 왕국사나 왕정실록처럼 읽어 온 까닭에 교회적인 사고방식이나 신앙방식보다는 왕국적인 사고로 하나님의 구원과 교회를 대하는 오류에 있다.[1]

아담의 부르심이나 아브라함의 부르심은 왕국을 위한 부르심이 아니라, "카할교회"를 위한 부르심이었다. 이를 구약 자체가 "교회 공동체적"인 구원으로 보다 "왕국 공동체적"인 구원으로 보는 바람에 기독교와 교회에서는 마찬가지로 구약교회를 "교회 공동체"로 보기보다는 "왕국적인 공동체"로 보는 오류에 있었다. 그러니까 구약은 그들의 공동체가 교회 공동체가 되기도 하고, 국가 공동체가 되기도 하는 이중적이며, 자가당착적인 면에 없지 않다. 결국 그 결과는 구원보다 살육하고 도살하며 전쟁까지 하는 나라와 민족이 된 것이다.

히브리어의 "카할"이나 헬라어의 "에크레시아"($\epsilon\kappa\kappa\lambda\sigma\iota a$)는 같은 말인데, 나라와 민족이나 왕국이나 제국을 위한 부르심의 공동체를 말하는 것이 아니다. 이를 기독교에서는 교회(敎會, Church)라고 했으나 교회

역시 "카할"이나 "에크레시아"에서 번역되거나 근원을 둔 말이 아니다. 우리말의 "교회"는 "카할"이나 "에크레시아"에서 번역된 것이 아니라, 고린도전서 11:20이나 요한계시록 1:10의 "큐리아케"($\kappa\nu\rho\iota\alpha\kappa\eta$)에 어원을 둔 것으로서 "부름을 받아 떠나고 나온 무리들"을 말하는 "카할"이나 "에크레시아"와는 다른 "주에 속한" 혹은 "주님의 것"이라는 뜻을 가지고 있을 뿐이다. 예수가 말씀한 "에크레시아"는 성전(聖殿)이나 회당에서 떠나고 나온 무리들을 말씀한 것인데 기독교와 교회는 오히려 그곳으로 되돌아간 종교집단이 되고 말았다.[2]

아브라함의 교회는 갈대아 우르에서 "부름을 받아 떠나고 나온 무리들"을 말하는데 바울이 말한 교회는 성전이 아니면 회당과 같은 "하나님의 교회"로 되돌아간 교회를 말하며, 예수가 12사도들과 함께 한 "예수의 에크레시아"[3]는 구약교회와는 다른 교회를 말씀하셨는데 오늘의 교회 역시 그런 구별이나 구분에 있지 못하고 있다. 예수가 말씀한 "에크레시아"는 다른 종교나 다른 신앙이나 다른 신에서 부름을 받고 떠나고 나온 무리들을 말씀하기 보다는 유대교나 구약에서, 성전종교나 회당종교에서, 제사종교나 율법종교에서 떠나고 나오지 않으면 안 되는 "에크레시아"를 말씀하셨다.

"카할"이나 "에크레시아"는 국가나 왕국이나 제국을 말하지 아니한다. 이는 왕국이나 국가와는 전혀 다른 종교적이며, 신앙적인 무리들이나 모임이나 공동체나 공신체를 말한다. 이는 국가적 차원의 조직 운영 관리는 물론 그들의 구원과는 전혀 다른 조직과 운영과 관리와 구원에 있는 것을 말한다. 그러나 구약의 교회는 왕국을 위한 전초나 왕국의 현상이나 왕국을 회복하는 집단으로서의 하나님의 교회로서, 예수나 신약으로는 물론 기독교와 교회에서 조차 그 근본적인 차이를 외면하고 무시하고, 왕국적이거나 제국적인 종교 공동체를 만들고자 하는데 여념이 없었다.[4]

예수의 교회는 고해성사 하는 곳이 아니며, 죄 사함을 받으면 되는 곳을 말하지 아니한다. 예수 그리스도의 교회는 죄로부터 시작하는 교회가

예수 그리스도의 사랑학 개론

아니며, 죄를 묻거나 죄를 말하는 교회가 아니며 죄를 정죄하는 곳도 아니다. 때문에 단죄나 정죄나 이에 맞서는 속죄나 구속을 말하지 아니한다. 예수의 교회의 본문과 사명은 성전과는 달리 하나님에게 제례를 갖추거나 율례나 규례를 말하는 곳이 아니다. 예수의 교회는 하나님의 인류 구원을 선포하고, 사람들이 스스로 하나님의 나라를 이루어지게 하는 곳으로서, 사람을 괴롭게 하거나 죽이거나 학살하거나 지배하고 정복하고 빼앗는 곳이 아닌 것을 말한다. 교회는 도를 닦는 곳이며, 도리를 말하는 곳이며, 구도를 하는 곳으로서 도인들이나 도사들이 주야로 묵상을 하고 범사에 성찰하며 일상으로 구원의 법도를 말하는 곳이다.

교회와 국가는 전혀 다른 공동체(共同體)와 공신체(公信體)다. 국가는 공동체이지만 교회는 공신체이다. 교회는 유기체(有機體, Organism)이나, 국가는 조직체(組織體, System)이다. 유기체는 가정과 같은 곳을 말하나, 조직체는 사회단체나 군대나 기업이나 왕국과 같은 곳을 말한다.[5] 그러므로 교회는 공동체적인 국가를 닮으면 안 된다. 편의상 한 곳에서 예배하고 말씀을 들으며 교제를 할 수 있고 교육을 할 수 있으나, 성전과 회당과 성당과 같지 않아야 한다.

제1절_ 구약에서 복음으로의 전환

예수의 교회와 하나님의 교회는 다른 의미를 가지고 있다. 예수는 구약에서 말하는 왕국적이거나 제국적인 하나님의 나라를 말씀하지 않으셨다. 자기 민족만이 구원을 받고, 율법 아래 구원을 받는다면 어느 누가 "하나님의 나라"에 들어갈 수 있겠는가? 구약의 "하나님의 나라"는 선택된 국가, 민족, 가정, 인간이 구원을 받을 것이며, 통치를 받고, 살아갈 것이다. 예수는 그런 "하나님의 나라"를 말하지 아니하였다. 크기나 규모를 말하지 않았다. 누구나 함께 공유하고, 공존하며, 함께 모여 사랑을 나누고, 배우고, 교제하는 공동체를 말한다.

바울이 말한 교회는 "하나님의 교회"나 "예수의 교회"가 아니라, "주님의 교회"였다. 즉 구약대로 이루어지는 교회를 말한 것이었다. 여기에 어찌 예수 그리스도의 사랑이 있겠는가? 거기에는 구약의 율법과 계명만이 있을 뿐이다. 구약으로는 신약도 복음도 필요가 없다. 유대인들이 기다리는 메시야는 오지도 않았기 때문이다. 그들은 예수를 십자가에 못박았으며, 지금도 부정하고 있는 자들이다. 구약은 말라기로 끝이 난 상태인 것이다. 여기에 바울의 신약이 무슨 소용이 있는가. 재림과 심판이 아무 소용이 없는 것이다. 예수 그리스도의 복음도 필요가 없는 것이 구약인 것이다.

"하나님의 교회"도 "예수 그리스도의 교회"로 전환되어야 하고, 구약으로 끝이 난 성경이 신약으로 마감하는 것이 아니라 복음으로 귀결되어야 하며, 예수 그리스도가 말씀하신 "새 계명"을 너희에게 주노니 "서로 사랑"하라 하셨다. 구약으로 율법으로, 계명으로, 덮고 있는 교회가 예수 그리스도의 사랑으로 바뀌어야 한다.

1. "하나님의 교회"와 "예수의 교회"

예수 그리스도는 왕국이 아닌 "하나님의 나라"를 말씀하셨다. 왕국은 한정된 영토와 제한된 국민과 한시적인 주권에 있는 사람들의 국가를 말하나, "하나님의 나라는 어떤 제한이나 제약이나 경계나 울타리나 법이나 조건이나 이유가 없는 우주적인 무한의 영역을 말한다. 하나님의 뜻이 이루어지는 곳이면 그 어느 곳이나 다 하나님의 나라를 말한다. 이런 하나님의 나라는 규모나 크기나 수와는 아무런 상관이 없는 것을 말한다. 하나님의 나라에 대하여 하나님의 통치라느니, 지배라느니, 다스림이라는 인위적인 말들이 많으나 예수가 말씀한 하나님의 나라에는 주인도 지존자도 통치자도 지배자도 왕도 없이 다만 사람들이 자기 삶에서 자율적이며 자동적이며 능동적이며 자구적인 구원을 말한다. 그러나 보좌를 차리고 좌우편을 갈라서 양과 염소를 말하며, 만조백관 등을 말하

는 하나님의 나라는 있을 수도 없는 의인화(擬人化)를 말한다.[6]

예수 그리스도의 하나님의 나라는 구약의 종교적이거나 왕국적인 제례나 율례로 오는 하나님의 나라가 아니었다. 예수 그리스도의 하나님의 나라는 율법적으로나 법률적으로 오는 것이 아니었다. 예수 그리스도의 하나님의 나라는 시간이나 장소에 구애됨이 없이 사람들이 만나고 모이고 일하며 교제가 있는 곳에서 하나님의 뜻이 자연의 법칙대로 이치나 사리나 순리대로 오는 구원의 현상을 말씀하셨다. 이는 인위적이며 제도적이며 이기적인 공동체나 독선적인 조직체를 말하지 않았다.

다른 3복음서에는 "에크레시아"라는 말이 전혀 없다. 이는 예수의 부활 이후 12사도들이 중심된 교회가 아직 제대로 가시적으로 모이지 못한 것을 말하며, 정규 집회를 시작하지 못한 것을 말한다. 바울 서신에서는 교회가 세워진 지명과 장소가 있으나 복음서에서는 전혀 그런 지역이나 장소가 없다. 이는 아직 마태공동체나 마가공동체나 누가공동체나 요한공동체라 할 수 없는 것을 말하며, "에크레시아"가 특정한 장소에서 가시적으로 구성되지 못한 것을 말한다.

마태가 말한 "에크레시아"는 "에크"(εκ)와 "클레토이"(κλητοι)의 복합어로서 "밖으로(Out), 불러냄을 받았다(Called)"는 카할과 같은 말이다. 이를 마태복음에서는 과거형도 현재형도 아닌 미래형(未來形)으로 언급하였다. 마태 그룹에서도 아직은 교회 공신체로 제대로 모이지 못하는 까닭이 아닌가 한다. 그러나 구약대로 바울이 주도하는 "하나님의 교회"와는 동일할 수 없는 교회를 말한 것이다.[7]

원래 아람어(Aramic)에서 언급된 교회를 보면 "잔치에 축하하기 위하여 온 무리"(to celebrate, to throw a party)를 말하였으며, "예수를 따르는 자들의 우주적인 모임"(to the followers of Jesus Forming a universal gathering)을 말하였다.[8] 이는 예수와 12사도들과의 모임 자체를 말하기도 하였다. 그러나 그후에는 바울의 교회로 쏠리고 예수 그리스도의 교회는 미미한 상태였던 것으로 볼 수 있다. 이에 비하여 교회라는 "큐리아케"(κυριακη)는 "주의 전"이나 "주의 집"에 속한 자들의 모임을 말하는 것이었다.[9] 이는 예수와의 초기 단계를 지나 예수를 그리스도로 신앙을 고백할 때 모여진 무리들을 말한다.

1611년에 나온 K.J.V에서는 "한 장소로 와서 함께 모인 것"(come together therefore into one place)으로 번역하였다. 이를 잉글랜드에서는 Church로 하였으며, 스코틀랜드에서는 Kirk로 하였고, 독일에서는 Kerche로, 화란에서는 Kerke로 번역하였다. 이들의 어원은 "에크레시아"가 아닌 "큐리아케"나 "큐리아코스"나 "큐리오스"(κυριος)였다.[10]

바울은 "예수의 교회"보다는 "하나님의 교회"와 "주님의 교회"를 말하였다. 바울은 예수로부터 직접 말씀을 들은 적이 없었기 때문에 "예수 그리스도의 복음"과 마찬가지로 "예수 그리스도의 교회"도 어떤 성격의 교회인지를 제대로 알지 못하였다. 그러므로 바울은 "예수 그리스도의 교회"에 대해서는 일언반구도 없이 다만 구약대로의 "하나님의 교회"를 말한 것이다.

"하나님의 교회"나 "주님의 교회"는 대단히 포괄적이고 광범위한 교회를 말한다. 이를 마치 "하나님의 말씀"이라 하면 창세기부터 계시록까지 다 포함되는 것을 말하는 것과 같이, "하나님의 교회"라 하면 구약교회나 유대교회나 성전교회나 회당교회는 물론 사도교회나 바울교회나 교황교회나 장로교회나 감리교회나 순복음교회나 구세군이나 여호와의 증인 교회도 다 포함되는 것을 말한다. "주님의 교회"라는 말도 같은 범주를 말한다. 그러나 예수 그리스도가 말씀한 "에크레시아"나 "예수 그리스도의 교회"를 말할 때는 구약교회나 유대교회나 성전교회나 회당교회나 제사교회나 율법교회는 물론 바울이 말하는 "하나님의 교회"나 "주님의 교회"나 신약교회는 포함될 수 없는 "예수 그리스도의 교회"만을 말한다.

마태의 특징은 예수가 "나의 교회를 세우리라"(I Will Build My Church, οικο δομεησω μου την εκκλησια) 하신 말씀을 현재형이나 완료형으로 말하지 않고 미래형으로 말하였다.[11] 이는 과거의 구약교회나 현재의 바울의 신약교회나 하나님의 교회나 주님의 교회가 다시 시작하지 않으면 안 되는 "예수 그리스도의 교회"를 말씀한 것이다. 마태복음에서는 주후 80년대 초반에 복음서로서 구약교회와 바울의 교회가 어떤 교회이며, 예수 그리스도의 교회와 어떤 차이가 있는지를 말한 것이다.

2. 복음과 신약이 필요없는 구약

구약은 예수의 복음이나 바울의 복음을 전혀 필요로 하지 않는 성서를 말한다. 구약은 말라기로 끝나도 충분한 성서를 말한다. "말라기" 이후의 구약성서는 단 한 절도 추가하지 않아도 되는 성서를 말한다. 지금도 유대인들의 성서는 "말라기"로 끝이 난 상태이다. 왜냐하면 구약의 목적이나 결론은 메시야가 와서 그들의 왕국을 회복만 하면 되는 것이었기 때문이다. 그런 메시야의 행적이나 공적이나 업적을 별도로 기록할 필요가 없었다. 메시야의 오심은 전적인 승리이며, 완전한 진멸과 영광이며, 온전한 제압의 구원이었기 때문에 다른 이유가 필요없는 것이었다.

예수를 핍박하던 바울이 어느 날 갑자기 유대인들이 죽인 예수가 곧 그리스도라는 것이었다. 그 근거를 바울은 자기의 종교적인 체험이나 계시나 감동이나 영감으로 말을 하다가 "성서대로"(구약대로)라 하였다. 이런 바울 때문에 기독교와 교회에서 신비주의와 구약성서가 다시 부활하는 것이었다.[12] 여기에 기독교와 교회의 가장 큰 오류가 동반되는 것이다. 바울의 성령체험과 성령충만과 성서대로 때문에 "예수 그리스도의 복음"이 제외되어도 상관이 없었고 제거되어도 상관이 없었다.

구약을 중심하면 자연스럽게 예수의 복음은 설 자리가 없는 것이었다. 예수는 구약에서는 죽을 수밖에 없었다. 마찬가지로 신비주의나 성령이나 영감이나 계시 충만이 일어나도 "예수 그리스도의 복음"은 설 자리가 없는 것이었다. 이렇게 구약은 구약대로, 신약은 신약대로 예수의 복음을 제외하고 제거하는 것이었다.

유대인들이 간절히 바란 것은 다니엘서처럼 오시는 메시야 왕국이었다. 바울은 유다왕국적인 회복은 아니었으나, 믿는 자들이 휴거를 맞아 공중에서 주와 함께 영원히 산다는 구원을 구약의 완성으로 하였다. 이에 비하여 예수는 씨를 뿌리거나 그물을 던지며 땅에서 이루어지는 하나님의 나라의 비유 밖에 없었다.

그러나 바울의 신약에서는 예수의 땅에서 이루어지는 하나님의 나라는 마치 때를 지나고 만 것이나 다름이 없었다. 무엇 때문에 가만히 믿기만 하면 되는 영원한 구원에 애써 하나님의 나라를 이루고자 피땀을 흘려야 할 것인가? 이는 부질없는 것이었다. 이런 구약에서는 신약도 예수 그리스도의 복음도 필요 없었던 것이다.

3. 사랑이 없는 구약의 구원

구약에서 오는 구원은 제사를 통한 속죄와 율법의 구원을 말하고 있다. 그 구원 속에는 스스로의 노력이나 희생이 없으며 십자가를 지는 하나님 나라의 백성의 삶이 없다. 그러나 복음서에는 "인자가 온 것은 섬김을 받으려 함이 아니라 도리어 섬기려 하고 자기 목숨을 많은 사람의 대속물로 주려 함이니라"[13] 하였다.

그들에게는 자기의 죄와 허물 대신에 짐승을 잡아 대속물(代贖物)로 삼아 신에게 바치며 땜질이나 하고 모면을 하고자 하는 모습과 이해 타산적이고 눈가림으로 넘어가려는 신앙인들이었다. 그렇게 하여 나라와 민족이 영원하기를 바라는 신앙인들이었다. 그들은 봉사하거나 섬기거나 희생하므로 오는 인류와 세계의 구원은 상상도 할 수 없는 일이었다. 그들은 오로지 그들의 신이 은혜나 복이나 구원을 주신다는 믿음이었다. 이런 신앙이 기독교와 교회로까지 넘어와 있다.[14]

그러나 예수 그리스도에게는 그런 구원은 없다는 것이다. 그런 구원이 없다는 말씀을 하시기 위하여 자기의 목숨을 내어 놓았다는 것이다. 왜냐하면 하나님의 구원에는 그런 구원이 없는데도 사람들이 그렇게 밖에 믿지 않는 종말적 현상 때문이었다. 예수 그리스도는 하시고자 하시는 말씀을 다 마칠 때까지는 죽지 않기를 바라 예루살렘과 당국에서 지명수배와 체포령을 몇 번씩이나 피하시기도 하였다. 그러나 말씀을 다하실 무렵에는 피하지 않고 그 길을 가셨다.

유대인-기독교인들이 바울과 한 덩어리가 되어 구약과 유사한 기독교와 교회에 있었을 때 마태는 "이방인의 집권자들은 저희를 너희가 알거니와 너희 중에는 그렇지 아니하니, 너희 중에 크고자 하는 자는 너희를 섬기는 자가 되고, 너희 중에 누구든지 으뜸이 되고자 하는 자는 너희 중에 종이 되어야 하리라" [15] 하신 예수 그리스도의 말씀을 말하였다.

구약에는 대인들이나 성인들이나 의인들이 섬기거나 양보하거나 봉사하거나 사랑하거나 용서하거나 희생으로 오는 구원이 없다. 그들은 상좌와 영광과 독점 위에 군림하고, 받고 취하고 빼앗는 것이 신의 축복으로 믿었다.

비록 이사야가 선포한 유대인들은 말하여 소와 사자가 이리와 양이 그리고 어린 아이와 독사가 함께 노는 공존과 공생과 공영의 세계는 꿈도 꾸지 않는 나라와 민족이었다. [16] 그들은 "칼을 쳐서 보습을 만들고 그 창을 쳐서 낫을 만들 것이며, 이 나라와 저 나라가 다시는 칼을 들고 서로 치지 아니하며 다시는 전쟁을 연습치 아니하리라" [17] 한 말씀은 그야말로 꿈과 같은 그림에 불과한 것이었다.

4. 구약의 종말과 복음의 시작

복음서가 나오기 전에 이미 바울의 서신이나 복음이나 그의 신약이 나와 기독교와 교회의 기초를 다 마친 다음이었다. 그러므로 복음서가 나와도 기독교와 교회에서는 부교재(副教材)나 참고서(參考書)나 다름이 없었다. 바울 서신들보다 예수의 복음서가 먼저 나와 기독교와 교회의 기초가 되었어야 할 것이었으나, 기독교와 교회에 바울의 서신이 먼저 나와 기초를 다 놓은 다음에 복음서를 맞은 것이다. [18]

12사도들은 무엇을 하였기에 복음서를 서신보다 일찍 내지 못하고,

서신보다 늦게 내어, 예수의 복음이 없는 구약과 신약만의 기독교와 교회의 기초와 근간을 다 세우고 말게 할 것인가? 이는 두고두고 한이 되는 일이 아닐 수 없다. 결국 기독교와 교회는 예수로 시작하였으나 바울로 끝이 나고만 것을 말한다. 이름은 예수 그리스도였으나 실제는 바울이 창시하고 설립한 기독교와 교회나 다름이 없었다.

12사도들 중에서는 히브리어나 아람어로나 헬라어로나 로마어로 예수의 복음을 쓸 수 있는 사도가 없었다. 복음서는 12사도들이 직접 쓴 것이기 보다는 후에 그들 공동체나 모임이나 학교에서 나온 것으로서 사도들의 이름이나 사도적인 사람들의 이름으로 대명(代名)된 것이다.[19] 복음서는 한 개인의 서신이 아니었다. 목격한대로 함께 자료를 모으고 편집을 하여 구약과 신약과 무엇이 어떻게 다른 예수의 복음인지를 말하고자 하는 목적에서 기록된 "예수 그리스도의 복음"이었다. 그러나 복음서는 얼른 출간될 수 없었다. 복음서 출현이 서신보다 늦은 이유는 바울 때문이었다. 바울은 그의 첫 서신이나 다름이 없는 갈라디아서에서 자기가 말하거나 가르치는 복음 외의 "다른 복음"은 안 되며, 천사가 말하는 복음일지라도 저주를 받을 것을 거듭 말하였다.[20] 이런 바울의 서슬 앞에 감히 누가 복음서를 내어 놓을 수 있었겠는가? "다른 복음"은 안 된다는 바울의 강한 제동은 막강한 것이었다. 결국 예수의 복음이나 예수의 교회나 복음서가 나온 후에도 바울의 복음과 바울의 교회가 지배적인데 변함이 없는 원동력이었다. 바울은 12사도들이 말하는 예수의 복음에 비하면 별 수가 없는 것을 17년 간이나 아라비아에 가서 숙고한 후 내놓았다.[21]

마가복음서는 주후 70년을 전후하여 나온 최초의 복음서이다. 나머지 3복음서는 마가복음을 보고 예루살렘 멸망 이후 10여 년씩을 보내며 차례대로 나온 복음서이다. 복음서는 유대인들이 바라는 하늘로부터 내려오는 하나님의 나라를 말하거나 바울이 말하는 하늘로 휴거를 당하여 올라가는 하나님의 나라를 말하지 않았다. 신으로보다는 사람으로 오신 예수가 땅에서, 우리 가운데서, 세상과 더불어 이루어지게 하는 하나님의 나라를 말하였다.

"베드로의 복음서"나 다름이 없는 마가복음서에는 그동안 바울이 말하는 지론들은 전혀 언급되지 않았다. 마가복음서는 바울의 지론들과 상반되는 예수의 복음을 말하였다. 이는 베드로와 마가가 바울이 미워서가 아니라 예수 그리스도가 그런 말씀을 말씀하지 않았기 때문에 그렇게 말한 것이다. 마가복음에는 율법(律法)이라는 말과 계시(啓示)라는 말과 은혜(恩惠)라는 말은 단 한 마디도 없었으며, 부활(復活)과 재림(再臨)과 심판(審判)에 대하여서도 바울과는 전혀 다른 예수 그리스도의 복음을 말하였다.

바울은 구약대로를 말하였으나, 베드로와 마가는 예수의 복음대로를 말하였다. 마가복음서는 구약은 물론 서신의 신약은 이제 다 끝이 나고, 바울도 죽은 다음에 나온 것이다. 이제는 유대인들이나 유대인-기독교인들도 2선으로 물러 간 다음이었다. 그러니까 구약이나 신약의 맹점이나 모순이나 자가당착이나 이율배반이 무엇인지를 가차없이 말할 수 있을 때였다. 그러면서 "예수 그리스도의 복음"으로 다시 시작하지 않으면 안 되는 기독교와 교회를 말하였다.

그러나 바울의 복음이나 바울의 구원이나 바울의 교회나 바울의 재림이나 바울의 신앙은 마가복음서나 예수의 복음에는 아랑곳없이 날로 확장되어 갔다. 제사를 드려야 구원을 받는다는 신앙인들에게 제사는 예수의 십자가로 끝이 났다는 바울에게 환호를 보내지 않을 유대인-기독교인들이 없었다. 그리고 바울의 공중 재림에 관심이 없는 유대인-기독교인들이 없었다. 그러나 마가가 낸 예수 그리스도의 복음서에는 그런 환호나 관심을 끌 것이 전혀 없었다. 예수 그리스도의 복음은 이미 지나간 일이나 다름이 없었다. 지금 기다려야 할 것은 임박한 예수의 재림과 심판이었지 씨뿌리는 비유가 아니었다.

5. 원수 사랑이 없는 구약

구약에서는 "하나님 사랑"과 "서로 사랑"은 있으나 "원수 사랑"은 없다. 예수 그리스도의 "서로 사랑"은 법이 아닌 인류와 세계와 우주 구원의 상생(相生)의 원리와 원칙의 도리이다. 이를 사도 요한은 새 계명(誡命)이라 하였다. 계명이란 사람들이 법제화한 율법과는 다른 신의 명령(命令)을 말한다.[22] 예수 그리스도는 인류와 세계가 멸망하지 않고 영원히 살 수 있는 상생의 이치와 도리와 사리를 법률적으로나 실정법으로나 율법적 차원에서 더 확실하게 부탁과 분부와 호소로 말씀하셨다.

"하나님 사랑"과 "서로 사랑"이 있으나 "원수 사랑"이 없으면 이는 완전한 사랑이라 할 수 없다. "원수 사랑"이 없이는 하나님의 인류 구원의 자구적인 상생의 원리를 이룰 수 없다. 그러나 구약에는 "원수 사랑"으로 오는 구원이 없다. 물론 신약에도 "원수 사랑"으로 오는 구원이 없다. 예수 그리스도는 "하나님 사랑"과 "서로 사랑"으로 오는 두 사랑의 끝을 "원수 사랑"으로 하고 있다.

구약에서는 부부 간에도,[23] 부모자식 간에도,[24] 형제 간에도,[25] 친척 간에도,[26] 이웃 간에도,[27] 친구 간에도,[28] 동족 간에도,[29] 군신 간에도,[30] 이방 민족과의 관계 속에도[31] "원수 사랑"은 없다. 그들에게는 약육강식 속에 살아가다가 공멸하는 것밖에 남지 않았었다.

구약에서 호세아 선지자가 처음으로 하나님의 무한한 사랑을 말하였다. 창녀가 된 아내를 끝까지 사랑하는 호세아는 하나님의 한없는 사랑을 말하였다. 이런 하나님의 사랑은 구약 39권 중에서 1권에 지나지 않는다. 이처럼 구약에서는 무한한 사랑과 "원수 사랑"은 구약이나 유대교에서는 하찮은 것에 지나지 않았다.

예수 그리스도가 전통적인 유대인들의 두 가지 사랑만 말씀하였다면 굳이 유대인들로부터 배척이나 죽임을 당하지 않았을 것이다. 예수의 죽음은 유대인들이 가장 싫어하는 "원수 사랑"을 말씀하였기 때문이었다.[32] "원수 사랑"은 율법이나 구약의 폐기나 무용 정도가 아니라 그들의 나라와 민족은 물론 왕국이나 국가나 종교까지 무용(無用)으로 하거나 뒤집어 버리는 것이나 다름없었다.

유대인들의 이런 현상은 바로 그들의 "엘로힘" 신이나 "야웨" 신이나 "아도니아" 신이 "원수 사랑"을 말한 적이 없었고, "원수 사랑"을 한 적도 없었기 때문이었다. 그런데 그들의 신들이 보냈다는 메시야라는 자가 나타나 "원수 사랑"을 말하는 것은 역사의 전통과 유전과 관행을 정면으로 뒤엎는 위배가 아닐 수 없었으며, 저항이며, 항명이며, 패역이 아닐 수 없었던 것이다. 이는 구약을 완성하러 온 그리스도가 아니라, 구약을 전복하는 것이었으며, 파기하는 것이었으며, 폐기하는 것이었다. 그리고 구약을 회복하거나 재흥하는 것이 아니라 파괴하고 파멸하는 것이었다.

구약에서는 이런 "원수 사랑"이 없으므로 공멸하고, 자멸한 것이다.

제2절__구약의 구원 문제

구약에서 말하고 있는 구원의 문제는 기준이나 표준이 없다. 이것을 기독교와 교회는 잘못된 것을 고치기보다는 성서의 영원한 기준으로 보아 왔던 것이다. 이런 잘못된 구원관으로 기독교와 교회는 잘못된 교훈을 주었고, 교인들은 제사와 제의, 이신득의로 받는 구원만을 생각하게 되었다. 그러나 예수 그리스도는 "서로 사랑"으로 오는 구원을 말씀한다.

기독교와 교회는 초자연적인 구원을 통하여 오는 하나님의 구원을 말하였으나 이적이나 기사를 통해서 오는 구원만이 있다면 "하나님의 나라"는 어떻게 될 것인가? 예수 그리스도의 복음은 초자연적으로 오는 구원이 아니라 이치적이며 자연적인 구원이다.

유대인들이나 이스라엘 사람들은 왕국적인 구원이나 바울의 신비적이며 종교적인 구원을 말하였다. 나아가 보상적이며 포상적인 구원관으로 가득차 있었다. 그러나 예수 그리스도는 "나를 위하여 모든 것을 버린 자만이 구원을 얻는다"고 하셨다. 그러면서 "서로 사랑"하고 용서함으로 오는 구원을 말한다.

이런 구약으로는 구원이 불가능하다. 왕국적이거나 신국적인 구원이 아니다. 구약에서는 "눈에는 눈으로, 이에는 이로" 갚아야 하는 율법의 철칙으로는 불가능한 것이다. 그러나 요한은 바울은 영지적인 성령이나 영성에 대하여 역사적이며 사실적이며 실제적인 예수와 그의 복음을 직접 본 대로 들은 대로 주목하고 만진 대로 증거하는 것이다. 사도 요한은 바울과 같은 재림이나 심판의 구원은 언급하지 않고, "서로 사랑"으로 땅에서도 이루어지는 구원의 길과 진리와 생명을 말씀하고 있다. 그렇지 않고는 하나님께로 올 자가 없다.

1. 구원의 표준이 없는 구약

기독교와 교회에서는 영원한 하나님의 구원의 기준이나 표준은 곧 교회나 성서라 하여 왔다. 과연 교회와 성서가 인류 구원의 영원한 표준인가? 물론 교회와 성서 안에 포함되어 있다. 그러나 교회나 성서는 밭과 같고 방과 같은 것으로서 이제는 보다 구체적으로 정확하게 말하지 않으면 안 되는 시대에 이르렀다.

그동안의 기독교와 교회는 창세기를 대한 고대인들의 신앙사고나 신학사고로 구약을 대하여 왔다. 그러면서 구약을 구약으로 읽게 하기보다는 구약을 성서로 읽게 하여, 구약에서 얻어야 할 교훈을 얻게 하기보다는 구약화로 읽게 하는데 지배적이었다. 동시에 신약을 신약으로 읽게 하기보다는 신약을 복음으로 읽게 하여 복음이 오히려 희석이 되고 신약에 종속하게 되는 기독교와 교회였다. 그러니까 기독교와 교회는 어제는 구약으로, 오늘은 신약으로 왕래를 하며 절충하거나 타협하였다. 이런 교회나 성서관에서는 그 속에 들어 있는 참 보화의 복음을 발굴하거나 발견하기에는 힘든 일이 아니었다.

그동안의 기독교와 교회는 예수의 복음을 구약과 신약 속에 묻어 두

예수 그리스도의 사랑학 개론

거나 덮어 두거나 가려 놓은 상태나 다름이 없었다. 이런 상태에서는 제3의 것을 발견한다는 것은 상상도 못하는 일이었다.[33]

공교롭게도 구약이나 신약은 각기 서로 다른 두 가지 구원을 동시에 말하고 있다. 구약에서는 왕국적인 공동체적인 구원과 교회적인 공동체적 구원이 정의(正義)와 자비(慈悲)로 오는 구원을 같이 말하였다. 동시에 신약에서도 이신득의(以信得義)와 애신애인(愛神愛人)으로 오는 구원을 같이 말하였다. 어찌 보면 둘 다 비슷한 것 같으나, 이들은 곧 상극과 상충을 말한다. 이신득의와는 달리 애신애인의 구원은 죄인이 의로워지는 것이 아니라 죄인 그대로 용서받는 구원이다.

구약이나 신약은 영원불변한 근본적인 하나의 구원의 표준을 갖추지 못한 것을 말하며, 가변의 구원이나 부분적인 구원을 말한 것이다. 그러나 예수 그리스도의 구원은 모순이나 상충으로 오는 구원을 말하지 아니하고, 사랑과 용서 하나로 오는 완전한 구원을 말하였다.

2. 구원의 역행인 초자연적 구원

구약은 하나님의 구원을 말할 때 초자연적으로 오는 하나님의 구원을 말한다. 이는 하나님의 구원이 자연의 법칙으로 오는 것을 외면하고 초자연적인 신의 능력으로 오는 구원을 말하는 것이다. 이는 정상적인 구원보다 비정상적인 구원을 말하는 것이다. 정상적으로 이길 수 없고, 지배할 수 없으며, 정복할 수 없기 때문에 신에게 바라는 욕망이었다.

예수 그리스도의 복음에는 초자연적으로나 이적과 기사로 오는 하나님의 구원보다 자연의 법칙이나 만물의 사리로 오는 구원을 말씀하였다. 예수는 율법이나 법률이나 실정법으로 오는 구원은 언급도 하지 않았으며, 다만 자연법이나 자연법칙으로 오는 구원을 말씀하였다. 예수가 이적과 기사를 베푸신 적은 있으나, 모두가 그런 이적이나 기적으로 오는 구원을 말씀한 것이 아니라, 장애나 불리나 제약이나 난관에 있는 자들에게 정상으로 돌아갈 수 있어야 하는 도리를 베풀어 주는 구원이었다.

예수가 베푸시며 말씀하신 것은 구약이나 율법이 아닌 이치와 사리의 비유(Parables)였다.[34]

예수 그리스도는 "비유가 아니고는 아무 말씀도 하지 않다."[35] 예수의 비유는 하나님의 초능력이나 초자연적인 구원을 말씀하신 것이 아니라, 모든 일이 다 자연의 법칙대로 되는 구원을 말씀하였다. 예수는 "일어나 네 자리를 들고 걸어가라"[36] 하셨다. 예수의 이적과 기사를 오해하면 안 된다.

콘스탄틴 왕이 공중에 나타난 십자가 표시를 보고 승리를 하였다는 이야기에 십자가 승리의 표시가 되고, 십자군(十字軍) 전쟁 때도 십자가 표시의 깃발을 들고 진군을 하면 확실한 승리를 믿는 교황이 없지 않았다. 십자가는 승리의 표시가 아니라 오히려 패배의 표시가 되었었다.

1492년 콜럼버스가 처음으로 바다를 스스로 저어 나가 신대륙을 발견하였다. 라이트 형제 이후에는 사람들이 스스로 하늘을 날았다. 그리고 에디슨이 전기를 발명하여 우주까지 날고 있다. 이는 사람들이 매사를 스스로 해나가는 것을 말한다. 그리고 무궁한 세계를 하나씩 하나씩 발견해 나가는 것이다.

그러나 창세기부터 하나님은 초자연적인 구원보다는 사람들이 스스로 구원하는 자연적인 구원을 말하였으나, 아브라함의 후손들이나 모세의 백성들이 하나님의 초자연적인 구원을 믿고 의지하기 시작하는 욕심에 사로 잡혀 온갖 야욕을 품었다. 그렇게 믿어야 잘 믿는 것으로 여기는 신앙 풍조가 되기도 하였다.

구원은 초자연적인 능력으로 오는 것이 아니다. 씨를 뿌리듯 스스로의 노력이 있어야 하며 그 결과로 구원을 얻는 것이다. 기독교와 교회는 바울의 믿기만 하면 구원을 얻는 것과 초자연적인 능력으로 오는 구원으로 인해 교회와 교인은 병들어 가고 있다.

3. 이기심에서 오는 보상적인 구원인가?

예수에게는 유대인들이 바라는 초능력적이며 왕국적이며 무자비한 구원이나 바울이 말하는 신비적이며 종교적인 구원이 없었다. 유대인들이 바라는 이적과 기사는 자기들이 신으로부터 택함을 받은 자들로서 택함을 받지 못한 자와는 달라야 한다는 자들이었으나 예수에게는 그런 독선과 택정은 오히려 주변으로부터 따돌림을 당할 뿐이었다.[37]

예수가 말씀하신 하나님의 구원은 하나님을 믿는다고 하나님이 복을 주시거나 믿지 않는다고 싫어하여 벌을 주신다는 것이다. 우주를 창조하시고 섭리하시며 구원하시는 하나님은 제사나 율법이나 출결석이나 헌금이나 선행이나 구제를 가지고 천당이나 지옥으로 보내는 신이 아니다.

"하나님은 그 해를 악인과 선인에게 비취게 하시며, 비를 의로운 자와 불의한 자에게 내리우심이라, 너희를 사랑하는 자를 사랑하면 무슨 상이 있으리요 세리도 이같이 아니하느냐"[38] 하였다. 하나님이 우리를 사랑하시고 인도하시고 보호하신다는 것을 보편적으로 이해를 해야 하는데도 불구하고, 이를 보상적으로 특혜로 여기며 아전인수(我田引水)격으로 믿는 신앙은 순수 신앙이 아니라 사심이나 이기심 밖에 되지 않으며, 남의 것을 빼앗거나 가로채거나 도적질을 해서라도 욕심을 채우는 것이나 다름이 없는 것이다.

구약에는 보상적(補償的)으로 오는 구원과 포상적(襃償的)으로 오는 구원이 가득 차 있다. 이는 신앙인들 스스로가 만든 비정상적인 이기심의 충족에 지나지 않는다.

구약에는 자기보다 남을 먼저 생각하고 배려하는 정신 자세와 생활 자세가 없다. 자식이 아버지를 믿었다고 하여 아버지로부터 상을 받아야 할 이유가 없는 것이다. 이는 다 신만능주의에서 배출된 흑심일 뿐이다.

구약의 대인이나 성인이나 의인은 관용력이나 포용력이나 아량을 말하지 아니한다. 관용력이나 포용력이나 아량이 적은 데서는 조금의 오차도 용납이 안 되며 탈락과 제외가 되거나 제거가 되는 세상 밖에 없다.

제물이나 십일조나 감사의 예물을 드린 것으로 복이나 행운이나 보상을 받는다는 것은 인간적인 계산이나 거래에 능한 상인 사고방식이다. 하나님에게는 그런 상업적인 거래나 이권이나 손익 계산이 없다. 상응이나 향응으로 오는 구원은 창조주 하나님과는 상관이 없는 것을 삼류 신앙인들이 신에게 바라는 신앙의 한 형태일 뿐이다.

마가복음에서 예수는

> 내가 진실로 너희에게 이르노니 나와 및 복음을 위하여 집이나 형제나 자매나 어미나 아비나 자식이나 전토를 버린 자는 금세에 있어 집과 형제와 자매와 모친과 자식과 전토를 백배나 받되 핍박을 겸하여 받고 내세에 영생을 받지 못할 자가 없느니라[39]

하였다. 이는 구약이나 신약이 말하는 상투적인 보상론이나 상벌론의 구원과는 전혀 다른 말씀이다. 예수는 "나와 및 복음"을 위하여 자기를 버린 것을 전제로 하는 구원이었다. 이는 신을 믿으므로 오는 보상이나 택함을 받았음으로 오는 구원과는 전혀 다른 말씀이다. "예수 그리스도와 복음"을 위하여 부모나 자식이나 아내나 남편이나 전토를 버리는 자에게 오는 복을 말씀하셨다. "예수 그리스도와 복음"을 위한다는 것은 구약이나 신약을 위하여라는 말이 아니며, 하나님과 율법을 위한 것이 아니다. 이는 아브라함의 축복이나 모세의 축복이나 다윗의 축복이나 은혜나 은사를 말하지 아니한다.

"예수 그리스도와 복음"을 위하여 전부 다를 버린 자가 아니면 받을 수 없는 복을 말한다. 유대인들이나 유대인-기독교인들로서는 영원히 받을 수 없는 복을 말한다. 그들은 예수와 그의 복음을 위하여 아무 것도 버린 것이 없는 사람들이라는 말씀이다. 세례 요한이나 사도 바울도 예수 그리스도에 대한 자기들의 복음을 말하였지 예수 그리스도의 복음을 말한 선지자나 사도는 아니었다.[40]

예수의 복음대로 "서로 사랑"하며, "원수를 사랑"하고, "하나님을 사랑"하는 사람들은 하나님의 이적이나 기적의 복을 바라지 아니한다. 이

예수 그리스도의 사랑학 개론

들은 하나님의 복이 오지 않아도 실망하지 않으며, 복을 달라거나 바라기조차 않는 사람들을 말한다. 이들은 자업자득에나 있을 뿐이며, 복이 오면 감사하며 나눌 뿐이다. 복을 바라며 사는 사람들만큼 치사한 사람들이 없다. 이들은 위장을 하고 속이고 공짜를 바라고 위선적일 뿐이다.

마태는 마가가 말한 민감한 부분의 "복음"을 다 빼어버리고 "예수를 위하여"와 "내 이름을 위하여"로 말하였다.[41] 마태는 "예수"를 신앙의 대상으로 삼은 것을 말한다. "예수"를 믿으면 구원이 온다는 것과 "예수의 복음"을 믿으면 구원이 온다는 것은 전혀 다른 말이다. 마가는 "예수의 복음"을 말하고 마태는 "예수"를 말하였다. 예수를 믿음으로 온다는 구원은 예수가 하나님과 같은 신으로서 행사하는 강한 능력의 소유자로서 대왕과 같은 구원자를 말하며, 일일이 백성을 다스리듯이 믿는 자를 골라서 심사하고 의인(義認)하고 칭의(稱義)하며 평가한 다음에 선물로나 복으로 주는 구원을 말하나, "예수의 복음"을 믿음으로 오는 구원은 믿는 자들이 스스로 아무런 대가없이 복음의 길과 진리와 생명에 임하는 것을 말한다.

예수를 믿음으로 오는 구원은 수동적이며 타동적이며 피동적인 구원을 말하나, 복음을 믿고 따르는 구원은 복음대로 자율적으로 믿고 행할 때 자동으로 능동으로 오는 구원을 말한다.

예수는 구약이나 신약에서는 찾아 볼 수 없는 구원론을 말씀하였다. 이것을 기독교와 교회가 제대로 구분치 못하여 애매모호한 가운데 있다. 예수의 구원은 "누구든지 땅에서 매면 하늘에서도 매일 것이요 누구든지 땅에서 풀면 하늘에서도 풀리리라"[42] 하였다. 그리고 "너희가 뉘 죄든지 사하면 사하여 질 것이요 그대로 두면 그대로 있으리라"[43] 하였다. 이는 하나님이 주관을 하거나 하나님이나 예수나 성령이 주관하는 수동적이거나 피동적이거나 타동적인 구원이 아니라, 복음이 능동적으로 자동적, 자구적이게 하는 구원을 말씀한 것이다.[44]

이는 인류와 세계의 구원이 각자의 업보(業報)에 따라 자업자득(自業自得)으로 오며, 자승자박(自承自縛)하는 구원을 말씀한 것이다. 하나님이 직접 행사하거나 주관을 하거나 하나님이 일방적으로 행하는 구원을 말하지 아니하고 사람들이 스스로 구원을 좌우하는 것을 말씀한 것이다. 이렇게 예수는 구원은 이미 자동응답(自動應答)이 나온 것이다.

이것이 하나님의 공평이다. 하나님이 일일이 감정적으로 개입치 않고, 사람들 스스로가 자업자득, 자승자박, 인과응보, 사필귀정에 있는 구원을 말씀한 것이다. 이런 구원의 원리를 가장 역행하고 거역하는 신앙인들이 바로 구약의 유대인들과 이스라엘이었고, 신약의 유대인-기독교인들이었다. 그들은 오로지 하나님의 강한 능력으로 오는 지배와 정복과 승리의 구원을 바란 것이다. 그럴수록 그들은 더욱 강하여 지는 것이 아니라 약하고 무능한 신앙인들이 되는 것이었다.

4. 구약으로 불가능한 구원

구약의 목적은 이스라엘이나 유다의 영원한 왕국을 이루는 것과 그들의 왕국이 곧 신국(神國)이 되는데 있었다. 그리하여 그들은 신국으로서 모든 열국을 신과 함께 지배하고 다스리는 것이었다. 그러나 그런 염원은 아무리 기도드리고 제사를 드려도 좀처럼 이루어지지 않았다. 그러므로 그들은 그렇게 되지 않는 원인을 살폈다. 그것은 하나님께 불순종한 죄악 때문에 하나님의 나라가 오지 않는다는 것이었다.

그러나 그들은 가정에서나 부족에서나 민족에서나 왕국에서나 "서로 사랑"하거나, 서로 용서하거나 서로 돌보거나 서로 이해하는 일은 하지 않았다. 그들은 어디까지나 "눈은 눈으로 이는 이로"[45]의 율법을 철칙으로 중무장이 된 종교인들이었다. 그들에게는 "일흔 번씩 일곱 번"의 용서라는 것은 있을 수 없었다.

요한복음에서는 "서로 사랑"이 곧 예수 그리스도의 "새 계명"[46]이라 하였다. 요한은 예수의 "서로 사랑"이 곧 인류와 세계와 우주를 구원하시는 영원한 길과 진리와 생명이라 하였다.[47] 그러면서 요한은 바울의 영지적인 성령이나 영성에 대하여 역사적이며 사실적이며 실제적인 예수와 그의 복음을 직접 본대로 들은 대로 주목하고 만진 대로 증거하는 것을 말하였다.[48] 사도 요한은 세례 요한이나 바울과는 달리 "하나님이 그 아들을 세상에 보내신 것은 세상을 심판하려 하심이 아니요, 저로 말미암아 세상이 구원을 받게 하려 하심이라"[49] 하셨다. 그러나 요한은 이 "새 계명"의 "서로 사랑"으로 오는 지상명령을 말하며, 예수의 부활 후의 승천이나 재림이나 심판 등은 언급하지 않았다.[50] 요한은 부활 후에 예수가 맨 마지막으로 베드로를 만나 확인하신 말씀도 "네가 나를 사랑하느냐"를 세 번씩이나 물었으며, "내 양을 먹이라"는 말씀으로 모든 말씀은 물론 모든 성서의 결론을 내리었다.[51]

이는 하나님을 모르고 예수의 복음을 복종하지 않는 자들은 영원한 형벌에 임한다는 바울의 재림과 심판과는 전혀 다른 말씀이었다.[52] 그러나 초기교회는 예수 그리스도의 복음보다 바울의 복음을 더 선호하였다. 이에 사도 요한은 바울과 같은 재림이나 심판의 구원은 언급하지 않고, 사람들이 "서로 사랑"으로 땅에서나 이루어지는 구원의 길과 진리와 생명을 말씀하였다.[53] 그렇지 않고는 하나님께로 올 자가 없다는 말씀이었다.

구약이나 신약에는 사람들이 스스로 이루어내는 구원이 없다. 구약에는 사람들이 "서로 사랑"으로 오는 구원은 언급도 없다. 구약은 사람이 이루어내는 인류와 세계의 구원은 전혀 불가능한 것으로 여긴 까닭이다. 이런 것은 바울의 신약과 구약도 마찬가지인 것이다.

제3절 _ 자구적 구원과 사랑의 구원

인류 창조에서부터 인간은 범죄하기 시작하였다. 아담이 하나님의 말씀에 불순종하고, 선악과를 따먹으므로 죽을 수밖에 없었다. 가인은 그의 동생 아벨을 죽이므로 가인 역시 죽을 수밖에 없었다. 서로 공생하며, 공존하여, 사랑하며 살아가야 할 인간들이 죄를 범하여 죽게 된 것이다.

그러나 그들은 죽지 않았다. 인간이 범죄하는 대로 다 죽인다면 누가 살아남을 수 있겠는가? 인간은 죄로부터 자유롭지 못하다. 다 죄악 가운데 살아갈 뿐이다. 그런 인간이 스스로 구원의 길에 이룰 수는 없는 것이다. 아브라함도 이삭도 야곱도 스스로의 구원에 이루지 못하였다.

요셉은 이런 구원의 뜻 가운데 다른 민족(애굽)도 살리었다. 이것은 하나님의 초자연적인 능력이나 기사로 살린 것이 아니었다. 요셉의 지혜와 노력이었다.

복음서에서도 구원을 이루기 위하여 자신의 집과 형제와 전토를 버린 자가 구원을 얻는다고 하였다. 그러면서 자기 십자가를 지라고 하였다.

구약에서 요셉의 구원이야 말로 사랑의 구원이었다. 형제를 용서하며 사랑하는 구원과 자기 가정을 다스림에서 오는 수신제가의 구원을 요셉은 이루었던 것이다. 특히 적대관계에 있던 형들과의 화해와 용서는 이 땅에 이루어져야 할 예수 그리스도 구원의 예표이기도 하다.

1. 자생과 공생의 자구적인 구원

창세기에 언급된 아담(Adam)은 한 개인이라기보다는 인간이나 인류를 말하는 대명사이다. 아담이라는 말이 바로 "인간"이나 "인류"나 "사람"이라는 말이다. 창세기에는 아담이라는 인간이 가장 먼저 창조주 하나님을 알게 된 것을 말한다. 그리고 창조주 하나님과 더불어 가장 먼저 알게 된 것이 선과 악이라는 것이다.

인간이 선악을 알았다는 것은 양심의 가책을 동반하게 된 것이다. 그러나 보다 아담과 하와에게 문제시 된 것은 선악이 아니라 영생(永生)이었다. 하나님이 아담과 하와에게 "선악과"를 먹는 날에는 "정녕 죽으리라" 하였으나 선악과를 먹고도 그런 벌이 전혀 없었다. 하나님이 진정으로 염려한 것은 이들의 구원이었으나 영생할 존재로는 볼 수 없었던 것을 말하며,[50] 우선 자생(自生)하는 인류를 말하는 것이다.

이어서 가인과 아벨은 양과 가축을 치고 목축을 하며, 공생(共生)하는 것을 보게 된다. 이때는 농경시대나 목축시대로 태초가 아니다. 이런 와중에 인류에게 가장 큰 문제가 일어났다. 형인 가인이 동생 아벨을 죽인 것이다. 이는 사람이 사람을 죽이는 첫 번째 살인(殺人)이었다. 가인의 살인 사건이 아담과 하와의 불순종보다 더 큰 인류의 범죄였다. 가인의 살인죄는 자생하고 공생하는 인류 공동체에서 제재를 받지 않으면 안 되는 반사회적인 죄였다.[55]

그런데 가인은 동생을 죽이고도 응징이나 벌을 받지 아니하고 살아남게 되었다. 이를 창세기나 유대교는 물론 기독교와 교회에서 크게 중시하지 않았다. 고작 가인의 살인만 크게 부각하였다. 동생을 죽인 가인이 살인죄로 말미암아 벌을 받을 수밖에 없는 처지였으나 가인이 뉘우치고 회개를 하므로 하나님으로부터 죽음을 당하지 아니하고 살아남게 되었다는 구원이 창세기의 시작이다.[56] 이런 구원의 시작을 "브레쉬트"(Genesis)라 한 것이다. 물론 이 말에는 창세기라는 뜻보다는 기원(Beginning)이라는 말이다.

창조주 하나님의 인류 구원은 아담이 불순종하고도 죽지 않게 된 것을 말하며, 가인이 동생을 죽이고도 죽지 않게 된 것을 말한다. 선악과보다 가인의 생존이 인류에게 온 가장 큰 구원이 아닐 수 없다. 범죄로 보면 그는 동생을 죽인 벌을 8배나 받을 수밖에 없었으나 그는 죽지 않은 것이다.

노아의 홍수 이야기도 창세 설화와 마찬가지로 바벨론 지역의 창세 신화와 홍수 신화가 성서로 들어와 유대교에서 교훈을 삼은 것이다. 그러나 홍수 신화와 출애굽 신화는 아담과 하와나 가인과 아벨의 구원론과는 정면으로 반대하는 구원론이 아닐 수 없다. 홍수는 창조주 하나님의 창조와 섭리와 구원을 전적으로 역행하는 무자비한 대량몰살이 아닐 수 없다. 이런 수장(水葬)을 창조주 하나님이 하신 구원이나 벌이라는 것은 한참 숙고하지 않으면 안 될 이야기이다. 아무리 인간들의 죄악이 극에 달하였다 하더라도 창조주 하나님은 그렇게 잔인하게 물로 벌하실 리가 없다.

우리가 예수 그리스도를 통하여 알게 된 하나님은 그런 하나님이 아니며, 하나님이 죄를 미워한다고 하여 마구 심판하실 하나님이 아니다. 하나님이 일일이 살피시면 "소돔과 고모라"처럼 유황 못이 안 될 곳이 없다. 지구적인 재난이나 지역적인 천재지변을 하나님의 죄의 벌이나 심판으로 보는 신앙에서 나온 시대적 산물이지 실제가 아니다. 물론 오늘도 그렇게 믿는 신앙인들이 적지 않으나 우리는 거기서 교훈을 얻어야 한다.

2. 인류와 세계 구원의 원리

구약이나 유대교에 익숙한 신앙인들은 아브라함과 이삭과 야곱으로 시작되는 족장적인 구원이 곧 하나님의 구원의 모델로 여기고 있다. 그리고 유대교가 아닌 기독교와 교회에서도 구약의 유대인들처럼 믿음의 조상들이라며 3대 족장을 읊조리는데 있다. 그러나 예수는 복음에 접한 신앙인들은 아브라함과 이삭과 야곱에게 실망을 금치 못하며, 요셉에 가서야 창조주 하나님의 인류 구원의 원리와 원칙을 비로소 접하게 된다.[57]

그러나 구약적인 신앙인들은 "아브람"에서 "아브라함"으로 개명하고, "고귀한 아비"에서 "열국의 아비"가 되는 언약을 한 아브라함의 구원이 마침내 요셉에게서 이루어지는 창세기를 바로 보지 못하는데 있다. 문제가 바로 이런 구약과 신약의 구원관이다. 그러므로 예수 그리스도의 복음이 구약도 신약도 아닌 제2의 구원을 분명히 한 것이다. 그러나 바울 역시 요셉의 구원보다는 아브라함과 이삭과 야곱을 통하여 오는 구원을 말한 것이다. 바울 때문에 기독교와 교회마저 요셉으로 온 인류와 세계의 구원보다는 아브라함으로 오는 유대의 구원을 중시하게 된 것이다.

예수 그리스도에게는 이스라엘이나 유다나 또다른 지파적인 특정한 부족이나 택한 백성 또는 부름받은 새 이스라엘로 오는 구원은 따로 없다. 예수 그리스도는 "아무든지 나를 따라오려거든 자기를 부인하고 제 십자가를 지고 나를 좇을 것이니라"[58] 하셨다. 이는 믿음으로 오는 구원이나 행함으로 오는 실적의 구원을 말씀한 것이 아니라 예수 그리스도의 복음으로 오는 구원을 말씀하신 것이다.

예수에게는 특정한 조건이나 울타리나 경계나 제한이나 한정이 전혀 없는 우주적인 구원을 말씀하였다. "누구든지 나와 복음을 위하여 제 목숨을 잃으면 구원하리라"[59] 하였으며, "나와 복음을 위하여 집이나 형제와 자매와 모친과 자식과 전토를 버린 자는 금세에 있어 집과 형제와 자매와 모친과 자식과 전토를 백배나 받되 핍박을 겸하여 받고 내세에 영생을 받지 못할 자가 없느니라"[60] 하였다. 이는 아브라함과 이삭과 야곱과 유대를 통하여만 오는 유대주의적인 구원관을 일축한 말씀이다. 예수 그리스도의 구원은 "예수 그리스도의 복음"을 동일시하는 동반에서 오는 구원을 말씀하는데 그 특성이 있었으나 더러는 복음보다 예수에 치중을 하고, 구체적인 인격적 대상(對象)을 말하였다.

구약이나 유대교에서는 요셉을 통하여 오는 구원보다 아브라함이나 이삭이나 야곱을 통하여 오는 구원을 더 대단한 구원으로 여긴다. 그러나 아브라함이나 이삭이나 야곱은 하나님을 믿는 그 이상의 인류 구원이나 민족 구원에 이렇다 할 어떠한 실제가 없다. 오히려 그들은 언약과는 상반되며 역행하는 족장들에 지나지 않았다. 그럼에도 아브라함이 이삭을 제사하고자 한 것을 부각하여 어설픈 대속을 말한 것이다.

요셉은 자기 부족뿐 아니라 애굽 제국까지 구원하였다. 그러나 이는 하나님의 능력이나 초능력에 입각해서가 아니었다. 전쟁이나 싸움이나 무력으로 한 것도 아니었다. 요셉은 지혜로 용기로 인내로 사랑하고 용서하므로 오는 구원이었다. 아브라함과 이삭과 야곱에게는 수신제가(修身齊家)나 율기(律己)조차 없었으나 요셉은 자기 관리와 수기(修己), 치인(治人)을 근본으로 하여 먼저 자기를 구원하였고, 풍년을 활용하여 흉년을 극복하는 지혜로 대(大) 구원을 이루었다. 요셉의 구원은 하나님의 명령이나 능력으로 해낸 초자연적인 구원이 아니었다. 요셉이 하나님의 뜻을 좇고 구하여 자기 스스로가 헌신적인 지혜로 해낸 구원이었다. 특히 형들과의 적대관계를 요셉은 오로지 사랑과 용서로 해결하였다. 그러므로 그들은 그 어느 때보다도 생육하고 번성할 수 있었다. 이것이 성경을 통하여 예수 그리스도의 복음을 통하여 주어지는 "서로 사랑"과 용서로 오는 구원이다.

제1장_ 각주

1) 손병호, 복음과 구약, (도서출판 유앙계
   리온, 2003), p. 112
2) Ibid., pp. 112-113
3) 마 16:18, 18:15-17
4) 손병호, op.cit., p. 113
5) Ibid., p. 115
6) 손병호, op.cit., p. 115
7) Ibid., p. 116
8) Rocco A. Errico/ George M. Lamsa,
   Aramaic Light on the Gospel of
   Matthew, (Nooa Foundation, 2000), p.
   218
9) 고전 11:20, 계 1:10
10) 손병호, 복음과 구약. p. 117
11) 손병호, op.cit., p. 117
12) Raymond E. Brown, An Introduction
    to the New Testament, (Doubleday,
    1996), p.512
13) 마 20:28
14) 손병호, op.cit., p. 388
15) 마 20:25-27
16) 사 11:6이하
17) 사 2:4
18) 손병호, op.cit., p. 123
19) 복음서에는 자체 내에서나 어느 복음
    서도 저자를 직접적으로 밝히지 않고
    있다. 간접적으로 밝힌 것을 참고하면
    누가나 요한은 남자가 아닌 여자들이
    라는데 공감한다. Randel M. Helms,
    Who Wrote The Gospels (Millennium
    Press, 2001), pp. 62-77
20) 갈 1:1-10
21) 손병호, op.cit., p. 124
22) 손병호, 복음과 구약, p. 145
23) 창 3:12-13, 욥 2:9
24) 창 21:14-16, 27:42-45, 31:22-24, 삼하
    15:12-15.
25) 창 4:1-9, 9:22-23, 25:29-34, 27:30-45,
    37:18-28, 출 12:1, 삿 9:1-5, 11:1-3, 삼
    하 13:28-29, 왕상 2:25.
26) 창 13:7-13, 30:25-43, 민 16:1-11, 삼하
    3:27.
27) 삿 19:10-26, 삼상 11:6-11, 스 4:1-6, 느
    4:1-14.
28) 욥4:1-5:27, 8:1-22, 11:1-20, 15:1-35,
    18:1-21, 20:1-29, 22:1-30, 25:1-6.
29) 출 14:14-15, 민 14:1-10, 삿 12:1-6,
    20:24-48, 삼하 20:1-2, 왕상 14:30.
30) 삼상 18:10-11, 삼하 14-17, 18:9-15, 왕
    상 2:26-27, 21:11-16.
31) 수 10:16-26, 11:1-9, 12:1-24, 삿 7:24-
    25.
32) 손병호, op,cit., p. 146
33) 손병호, op.cit., p. 69
34) 손병호, op.cit., p. 70
35) 마 13:34

36) 요 5:8

37) 손병호, op.cit., p. 75

38) 마 5:45-46

39) 막 10:29-30

40) 손병호, op.cit., p. 77

41) 막 10:29와 마 19:29,마 1:15와 마 4:17,
   막 8:35와 마 16:25,막 16:15와 마
   28:20

42) 마 16:19

43) 요 20:23

44) 손병호, op.cit., p. 78

45) 출 21:24, 레 24:30, 신 19:21

46) 요 13:34

47) 요 14:6

48) 요1서 1:1-2

49) 요 1:1-14

50) 손병호, op.cit., p. 81

51) 요 21:15-17

52) 살후 1:8-9

530 마 6:9 이하

54) 창 3:22

55) 창 3:23, 4:1-4

56) 손병호, op.cit., p. 174

57) 손병호, op.cit., p. 175

58) 눅 9:23

59) 눅 9:24

60) 막 10:29-30

제2장
구약의 신앙적인 구원과 사랑

하 나님께서 천지를 창조하시고 인간을 만드신 모든 것은 "사랑"에
서 비롯된 것이다. 그러므로 하나님의 형상대로 창조된 아담과
하와에게 말씀하신다.

> 하나님이 그들에게 복을 주시며 그들에게 이르시되 생육하고 번성하여
> 땅에 충만하라, 땅을 정복하라, 바다의 고기와 공중의 새와 땅에 움직이
> 는 모든 생물을 다스리라 하나님이 가라사대 내가 온 지면의 씨맺는 모
> 든 채소와 씨가진 열매맺는 모든 나무를 너희에게 주노니 너희 식물이
> 되리라 또 땅의 모든 짐승과 공중의 모든 새와 생명이 있어 땅에 기는 모
> 든 것에게는 내가 모든 푸른 풀을 주노라 하시니 그대로 되니라[61]

구약에서 말하는 하나님의 구원 역사는 아담과 하와가 죄를 범하였으
나 옷을 지어주신 것,[62] 가인과 아벨의 제사를 통하여 가인이 아벨을 살
해하였으나 그를 살려 주신 사건, 에녹이 300년 동안 하나님과 동행함으
로 하나님이 데려가신 사건,[63] 범죄한 인간을 홍수로 멸하시는 가운데서
도 노아와 그의 가정은 구원한 사건, 바벨탑을 쌓아 자신들의 이름을 내
려는 인간의 교만을 허무시고, 그들을 흩으신 사건[64]은 하나님의 구원 사
역의 한 부분이었다.

갈대아 우르에서 아브람을 부르시고,[65] 그를 가나안 땅으로 인도하시
며, 이삭 그리고 야곱과 그의 열두 아들에게 복을 주시며, 애굽에 정착하

고, 다시 가나안 땅에 올라와 사는 동안 그들이 범죄할 때마다 징계하시는 하나님이 사사들을 통하여 구원해 준 일은 하나님의 사랑과 구원의 한 방법이었다. 이스라엘이 왕을 구하고[66] 인간적인 방식대로 살려고 할 때 하나님은 왕들을 세우시고 인도하시며, 그들에게 하나님 사랑의 법에서 떠나지 말 것을 선지자들을 통하여 전하신 것은 그들을 사랑하셨고 구원하시기 위한 방법이었다. 그들에게 제사를 통한 회개의 길을 주신 것도 구원의 한 방편이었다. 그러나 구약의 구원은 실패하고 말았다. 제사로는 영원한 죄를 씻을 수 없으며, 율법으로는 깨끗해 질 수 없었던 것이다. 그러므로 예수 그리스도가 이 땅에 오시게 된 것이다.[67]

제1절__구약에서의 구원의 시작은 사랑

구약 성서에 나타난 내용적인 온갖 모순과 자가당착과 이율배반적인 것은 물론 문자적인 상반성은 하나님 신이 일구이언을 한 것이 아니다. 사람들이 하나님의 감동이나 영감을 받아서 자기 식견에 따라 쓴 성서이기에 그런 복합성과 이중성과 반복의 모순이 생긴 것으로 본다.

1. 아담과 하와를 통한 인류사랑

창세기라는 히브리어는 "베레쉬트"(Bereshit)이다. 이는 하나님의 우주 창조를 말하는 것이 아니라, 인류의 구원역사의 "시작"(Beginning)이나 "기원"(Origin)을 말한다. 70인역에서 헬라어로 번역하며 Genesis라 하였는데 이는 창조(Creation)라기 보다는 하나님의 구원역사의 시작과 기원을 말한다.[68]

창세기의 구원은 아담과 하와로부터 시작된 것이다. 하나님의 구원은 하나님의 초능력적인 구원을 말하는 것이 아니라 인간 스스로 해결해 나가는 구원의 길을 말하고 있다. 아담과 하와의 경우를 보면 선악을 알게 하는 나무의 실과를 먹지 말라고 하였으나 아담과 하와가 그것을 따 먹으므로 죄를 범하였고, 하나님은 그들을 에덴동산에서 내어 쫓는 것 외에는 무엇을 준 것이 없다.[69] 하나님은 아담과 하와가 세상을 살아가는 데 있어서 필요한 것이 무엇인지를 스스로 알고 판단하여 이행해야 하는 것을 말하고 있다. 이를 기독교와 교회에서 원죄 혹은 불순종의 결과라고 하며 하나님의 구원론을 말하는 것은 종교학적이다. 창세기는 아담과 하와의 선악을 알게 하는 과실 즉 선악과에 인류 구원의 문제를 말씀하신 것은 아니다. 먹는 날에는 정녕 죽으리라 하였지만 죽지도 않았다.[70] 이는 죽는 것이 아니라 하나님은 사람을 사랑하시며 용서하셔서 살게 해주시지 죽이지 않으신다. 이것이 하나님의 사랑이다.

하나님이 염려하신 것은 선악과가 아니라 생명나무의 과실인 것이다.[71] 인간이 영생할 수는 없는 것이다. 그러므로 예수 그리스도가 오셔서 영생해도 될 인간을 말씀하고 계신 것이다. 십자가의 대속으로 사는 것이 아니라 하나님을 사랑하며, 이웃을 사랑하며, 원수까지 서로 사랑하는[72] 인간이어야 함을 말씀하고 계신 것이다. 이런 인간이야 말로 생명을 담고 있는 "새 아담"이라는 말씀이다. 예수가 "새 아담"이 아니라 인류 스스로가 아담과 다른 "새 아담"이어야 한다는 말씀이다.[73]

그러면서 하나님은 인간에게 자생할 수 있는 능력을 주셨고 자생하여 살도록 세상을 주셨다는 것이 창세기이다. 아마 에덴동산에 있었으면 그가 자생할 수 있었겠는가? 아무 능력도 없는 아담에게 자생하여 "근본 토지"를 갈도록[74] 하셨다. 하나님이 지으신 자연을 보호하며, 가꾸어 보존해야 할 책임을 부여한 것이다.

하나님은 선악과를 따먹은 아담과 하와가 생명나무의 과실을 따먹고 영생을 하는 것을 막기 위하여, 그들을 내어 쫓고 동산에 그룹들과 화염검을 두어 지키게 하였다.[75] 아담과 하와가 마땅히 죽어야 하지만 하나님은 생명나무의 과실을 통한 영생이 아닌, 다른 구원의 길을 아담과 하와에게 준비해 놓은 것이다.[76]

2. 가인을 통한 인류사랑

창세기 4장에서는 아담과 하와의 아들들인 가인과 아벨이 나온다. 그들은 다 같이 하나님 앞에 제물을 드렸다. 가인은 자신이 농사를 지은 땅의 소산으로 제물을 드렸고, 아벨은 양의 첫 새끼와 그 기름으로 제물을 드렸다.[77] 하나님은 가인과 아벨의 제사를 다 받은 것이 아니었다. 아벨의 제사만 받았다. 결국 이 일로 가인이 동생 아벨을 죽이는 살인죄를 저지르게 된다.[78] 가인의 살인죄가 "엘로힘"이나 "야훼"의 뜻대로라면 죽어야 한다. 그러나 죽지 않고 살아 있는 것을 볼 수 있으나 그의 후손들은 하나님의 사랑의 은총으로 이루어진 구원을 말하기보다는 벌만 이야기한다.

인류의 시조인 아담과 하와의 범죄와 가인의 살인죄를 통하여 죽임을 당하지 않고 살아난 일은 하나님의 구원이요, 이보다 크고 중요한 일은 없는 것이다. 사람이 사람을 죽이는 일은 인류의 가장 큰 죄악이며 율법에서도 죽임을 당하도록 했다.[79] 이는 창조주 하나님의 창조 섭리와 구원을 향한 도전이요, 불순종이요, 대역죄인 것이다. 이보다 더 큰 죄는 없는 것이다. 그러나 하나님은 가인을 죽이는 자에게는 칠 배나 더하는 벌을 주므로 멸망치 않는 구원의 은총을 베푸신 것이다.

가인은 근본된 토지를 가꾸는 일과 유리하며 사는 일은 멸망치 않고 인간이 자구적인 노력을 통하여 얻어지는 구원을 말하고 있다. 이는 하나님의 권능(權能)이나 초능력(超能力)을 기대하는 신앙인들에게 주는 자생적인 교훈[80]이 아닐 수 없다. 가인과 아벨의 이야기는 농경시대와 목축시대에 접어든 인류가 비록 역행과 패역을 저질렀어도 하나님의 용서와 보호로 공생(共生)의 구원이 온 것을 말한다.[81]

그러므로 살인죄를 저지르고 죽지 않는 구원은 정의(正義)로서는 올 수 없는 구원을 말한다. 이는 정의나 공의로서는 구원이 오는 것이 아니라는 것을 말한다. 아담이나 가인이 하나님의 정의에 입각하였다면 영생(永生)은 불가능했을 것이나 사랑과 용서로 오는 구원은 가능케 했음을 말한 것이다.[82] 그러나 유대인들은 구약은 정의나 힘으로만 오는 구원을 말하였지 사랑과 용서로 오는 구원은 몰랐던 것이다. 하나님은 사랑과 용서를 말씀하신다.

3. 노아를 통한 인류사랑

노아의 홍수는 인류 역사상 가장 큰 재앙이었다. 홍수설은 주전 2천 년경 고대 바벨론과 수메르와 앗시리아에 있었던 중동지역의 홍수 신화를 수메르왕 길가메쉬(Gilgamesh)가 흑판에 구운 것을 J문서와 P문서가 창세기 6장에서 9장 사이에 도입한 것이다. J문서에서는 "야훼"로, P문서에서는 "엘로힘"으로 약간씩 차이가 나는 두 문서가 하나로 복합된 것이다.[83]

과연 창조주 하나님이 그렇게 무참한 홍수로 인류를 잔인무도하게 심판을 한 신인가? 홍수로 사람들을 쓸어버리는 일은 너무나도 가혹한 재앙이다. 과연 창조주 하나님의 소행인가? 홍수에 사람들이 수몰이 되고 수장이 된 것을 하나님의 심판으로 보는 믿음인가? 이는 마치 그리스나 로마 제국이 역병(疫病) 때문에 망하였고, 중세 유럽이 페스트 때문에 망하였고, 르네상스 문명이 매독 때문에 망한 것을 신의 심판으로 보는 것과 같은 신앙일 뿐이다. 오늘의 암(癌)이나 에이즈도 신의 심판으로 보는 것과 다름이 없다. 천재지변은 물론 각종 재난이나 사고를 오늘날에도 신의 벌이나 심판으로 여기는 신앙인들이 없지 않다. "죄악이 관영하며 그 마음의 생각의 모든 계획이 항상 악할 뿐이어서 사람을 창조하신 것을 한탄하사 근심하시고...지면에서 쓸어버린다"[84]는 언급은 여러 가지로 문제점을 제시한다. 죄악의 관영이 어느 정도라는 언급이 전혀 없다. 소돔과 고모라와 같았는지,[85] 덜하였는지, 더하였는지, "엘로힘"이나 "야훼" 신이 무슨 표준으로 그런 엄청난 재앙을 내렸는지의 동기 여부는 알 수 없다. 신은 후회나 한탄이나 감탄이 없다. 이는 의인화로 해석한 이야기일 뿐이다.

홍수 이야기를 예수의 재림과 심판으로 연결하여 이번에는 물이 아닌 불로 심판한다는 이야기가 공공연히 나오고 있다. 그런 창조주 하나님은 존재하지 않으신다. 구약이나 유대교의 잘못은 그들이 살인을 한 것뿐만 아니라 하나님을 살신(殺神)으로 만든 것이다.

노아의 홍수 이야기는 남왕국에서 주도한 J문서와 바벨론 포로기[86]에서 기록된 P문서에서 다루어진 두 전래의 자료가 합하여진 것이다. 포로에서 돌아온 유대인들이 주전 450-400년 사이에 이를 성서화하며, 고정을 한 것으로 본다.[87] 그러니까 바벨론에 포로로 잡혀간 적이 없는 북왕국의 E문서에는 홍수의 내용이 전혀 언급되어 있지 않다. 노아는 히브리인이 아니며, 유대인도 아니다. 그러나 유대인들이 교훈적으로 적절할 것으로 보아 그들 역사와 성서에 도입한 것이다.[88]

P문서는 홍수에서 "남성"(male)과 "여성"(female)이라는 말을 사용하였으나, J문서에서는 "남자"(man)와 "그의 여자"(his woman)로 말하였다. 그리고 P문서에서는 "끝이 났다"(expired)[89]로 하였으나 J문서에서는 "죽었다"(died)로 하였다.

노아 홍수에서는 무지개를 아주 특별한 의미를 부여하는 것으로 언급하였다.[90] 무지개는 창세기에서처럼 특별한 언약으로 인류에게 주어진 것이 아니다. 그러나 홍수를 맞은 사람들로서는 비를 그치게 하는 징표로 본 것이다. 홍수 이전에도 무지개는 있었으며, 오늘날도 비가 온 후에나 안개 속, 물보라가 이는 가운데 빛의 반사로 무지개가 나타나는 것을 볼 수 있다. 그러나 비가 적은 중동 지역에 때 아닌 홍수가 오고, 끝날 무렵에 무지개를 보는 사람들로서는 매우 귀한 표적으로 보지 않을 수 없는 것이다. 이를 교훈적으로 언급한 것이다.

4. 바벨탑을 통한 인류사랑

노아 홍수의 무지개가 특별한 의미를 가지고 있듯이 바벨탑의 이야기도 마찬가지 의미를 가지고 있다. 바벨탑이 세워지다가 무너진 것은 신앙인들이 하나님처럼 높아지려다 하나님 신의 벌을 받아 무너진 것으로 보나 특별한 의미가 있어서가 무너진 것이 아니다. 고대인들은 하나님이 사람들이 보는 하늘 저 위에 사람처럼 존재하며 큰 보좌에 앉아 계신 것으로 믿었다. 말하자면 북반부 사람들의 하늘 보좌와 남반부 사람들의 하늘 보좌는 정반대 위치에 놓이게 되는 것과 같은 원리이다.

바벨탑 사건은 인류가 세상을 보호하고 보존하는 책임을 감당라는 하나님의 뜻에 역행하여 온 땅으로 나아가 한 자리에서 안주하려는 인간들에게 주신 구원의 한 사건이다.[91] 하나님이 진정 높은 곳 하늘에 계실까? 하나님은 높은 데만 계신 것이 아니다. 옛날 사람들은 높은 산에 올라가면 산소가 희박해져 두통이 생기고 호흡이 곤란해지는 것이 신의 경고라고 믿었다. 신이 계신 신성한 곳이니 경거망동하지 말라는 경고의 메시지로 생각했다. 그 경고를 받고 더 이상 오르는 것을 금하고 하산하였던 것이다. 인류가 에베레스트 정상을 등정한 것이 1953년 뉴질랜드 힐러리 경이 처음이었다. 그 전에는 산이 무서워서가 아니라, 신이 무서워 산의 정상에 오르지 못하였다. 지금도 등정을 앞둔 등반대원들이 산신제를 지내는 것은 신의 노여움을 풀기 위한 행위이다.[92]

바벨이란 말은 "뒤섞다"라는 말이다. 바벨탑 이후의 언어의 교란[93]은 하나님이 그렇게 한 것이 아니라, 사람들이 흩어지며 의사소통이 되지 않는 것을 본 신앙인들이 그렇게 믿는 것이다.

하나님의 바벨탑을 통한 구원의 역사는 아담과 가인에게 이르듯 "근본 토지"를 가꾸며 살도록[94] 하였지만 인간이 한 데 모여 자신들에게 주어진 것만을 가꾸고 보존하려는 어리석음을 깨우쳐 온 세상을 하나님의 섭리 가운데 아름답게 가꾸려는 사랑과 구원의 은총의 역사인 것이다.

제2절 _ 족장들을 통한 구원과 사랑

하나님은 갈대아 우르에서 아브라함을 부르시고 그로 한 민족을 이루시겠다는 약속을 했다. 이 약속은 이스라엘의 시조로서 혹은 이스마엘의 시조로서 약속되었다고 할 수 있다. 아브라함이 하나님의 약속을 믿고 갈대아 우르를 떠나 가나안 땅에 갔지만 그에게는 아들이 없었다. 그런 아브라함이 후처를 얻어 이스마엘을 낳고[95] 그후 사라를 통하여 이삭을 낳았는데,[96] 두 민족은 계속 적대관계를 맺게 된다.

하나님은 아브라함의 아들 이삭을 통하여 하나님의 사랑을 나타내시고, 평화와 화해와 공존을 말씀하였다.[97] 대립과 대결, 질투와 시기, 투쟁과 전쟁에서 얻어지는 승리가 아니라 하나님의 사랑 안에 이루어지는 평화를 말하였으며 화해와 공존의 구원을 말씀하신 것이다.

하나님은 야곱에게 큰 복을 약속하셨다. 형 에서를 피해 밧단아람으로 가던 야곱이 벧엘에서 하나님의 약속을 받게 되었다.[98] 외삼촌 라반의 집에서 라반의 두 딸 레아와 라헬을 통하여 열두 아들을 얻게 되고, 양떼와 노비(奴婢)와 약대와 나귀가 풍부한 복을 받는다.[99] 고향으로 돌아오던 야곱이 하나님의 사람과 씨름하여 얻은 "이스라엘"[100]이라는 이름을 얻게 된다.

야곱의 열두 아들 가운데 요셉은 하나님께서 미리 준비한 사람이요, 사랑과 은총의 역사를 몸소 실천하여 구원의 큰 뜻을 이룬 사람이다. 하나님의 사랑을 입었고, 아버지의 사랑을 받던 요셉이 형들의 시기 속에 애굽에 종으로 팔려가고,[101] 그곳에서 어려움을 극복하고 애굽의 총리대신이 된 요셉 앞에 형들이 나타나나 요셉은 형들을 벌하기보다 하나님께서 자신을 먼저 보냄으로 구원하셨다는 사랑과 은혜의 구원을 말하고 있다.[102]

구약적인 신앙인들은 "아브람"에서 "아브라함"으로 개명을 하고, "고귀한 아비"에서 "열국의 아비"가 되는 언약을 한 아브라함의 구약이 마침내 요셉에게서 이루어지는 창세기를 바로보지 못하고 있다. 바울 역시 요셉의 구원보다는 아브라함과 이삭과 야곱을 통하여 오는 구원을 말하였다. 그러나 예수 그리스도는 이스라엘이나 유대나 또 다른 지파적인 특정한 부족이나 택한 백성이나 부름을 받은 새 이스라엘로 오는 구원을 따로 말씀하지 않으셨다. 예수 그리스도는 "아무든지 나를 따르려거든 자기를 부인하고 자기 십자가를 지고 나를 좇을 것"[103]을 말씀하셨다. 이는 믿음으로 오는 구원이나 행함으로 오는 구원의 실적을 말씀한 것이 아니라 경계와 제한을 초월한 우주적인 구원을 말씀하신 것이다.

요셉의 구원은 지혜로 용기로 인내로 사랑하고 용서하므로 오는 구원이었다. 아브라함과 이삭과 야곱은 수신제가(修身齊家)의 율기(律己)조차 없었으나 요셉은 자기 관리와 수기(修己)와 치인(治人)을 기본으로 하여 먼저 자기를 구원하였고, 형들을 사랑하고 용서하므로 가정과 민족과 나라의 구원을 완성하였다.

1. 아브라함과 사랑

아브라함은 히브리 민족의 조상이기에 앞서 모든 민족을 구원코자 하시는 하나님의 종으로서의 한 족장(族長)이었다. 하나님은 아브라함과 자기 구원 사업을 약속하셨다(Covenant). 그 약속은 어떤 종교적인 계율(戒律)이라기보다 그들을 축복하시고 구원하시는 복음이었다. 아브라함은 오직 믿음으로 하나님의 구원 사역에 동참하는 성실한 종의 길을 걸었다. 그러나 그의 믿음과 순종에는 그만한 역경과 시련이 동반되었다. 하나님은 아브라함에게 자기의 나라나 민족이 아닌 하나님의 나라를 가르쳐 주셨다. 아브라함에게 가르쳐 주신 하나님의 나라는 영적(靈的)으로, 죽은 다음에나 오는 나라가 아니라 지금까지 존재하는 나라였다. 또한 이 하나님의 나라가 영원성을 띠려면 영적으로, 정신적으로나 신앙적으로 기초와 기본을 갖추지 않으면 안 된다는 것을 가르쳐 주었다.

아브라함은 갈대아 우르에서 우상(偶像) 장사꾼의 아들이었으며, 월신(月神)을 섬기던 자였고 일신론에 있던 자였다.[104] 그 외의 아브라함은 별 특징이 없는 자였다. 그는 왕국을 세울 만한 인물도 아니었고, 성서를 쓸 만한 사람도 아니었으며, 유능한 전략가나 능력있는 지도자 또한 아니었다. 그는 나약한 자였고, 용기도 부족한 자였으며, 겁이 많고 거짓말

도 잘하는 자였다.[105] 그러나 그는 하나님을 믿는 사람이었다. 그리고 그
하나님에게 순종할 줄 아는 사람이었다. 그러므로 100세에 얻은 아들을
하나님께 제사하려고 하였다.[106] 그러므로 믿음의 사람들은 그를 믿음의
조상으로 보는 것이다.

1) 부르심(Calling)

하나님은 갈대아 우르에서 아브라함을 부르셨다.

> 여호와께서 아브람에게 이르시되 너는 너의 본토 친척 아비 집을 떠나
> 내가 네게 지시할 땅으로 가라 내가 너로 큰 민족을 이루고 네게 복을 주
> 어 네 이름을 창대케 하리니 너는 복의 근원이 될지라 너를 축복하는 자
> 에게는 내가 복을 내리고 너를 저주하는 자에게는 내가 저주하리니 땅의
> 모든 족속이 너를 인하여 복을 얻을 것이라 하신지라 이에 아브람이 여
> 호와의 말씀을 좇아갔고 롯도 그와 함께 갔으며 아브람이 하란을 떠날
> 때에 그 나이 칠십오 세였더라[107]

하나님이 "너는 너의 본토 친척 아비 집을 떠나 내가 네게 지시할 땅
으로 가라"는 것은 아브라함이 태어나 정든 고향과 우상으로 물든 그 곳
을 떠나라는 것이다. 주변에 함께 할 수 있는 정든 사람이 있는 곳이라
할지라도 복음을 위해서는 과감히 떨쳐 버리라는 것이다. 갈대아 우르는
우상의 도시였다. 하나님은 택한 자를 그 우상의 도시에서 불러내신 것
이다. 아브라함이 크고 강해서가 아니라 그가 하나님을 믿는 믿음이 특
출해서가 아니라 하나님의 은총으로 아브라함을 택하여 부르신 것이다.
이를 유대인들이 시조 아브라함을 부각하여 그가 하나님 신을 믿은 것은
부르심(召命, Calling)을 받은 선민이라 여긴 것이다.

하나님이 아브라함을 부르실 때 아브라함의 나이가 75세였다.[108] 젊
은 나이, 패기에 찬 나이가 아니었다. 인생을 살 만큼 살았으며, 우상이
범람한 가운데서 인생을 살아온 아브라함이었다. 그런 아브라함을 부르
시면서 "너는 복의 근원"이[109] 되리라는 것이다. 어디에 가서 어떻게 살

아야 할 것을 말씀하신 것이 아니라 가기만 하면 큰 민족을 이루고 복의 근원이 된다는 약속이었다. 그 약속을 믿고 갈대아 우르를 떠나는 아브라함은 혼자가 아니었다.[110] 아브라함이 갈 바를 알지 못하고 떠나[111] 도착한 곳이 세겜 땅이었으며 그곳에는 가나안 사람들이 살고 있었다. 하나님은 아브라함에게 그 땅을 주시겠다고 약속하셨다.[112]

그러나 아브라함에게는 어려운 시련이 많이 다가왔다. 가나안 땅에 도착하여 평안한 삶을 산 것이 아니다. 복의 근원으로 축복받은 것이 아니었다. 점점 남방으로 옮겨 갔으나 그 땅에 기근이 들었으므로 애굽으로 내려갔고 그곳에서 아내 사래를 빼앗기는 어려움도 당하지만, 하나님은 그것을 바꾸어 아브라함에게 재물을 내리시게 된다.[113] 애굽에서 돌아온 아브라함은 조카 롯과 헤어지게 되고, 하나님의 약속을 기다렸으나 후사가 없으므로 자신의 종 다메섹 엘리에셀을 상속자로 삼으려 하였으나 하나님은 허락하지 않으신다.[114] 하나님이 아브라함에게 자식은 주지 않으면서 하늘의 뭇 별과 같은 자손을 주시겠다고 약속하신다. 그러나 아브라함은 아내 사래의 여종 하갈을 통하여 아들 이스마엘을 낳아 후사를 삼으려 했으나 그 역시 허락지 않으신다. 그런 하나님이 아브라함의 나이 99세에 아들 이삭을 주시겠다는 약속을 하신다.[115]

하나님은 아브라함을 택하여 부르신 것은 아브라함의 지혜와 지식, 부와 근성을 보신 것이 아니다. 은혜로 그를 택하셨고, 그를 부르신 것이다. 아울러 우리를 부르신 하나님은 우리의 부와 재물과 명예와 권세를 요구하시는 것이 아니라 아브라함과 같은 믿음으로 우리를 부르신 것이다.

2) 부르신 목적

하나님은 아브라함을 부르는 가운데 "열국의 아비"라는 언약이나 약속이나 계약을 한 것이 아니었다. 물론 큰 민족을 이루고 복의 근원이 되리라는 약속을 주셨다.[116] 여기에 대하여 바울과 예수 그리스도는 시각의 차이가 있다. 바울이 말하는 아브라함은 "믿음의 조상"을 말하나 예수 그리스도는 "열국의 아비"(Father of many nations)로서 하나님과 언약한 아브라함을 말씀하셨다. 하나님이 아브라함을 부르신 목적은 "믿음의 조상"이 아니라 "열국의 아비"가 되게 하기 위함이었다.[117]

창세기 15장과 17장에서 아브라함의 두 언약을 언급하고 있으나, 15장은 개인적이며 민족적인 언약이라면 17장은 인류적이고 세계적인 약속이었다. 15장은 "야훼"와의 언약이라면 17장은 "엘로힘"과의 언약이었다. 15장은 "아브라함"(열국의 아비)이 되기 이전의 "아브람"(고귀한 아비)으로서의 언약이었으나, 17장은 아브라함이 "열국의 아비"로서 다시 언약을 한 것이다.[118]

한편 유대교나 기독교의 신앙인들은 신을 믿으면 신으로부터 복이 온다는 신앙이 있다. 그러나 예수는 그런 신(神) 신앙에서 떠나고 나와 신의 복을 받는 길에 있어야 자동으로 신의 복을 받는다는 말씀이었다. 신을 믿거나 복음을 믿는 것은 신의 뜻대로 살거나 복음대로 사는 데서 오는 구원이다. 신의 뜻이나 복음이 제외된 축복이나 구원은 있을 수 없는 것이다. 사람들에게 종교가 시작된 것은 신의 천리나 이치나 사리나 순리나 법칙을 깨달아 사는 인류를 말씀한 것이나 구약에서는 왕국적인 복을 받기 위하여 믿는 것으로 되어 있고, 신약에서는 천국적인 복을 받기 위하여 믿는 것으로 되어 있다. 즉 아브라함을 부르신 것은 "믿음의 조상"이거나 "열국의 아비"보다는 한 개인과 민족을 구원하시는 하나님의 섭리와 은혜로 보여주고 있다.

원래 하나님이 아브라함을 부르시고 택하신 것은 "고귀한 아비"(아브람)가 아닌 "열국의 아비"(아브라함)를 삼기 위해서였다. 아브라함을 부르신 것은 열국을 지배하는 왕이나 왕국을 말한 것이 아니라 나라와 민족이야 어떠하던 사람들이 땅에서 이루어내는 하나님의 나라를 위하여 선지자적인 본분과 사명을 말씀한 것이다.[119] 이를 위하여 이웃과 주변은 물론 열방과 열국을 사랑하고 섬기며, 화해와 공존의 "열국의 아비"를 말씀하신 것이다. 즉 모든 나라와 민족(All Nations)을 구원하는 선지자를 말씀하신 것이다. 그러나 그들은 "열국의 아비"보다는 "믿음의 조

상"으로 전락하였다. [120]

3) 아브라함의 인간적인 모습

아브라함은 하나님의 약속을 믿고 75세에 갈대아 우르를 떠났지만 그에게는 후사가 없으므로 사래의 여종 하갈을 취하여 이스마엘을 얻었다. [121] 그러나 사래의 질투로 이스마엘을 버려야 하는 아브라함의 행위는 두 민족 간의 분쟁의 원인을 제공하고 말았다. 이어 아브라함은 사래가 아들을 낳지 못하자 다메섹의 엘리에셀을 상속자로 하였다. [122] 친자를 바라는 아브라함과 사래는 믿음없이 갈팡질팡 하다가 관례대로 후처를 얻어 후사를 잇도록 하였다. 고대 함무라비 법전[123]과 앗수리아의 혼례에 의하면 아들을 얻지 못하였을 때 남자는 합법적으로 다른 여자를 취할 수 있었다. 이런 풍습대로 하갈을 취하여 아들을 얻었으나 이스마엘이 열세 살이 되어 성인으로서 상속자가 될 즈음에 본처 사라는 이스마엘에게 상속이 될 수 없다는 시비와 앙탈, 시기와 적대로 아브라함은 이에 견디지 못하여 하갈과 이스마엘을 버리는 과오를 저지르게 된다.

아브라함은 히브리민족의 시조였으나 그의 가정은 원만하지 못했다. 아들을 낳지 못할 때 그의 믿음은 분명하지 못했다. 조카 롯을 구하기 위하여 전쟁을 하여 물리치고, [124] 돌아오는 길에 전리품 중 일부를 멜기세덱에게 십일조로 드리는 모순을 범하기도 한다. [125] 멜기세덱과는 환도뼈 밑에 손을 넣고 언약을 세우나 파기한 아브라함이었다. 그러나 아브라함은 하나님의 말씀에 순종하여 갈 바를 알지 못하였으나 떠났고, 하나님의 축복을 받은 히브리민족의 조상이 되었다.

4) 중생이 없는 아브라함

아브라함이 하나님의 신과 할례로 엄한 서약을 한 사이였으나 막상 그 아내와 자식에게는 "열국의 아비"와는 거리가 먼 아비와 남편이었다. 아브라함이 우상 신에서 "엘로힘" 하나님 신을 믿기로 개종을 하고 서약을 하였으나 할례 외에는 달라진 것이 없는 그렇고 그런 신앙인에 불과

하였다. 그는 중생(重生)하지 못한 남편, 아비와 족장에 지나지 않았다.[126]

중생은 믿는 것을 말하지 아니하고 믿은 다음의 삶을 말한다. 중생은 다시 나거나 거듭나거나 새로운 피조물이 되는 것을 말한다. 여기에는 신앙만 있는 것이 아니며 인륜과 천륜을 동반하고 존재적인 변화가 있어야 하는 것을 말한다. 그것은 남에게 피해를 주지 않는 사람을 말한다.

아브라함 시대는 다처나 근친상간이나 족내혼(族內婚)이 비일비재하였다. 아브라함의 아내 사라도 아브라함의 이복(異腹) 누이였다.[127] 그리고 이삭도 일가친척의 족내혼을 하였으며, 야곱도 친 자매인 둘을 아내로 취하며, 그들의 여종까지 취하여 아내를 삼았다. 그러나 이삭이나 야곱은 아내와 아들을 버리지는 않았다. 아내와 아들을 버린 자는 아브라함뿐이다. 이를 중생한 자로 볼 수는 없는 것이다. 그럼에도 이를 잘못으로만 볼 수는 없다. 아내를 많이 두어도 마음이 미혹만 안 되면 된다는 권고의 말로,[128] 남존여비 사상에서 하는 말이다.

하갈을 계집종이라 한 것은 바울의 말이다.[129] 하나님은 아브라함에게 하갈과 이스마엘에 대한 한 민족과 축복의 말씀을 하셨다.

> 하나님이 아브라함에게 이르시되 네 아이나 네 여종을 위하여 근심치 말고 사라가 네게 이른 말을 다 들으라 이삭에게서 나는 자라야 네 씨라 칭할 것임이니라 그러나 여종의 아들도 네 씨니 내가 그로 한 민족을 이루게 하리라 하신지라 아브라함이 아침에 일찍이 일어나 떡과 물 한 가죽 부대를 취하여 하갈의 어깨에 메워 주고 그 자식을 이끌고 가게 하매 하갈이 나가서 브엘세바 들에서 방황하더니 가죽 부대의 물이 다한지라 그 자식을 떨기나무 아래 두며 가로되 자식의 죽는 것을 참아보지 못하겠다 하고 살 한 바탕쯤 가서 마주 앉아 바라보며 방성대곡하니 하나님이 그 아이의 소리를 들으시므로 하나님의 사자가 하늘로부터 하갈을 불러 가라사대 하갈아 무슨 일이냐 두려워 말라 하나님이 저기 있는 아이의 소리를 들으셨나니 일어나 아이를 일으켜 네 손으로 붙들라 그로 큰 민족을 이루게 하리라 하시니라[130]

아브라함의 아들 이스마엘에게도 하나님은 붙들어 주시고, 큰 민족을 이루어 주시겠다는 약속을 하셨다. 그러나 아브라함은 자기의 아들을 사지로 내어 몰고도 대책을 세우지 못한 사람이었다.

2. 이삭의 사랑

아브라함이 100세에 낳은 아들 이삭은 순종의 사람으로 말을 한다.[131] 이삭은 하나님이 아브라함에게 약속하신 "하늘의 뭇 별과 바닷가의 모래"와[132] 같은 자손의 번성을 약속하신 언약의 씨였다. 이런 이삭이 아버지 아브라함으로부터 형 이스마엘과 이복형제와는 달리 많은 재산을 상속 받고, 하나님으로부터 인도함을 받는 믿음의 조상을 살게 된다. 이삭은 아브라함의 믿음을 본받는 사람이 되며, 하나님과 아버지 아브라함에게 순종하는 사람이 되어, 하나님이 아브라함에게 지시한 산으로 가서 이삭을 바치라고 할 때 아버지 아브라함에게 순종하여 포박을 당하고 제물로 올려지는 순종의 사람이기도 했다. 이런 이삭이 아브라함의 뜻에 따라 자기 동족인 셈족 혈통의 처녀로서 브두엘의 딸 리브가를 아내로 맞고, 살아갈 때 그는 주위와 평화를 나누는 삶이었다. 그랄 목자들이 우물을 달라고 할 때는 그는 전쟁보다 평화를 이루며, 우물을 다시 파는 인내의 사람이기도 했다. 그러나 이삭에게는 다음과 같은 문제로 구원을 이루기보다는 분쟁을 양산하였다.

1) 편애로 인한 형제간의 갈등

이삭은 리브가와 결혼하여 쌍둥이 아들 에서와 야곱을 얻게 된다.[133] 이삭은 큰 아들 에서를 좋아하여 에서가 사냥한 음식을 좋아했고 야곱은 조용한 사람으로 리브가가 좋아했다. 이삭이나 리브가가 두 아들을 다 좋아하기보다는 편애했다.

야곱은 태어날 때부터 형 에서의 발뒤꿈치를 붙들고 나올 만큼 욕심이 있었고, 지지 않으려는 야곱이었다. 야곱이 장성하여 가는 가운데 형에서에게서 팥죽 한 그릇으로 장자의 명분을 산 것도 이런 욕심의 발로였다.[134] 나아가 아버지 이삭으로부터 마지막 유언과 같은 축복도 가로채게 된 것은 축복을 독차지하려는 야곱의 욕심과 리브가의 편애 때문이었다. 결국 얻은 것이 무엇인가? 분란과 적대뿐이다. 아버지와 어머니의 편애로 형제간에 우애를 키우기보다는 영원한 적대관계를 만든 것은 부모들의 책임이다. 이것은 하나님을 믿으면서도 거듭나지 못하고 중생하지 못하고 "서로 사랑"을 몰랐던 믿음의 조상들의 책임이었다.

그러나 기독교와 교회는 이삭과 리브가의 편애로 인해 발생한 가정문제를 다루면서 에서의 미련함 때문에 혹은 단순함 때문에 팥죽 한 그릇을 받고 장자권을 판 어리석은 사람이라 한다. 그러면서 나면서부터 에서는 버림받은 자로 야곱은 선택받은 자로 말을 한다.[135] 어찌 형이 동생을 섬기면서 살 수 있는가? 그렇다면 태어날 때부터 순서를 바꾸어 태어나야 했다. 그런데도 기독교와 교회는 버림받고 저주받은 에서로 교훈하고, 형을 기만하고 욕심으로 점철된 야곱을 두둔하고 있다.

부모의 편애 속에 자식들의 관계는 적대관계로 자라게 되는데 부모들이 이것을 바로잡아 주지 못한 것은 잘못된 일이며, 이삭이 눈이 멀어 에서와 야곱을 분간하지 못했다고 할지라도 하나님이 눈먼 이삭이 축복한 것을 모르고 그대로 이행한다는 것도 잘못된 것이다. 잘못되었으면 바로잡아야 하는 것이 아닌가? 하나님이 잘못된 것을 지적하고 깨달음을 주었다면 그런 일이 일어나지 않았을 것이다. 이것은 이삭을 속였고 나아가 하나님을 속인 것인데, 야곱을 축복했다면 세상을 살아가는 사람들이 사기와 기만으로 어떤 축복도 얻을 수 있다는 논리가 된다. 이것은 잘못된 것이다.

프리드만(Friedman)은 이런 에서와 야곱의 이야기의 배경을 말하며, 에서의 본거지인 에돔이 유다를 그동안 괴롭힌데 대한 유다지파의 에돔 정복 역사를 합리화 하는 이야기라 하였다.[136] 북왕국 E문서에는 에서에 관한 기사(창25~27장)가 전혀 없기 때문이라 하였다. 하나님이 야곱을 더 사랑하여 에서를 버린 것이 아니라 다만 유다 지파에서 역사와 성서를

기록하며 자기들의 정통성이나 합리화 한 것에서 유발한 기록이다.[137]

야곱에게 그럴듯한 기사와 에서를 비하하는 문장은 전부가 남왕국 J 문서, "여호와"(야훼)로 언급하는 문서에만 있다. 북왕국의 E문서에서는 에서에게 불미스럽거나 불리한 이야기는 전혀 없다. E문서에는 야곱의 사기 행각을 그대로 쓰고 있다. 에서와 야곱의 역사는 다윗이 에돔을 정복한 후에 남북왕조가 서로 달리 기록된 것을 후에 하나로 합한 것으로 본다.[138]

2) 우물을 통한 화해와 공존

이삭은 어느 족장보다 이웃과 화해와 공존을 영위한 족장이었다. 이것은 하나님의 "이웃 사랑"의 실천이며, 예수 그리스도의 "하나님 사랑"과 "이웃 사랑"과 "원수사랑"까지 포함한 "서로 사랑"의 실천이다. 물론 이삭이 아들 에서와 야곱을 편애하므로 형제간의 적대 관계를 만들었다 해도 그는 이웃과 화해를 통해 공존했고, 평화를 영위하였다.

하나님의 구원 사역에서 볼 때 이삭의 화해와 공존은 하나의 모델이될 수 있다. 이삭이 화해와 공존을 통해 자신의 가정을 지키고, 족속을 지키고, 민족을 지킨 것이다. 인간 세계에서 이런 화해와 공존이 이루어진다면 세계 평화는 이루어졌을 것이다. 나아가 하늘에서 이루어진 것같이 땅에서도 이루어지는 축복의 역사가 일어났을 것이다. 이삭이 그땅에서 농사하여 그 해에 백배나 얻는 복을 받았고, 창대하고 왕성하여 거부가 되어 많은 양과 소와 노복을 거느리게 되었다. 이런 이삭을 블레셋 사람이 시기하여 그 아비 아브라함 때에 그 아비의 종들이 판 모든 우물을 막고 흙으로 메웠으나 그곳을 떠나서 다시 우물을 파면서 그의 영역은 넓어져 갔다.[139] 이삭이 화해와 공존을 통한 평화를 이루었을 때 하나님이 이삭에게 복을 주셨다.[140] 또한 하나님이 이삭에게 복을 주심을 본 아비멜렉이 이삭을 찾아와 평화조약을 맺게 되었다.[141] 이런 블레셋과의 평화조약은 화해와 공존을 통한 "이웃 사랑"의 실천에서 비롯된 것이다.

3. 야곱의 사랑

이삭의 아내 리브가는 밧단 아람의 아람 족속 중 브두엘의 딸이요 아람 족속 중 라반의 누이였다. 라반이 결혼하는 누이 리브가에게 '너는 천만인의 어미가 될지어다 네 씨로 그 원수의 성문을 얻게 할지어다' [142]라는 축복을 하였지만 잉태하지 못하였다. 그런 아내 리브가가 잉태하지 못하므로 이삭이 그를 위하여 하나님께 간구하매 하나님께서 그 간구를 들으시고 그에게 쌍태를 주어 태어나게 하셨다. [143] 야곱은 쌍둥이 동생으로 형의 발뒤꿈치를 붙들고 나올 만큼 욕심이 많은 자였다. 야곱(Jacob)이란 이름은 "아쿱"에서 유래하였는데 "발꿈치를 잡다"는 뜻 외에 "속이다"라는 뜻을 지니고 있다.

이런 야곱의 인생은 복을 받기 위한 투쟁의 생활이었다. 이런 야곱이 네 아내를 통하여 열두 아들과 딸을 두게 되었으며, 그 열두 아들은 이스라엘의 열두 지파가 된다.

1) 장자의 축복을 쟁취하다

야곱은 태어날 때부터 호전적이며 전투적인 성격에 지고는 못하는 성격을 타고 났다. 형의 발뒤꿈치를 붙들고 나올 만큼 이기고자 하는 마음도 대단했다. 그러나 성장하면서 에서는 호전적인 사람으로 사냥꾼이 되고, 야곱은 종용한 가정적인 사람이 되었다. 이삭은 남성다운 사냥꾼 에서가 잡은 별미를 즐겼다. 그러나 야곱은 리브가와 함께하며 어머니 리브가의 사랑을 받게 된다. 형의 장자권을 빼앗고자 궁리하던 야곱은 사냥에 지친 형 에서에게 팥죽 한 그릇을 주고 장자권을 사버린다. 아버지 이삭이 연로하여 앞이 잘 보이지 않는 가운데서 형에게 주고자 했던 장자의 축복을 이삭을 속이고 가로채 버리고 만다. [144] 이에 분노한 에서가 죽이려 하자 외가가 있는 밧단 아람으로 도망하다 벧엘에서 하나님을 만나게 된다. 외삼촌 라반의 집에 도착한 야곱은 자신을 위한 하나님의 축복을 인위적인 방법을 통해 쟁취해 간다. [145] 아내를 위하여 몸으로 봉사

예수 그리스도의 사랑학 개론

하였으며, 재산을 불리기 위해 편법을 동원하여 외삼촌의 양들 가운데 좋은 것은 자신의 것으로 만들었다.

이런 야곱을 하나님의 축복의 사람이라고 하며, 선택된 자라고 하는 것은 문제가 있는 것이다. 야곱은 하나님을 믿으나 중생하지 못한 자였고, 하나님의 축복을 호도한 자였으며, 회개하고 거듭나 하나님의 영광을 위해 화해와 공존의 "서로 사랑"을 새로 배워야 할 자이다.

2) 소원이 이루어지다

밧단 아람에서 부를 이룬 야곱은 자신의 식솔을 이끌고 고향인 가나안으로 돌아온다. 순탄한 여정은 아니었다. 라반이 도망하는 야곱을 좇아오고, 라반의 신을 도적질한 라헬로 인하여 라반은 더 분노하게 한다. 그러나 하나님의 중재로 라반은 야곱에게 해를 가하지 못하였다.[146] 라반과 야곱은 증거의 돌무더기를 쌓고 언약을 맺으므로 관계 회복을 하였다.

가나안으로 돌아오는 야곱에게는 큰 두려움이 있었다. 형 에서를 속이고 장자권을 빼앗았고, 이삭의 축복을 가로챈 일로 에서의 분노를 사고 있기 때문이다. 야곱은 소유 중에서 형 에서를 위하여 예물을 택하고, 그것을 몇 떼로 나눠 종들의 손에 맡기고 자신은 뒤에서 따라 간다. 에서의 분노를 자기가 준비한 예물로 풀어보려는 마음의 준비였다.[147] 밤에 얍복 나루를 건널 때 홀로 남은 야곱이 어떤 사람과 날이 새도록 씨름하다가 그 사람이 야곱의 환도뼈를 치매 야곱의 환도뼈가 위골되었으나 야곱이 그를 놓지 아니하므로, 그가 야곱의 이름을 이스라엘[148]이라 지어준다. 야곱이 그곳 이름을 브니엘[149]이라 칭하게 된다.

하나님의 은혜로 에서와 화해한 야곱이 숙곳에 정착하게 되나 레아가 야곱에게 낳은 딸 디나가 히위 족속 중 하몰의 아들, 그 땅 추장 세겜이 강간하므로 야곱의 아들들이 세겜과 하몰의 모든 족속을 할례를 핑계로 다 죽이고 만다. 이것은 세상의 평화와 "원수 사랑"까지 포함한 "서로 사랑"을 이루지 못한 야곱과 그의 아들들이었던 것이다. 이런 자들을 어찌 믿음의 조상 운운할 수 있는 것인가?

벧엘로 돌아온 야곱이 단을 쌓고 하나님을 부르니 하나님이 야곱에게 축복의 약속을 하신다.

> 야곱이 밧단아람에서 돌아오매 하나님이 다시 야곱에게 나타나사 그에게 복을 주시고 그에게 이르시되 네 이름이 야곱이다마는 네 이름을 다시는 야곱이라 부르지 않겠고 이스라엘이 네 이름이 되리라 하시고 그가 그의 이름을 이스라엘이라 부르시고 그에게 이르시되 나는 전능한 하나님이니라 생육하며 번성하라 국민과 많은 국민이 네게서 나고 왕들이 네 허리에서 나오리라 내가 아브라함과 이삭에게 준 땅을 네게 주고 내가 네 후손에게도 그 땅을 주리라 하시고 하나님이 그와 말씀하시던 곳에서 그를 떠나 올라가시는지라 야곱이 하나님의 자기와 말씀하시던 곳에 기둥 곧 돌기둥을 세우고 그 위에 전제물을 붓고 또 그 위에 기름을 붓고 하나님이 자기와 말씀하시던 곳의 이름을 벧엘이라 불렀더라[150]

위와 같은 축복을 받은 야곱이지만 이삭과 마찬가지로 요셉을 편애하여 사랑하고, 요셉은 꾼 꿈을 통하여 형들의 미움과 증오로 이어지게 된다. 그러다 요셉이 야곱의 심부름으로 양을 치고 있는 형들의 소식을 들으러 갔다 형들에게 잡혀 애굽으로 팔려가게 된다.[151]

하나님의 사랑과 은총과 축복을 받은 야곱이지만 편애때문에 자녀들은 상처를 입고, 증오심에 형제를 죽이려다 종으로 파는 파렴치한 행위를 가져오게 한다. 이런 행위는 "서로 사랑"의 근본을 몰랐고 실천하지 못하므로 온 비극이라 할 수 있다.

3) 스스로 이루지 못한 야곱의 구원

야곱은 말년에 가장 사랑하던 아들 요셉을 잃은 슬픔과 가나안 땅의 기근으로 인하여 고통과 괴로움의 시간을 보내야 했다. 유목민으로서 더 많은 거리의 목초지를 찾아 헤매어야 했을 것이다. 식량이 부족하여 애굽에 식량을 구하러 아들들을 보내야 했고, 원인모를 일을 통하여 아들

들이 식량을 구하러 가기를 꺼리는 가운데 사랑하는 베냐민까지 보내야
했던 야곱의 마음은 비통함뿐이었다.[152] 애굽에 내려갔던 아들들이 총리
대신이 된 요셉을 만나고, 화해하고, 야곱을 데리러 수레와 많은 재물을
보내온 요셉의 초청으로 애굽으로 내려가는 야곱의 마음은 하나님께 감
사 희생의 제사를 드린다.[153] 하나님의 언약으로 큰 민족을 이루고 요셉
의 손으로 야곱의 눈을 감긴다는 약속을 얻게 된다.

바로의 궁에 이른 야곱의 식구는 바로에게 청하여 고센 땅에 이르게
되고 가장 기름진 땅 고센에 정착하여 살게 된다. 야곱의 말년 인생이 기
쁨과 환희의 인생이 된 것은 하나님이 준비한 것이었지 야곱이 잘해서
얻은 복이 아니었다. 야곱은 이스라엘의 믿음의 조상이 될 만한 어떤 자
격도 없다. "하나님 사랑"과 "이웃 사랑"과 "원수 사랑"까지 포함한 "서
로 사랑"은 실천하지도 못한 야곱이었다.

4. 사랑의 완성자 요셉

야곱의 열두 아들 가운데 열한 째로 태어난 요셉은 야곱의 사랑을 독
차지했으며, 다른 형제들과 달리 채색옷을 입었다.[154] 야곱은 어려서부
터 꿈을 잘 꾸었으며 해석도 잘하였다. 요셉이 형들의 미움을 받아 애굽
의 종으로 팔려갔지만 하나님을 두려워하고 하나님을 섬기므로 하나님
이 그와 함께 계셨다.

바로의 신하 시위대장 보디발의 집에 간 요셉은 하나님이 형통케 하
시므로 보디발은 요셉을 가정 총무로 삼아 요셉에게 자기 소유를 다 맡
기었다. 요셉이 보디발의 아내의 유혹을 거절하여 옥에 갇혔으나 그곳에
서도 하나님이 요셉과 함께 하시고 그에게 인자를 더하심으로 전옥에게
은혜를 입어 옥중 죄수를 다 요셉에게 맡기고, 그 제반 사무를 요셉이 처
리하고 돌아보지 않는 절대 신임을 얻게 된다.[155] 후에 애굽 왕의 술맡은
관원장과 떡굽는 관원장이 옥에 들어와 꿈을 꾸고 그 꿈을 해석해 주게
된다. 요셉의 꿈 해석과 그 일이 되어진 일을 통하여 나중에 바로가 꿈을

꾸었을 때 요셉이 그 꿈을 해석하고 대책을 말하므로 애굽의 총리대신이 된다.

애굽의 총리대신이 되어 7년 풍년과 7년 흉년을 대비한 요셉 앞에 형들이 나타난다. 요셉은 그 형들을 벌하지 않고 오히려 용서하므로 "서로 사랑"과 "원수사랑"을 실천한 족장이 된다.

1) 하나님이 함께하신 요셉

야곱의 네 아내 가운데 가장 사랑했던 아내 라헬을 통하여 늦게 얻은 아들로서 열두 아들 중 열한 번째로 태어난 요셉은 아버지 야곱의 사랑을 독차지하며 성장하였다. 야곱은 다른 아들들과 구별하여 요셉에게는 채색옷을 지어 입히므로 형제들의 미움을 받았다. 특히 요셉의 꾸는 꿈은 미움을 살만 했으나 야곱은 마음에 두고 있었다.[156] 이런 꿈은 하나님이 요셉에게 보여준 미래에 대한 약속이었으며, 그를 통한 구원의 은총을 보여준 일이었다.

요셉이 애굽에 종으로 팔려가 주인의 아내의 유혹을 물리쳤으나 왕의 죄수를 가두는 옥에 갇히게 되었다. 요셉은 그 곳에서 하나님이 형통케 하심으로 전권을 맡는 자리에 있게 되었고, 왕의 술맡은 관원장과 떡굽는 관원장이 옥에 갇혀 수일이 지난 하룻밤에 꿈을 꾸니 각기 몽조가 달랐다. 요셉은 그들의 꿈 이야기를 듣고 꿈을 해석하여 주었다. 술맡은 관원장에게는 사흘 후에 회복을, 떡굽는 관원장에게는 사흘 안에 사형 당함을 예고하였다.[157] 제삼일은 바로의 탄일이라 바로가 모든 신하를 위하여 잔치할 때 술맡은 관원장과 떡굽는 관원장의 머리를 그 신하 중에 들게 하고, 술맡은 관원장은 전직이 회복되나 떡굽는 관원장은 요셉의 해석과 같이 되었다.[158]

그후 이년 후에 바로가 꿈을 연이어 두 번을 꾸었으나. 애굽의 술객과 박사들을 모두 불러 꿈을 해석하게 하였으나 해석하는 자가 없었다. 그 때에야 술맡은 관원장이 요셉을 생각하고 바로에게 천거하여 요셉이 바로의 꾼 꿈이 무엇인지, 어떤 일이 벌어질지를 해석하게 된다. 그 꿈은 애굽 땅에 큰 풍년이 7년간 있고 난 후에, 7년 흉년이 있는데 그 흉년은 심하여 7년 풍년을 잊고 기근으로 멸망되리라는 내용이다. 이 꿈을 두 번 꾼 것은 하나님께서 속히 이루시리니 국중(國中)에 여러 관리를 두어 그 일을 준비하게 하니, 바로와 모든 신하가 좋게 여기며 하나님의 신이 감동한 요셉을 애굽의 총리가 되어 그 모든 일을 준비하게 한다.[159]

이상과 같이 요셉의 꿈은 하나님께서 주셨으며, 하나님께서 요셉을 통하여 이루시고자 하는 계획을 보여주신 사건이었다.

2) 사랑으로 이룬 요셉의 자력(自力)적 구원

요셉의 구원의 특징은 구약성서 어디에도 찾아 볼 수 없는 하나님의 구원이, 하나님의 초능력이 없이, 요셉의 "하나님 사랑"과 "이웃 사랑" 과 "원수 사랑"으로 이루어졌다는 것이다. 요셉의 믿음과 소망과 사랑은 제국과 민족과 부족을 구해낸 자구적 대명사가 아닐 수 없다.[160]

하나님의 구원은 초능력이나 이적과 기사로 이루어져야 하는 것으로 생각한다. 이 구원은 태초부터 이어진 구원의 역사는 아담과 하와, 가인 과 아벨, 노아와 아브라함에게 이어지는 구원의 역사였다. 하지만 요셉 의 구원 역사는 우리가 쉽게 넘겨버린다. 하나님의 전지전능하신 능력만 을 알고, 신앙으로 믿고, 은혜로 알아 온 것이 기독교와 교회였다. 아브 라함과 이삭과 야곱만을 말하였지 요셉은 말하지도 않았다. 요셉을 통한 자구적 구원이 없었다면 히브리 민족이 있을 수 없다. 나라와 민족과 지 파를 논할 수조차 없었다. 요셉을 통한 자구적 구원은 예수 그리스도가 신앙인들에게 가르쳐 준 주의 기도 가운데 뜻이 하늘에서 이루어진 것 같이 땅에서도 이루어지는 축복을 이룬 구원이었다.

3) 요셉의 사랑과 용서

요셉은 형들에 의해 한 많은 인생을 살았다. 애굽에 종으로 팔려 갔 고, 보디발의 집에서 열심히 일했으나 옥에 갇히게 되었다. 하나님을 경 외하며 모든 이에게 하나님의 영광을 드러내려 하였지만 요셉에게 돌아온 것은 옥살이 뿐이었다. 그러나 바로의 꿈을 해석해 준 일로 요셉은 애굽의 총리대신이 되어 온 애굽 땅을 치리하게 되었다.

그런 요셉 앞에 식량을 구하기 위해 형들이 찾아 온 것이다. 요셉은 그들을 아나 그들은 요셉을 알아 보지 못하였다. 그들을 정탐꾼으로 몰아 시므온을 인질로 하여 베냐민을 데려오도록 한다.[161] 야곱이 요셉을 잃고 베냐민을 보내지 않으려 하지만 식량의 핍절로 베냐민을 애굽에 식량을 구하러 보내게 된다. 베냐민을 만나 요셉은 자기의 정체를 드러내고 두려워 떠는 형들에게 위로한다.

> 요셉이 그 형들에게 이르되 나는 요셉이라 내 아버지께서 아직 살아 계시니이까 형들이 그 앞에서 놀라서 능히 대답하지 못하는지라 요셉이 형들에게 이르되 내게로 가까이 오소서 그들이 가까이 가니 가로되 나는 당신들의 아우 요셉이니 당신들이 애굽에 판 자라 당신들이 나를 이곳에 팔았으므로 근심하지 마소서 한탄하지 마소서 하나님이 생명을 구원하시려고 나를 당신들 앞서 보내셨나이다 이 땅에 이 년 동안 흉년이 들었으나 아직 오 년은 기경도 못하고 추수도 못 할지라 하나님이 큰 구원으로 당신들의 생명을 보존하고 당신들의 후손을 세상에 두시려고 나를 당신들 앞서 보내셨나니 그런즉 나를 이리로 보낸 자는 당신들이 아니요 하나님이시라 하나님이 나로 바로의 아비를 삼으시며 그 온 집의 주를 삼으시며 애굽 온 땅의 치리자를 삼으셨나이다[162]

함과 같이 자신을 종으로 판 형제를 원망하지 않고, 그 모든 계획은 하나님의 섭리 가운데 이루어졌음을 말하며 형들을 용서해 준다. 이러한 사람은 "하나님 사랑"과 "이웃 사랑"과 "원수 사랑"을 실천한 스데반과[163] 십자가의 예수 그리스도 뿐이다.

구약의 율법으로는 눈에는 눈, 이에는 이[164]로 갚을 수밖에 없으나, 요셉은 사랑과 용서를 통하여 하나님의 온전하심을 이룬 관용의 사람이다. 요셉은 지혜와 용기와 인내함으로 자기 부족과 민족을 구하고 애굽을 구했으며, 자기 가정과 자신을 구원하였다. 이런 사랑과 용서를 통하여 세

예수 그리스도의 사랑학 개론

계와 사회와 가정을 변화시켜야 하는 것이 그리스도인의 삶이다.

제3절_ 모세를 통한 구원과 사랑

하나님은 애굽에서 430년 동안 살고 있던 이스라엘 백성을 모세를 통하여, 아브라함에게 약속했던 젖과 꿀이 흐르는 가나안 땅으로 인도하시겠다고 약속하신다. 이 약속은 모세를 통한 이스라엘의 구원 약속을 이루려는 하나님의 섭리였다. 이 사건을 출애굽이라 하는데, 출애굽기라는 말은 70인역의 표제 엑소도스($\epsilon \xi o \delta o \sigma$, 벗어남, 떠남, 출발)에서 유래된 것으로 이 단어는 70인역의 출애굽기 12:41과 19:1에 나타난다.

1. 출애굽의 동기

이스라엘 백성들에게는 출애굽하기 위하여 다음과 같은 동기 부여가 있었다. 이스들이 가나안 땅의 기근과 애굽의 총리대신이 된 요셉에 의해 애굽 고센 땅에 들어와 산 지 400여 년이 지나면서 생육이 중다하고 번식하고 창성하고 심히 강대하여 온 땅에 가득하게 되었다.[165] 요셉을 알지 못하는 새 왕이 일어나서 이스라엘 백성이 많고 강성함을 두려워하여, 감독을 세우고 무거운 짐을 주어 그들을 괴롭게 하였으며, 산파들에게 조산할 때 아들이면 죽이라는 명령을 내리므로 이스라엘 백성은 고통과 괴로움 가운데 울부짖게 된 것이다.

하나님은 이때 한 사람을 택하여 바로의 궁중에서 교육을 시키고, 미디안 광야로 나가 신앙교육과 인내의 훈련을 통하여 이스라엘 백성을 가나안 땅으로 인도하기 위한 섭리와 계획은 진행시키시고 있었다.[166] 그런데 여기에서 출현하는 신명(神名)이 다름을 간과할 수 없다.

1) "야웨" 신의 출현

출애굽은 호렙산에서 모세에게 나타난 "야웨"의 출현과 이스라엘 백성을 가나안 땅으로 인도하라는 명령에서 시작된다. 창세기에서도 아무런 설명이 없던 "야웨"가 출애굽기에 와서 그 정체를 드러낸 것이다. 창세기에 이미 있던 "아도나이"의 신명과는 어떻게 설명해야 할 것인가? 더군다나 창세기까지는 창조주 하나님의 인류 구원이 카할교회적으로 언급이 되었으나, 출애굽기부터는 교회적인 출애굽이 아니라 왕국적인 출애굽으로 양상을 달리하고 있는 것이다. 출애굽의 왕국적인 조직 운영 관리가 실제로 있었는가?

한국복음신학 연구원 손병호 박사의 저서인 "복음과 구약"에서 출애굽기는 족장들 중심의 교회적 유기체보다는 천부장, 백부장, 오십부장, 십부장 등의 조직 운영은 물론, 대의정치와 의회정치까지 언급되었다고 한다. 그리고 회막과 성막을 중심한 제례가 다 완비되어 있는 것이었다. 그리고 출애굽기에는 "야웨의 군대"가 언급이 되며,[167] 이는 출애굽 시대에 이미 군대화 된 것을 말한다고 한다. 그러면서 출애굽기에 나타난 의문의 신인 "야웨" 신명이 본격적으로 언급이 되며, 본격적으로 "용사의 야웨"가 되어,[168] 전투와 전쟁과 살육과 학살을 하는 신과 백성들이 되는 출애굽으로 부각이 된 것이라 한다.

비록 "엘로힘"과 "야웨"가 혼용을 이루어 기록되어 있으나, "카할교회"나 "왕국 공동체"에서는 있을 수 없는 두 신명을 제공한 것이 아닐 수 없다는 것이다. 원래 "엘로힘"이란 복수(複數)의 신이 따로 있는데, 새삼 신의 이름을 "야웨"라 하는 언급이 다시 나오므로, 교회나 왕국이 "엘로힘" 신과 "야웨" 신으로 양분하는 일이 불가피하게 되었다. 이것이 결국 두 나라와 두 성전과 두 역사와 두 성서를 쓸 수밖에 없는 근본적인 원인이다.

필자는 출애굽하는 이스라엘 백성이 강한 신을 원하고 전쟁에서 승리하기 위하여 "야웨"를 찾고, "야웨의 용사"와 "야웨의 군대"를 논한 것으로 본다. 전능하신 하나님, 천지만물을 창조하신 하나님에서 전쟁의 신, 복수의 신, 싸움의 신으로 만든 것은 그들이 강하여 승리만을 알았지 사랑으로 온 세상이 평화를 얻고, 참 평강을 얻는 "서로 사랑"은 몰랐기 때문이다.

2) "엘로힘"과 "야웨"의 병존 이유

"엘로힘"(Elohim)은 "엘"(El)의 복수임을 앞에서 말하였다. "엘"은 유일신을 말하나 "엘로힘"은 복수신 즉 "하나님들"이 되는 것이다.[169] 따라서 창세기 1:1의 "태초에 하나님이 천지를 창조하시니라" 하는 말도 "태초에 하나님들이 천지를 창조하시니라"로 번역하거나, "태초에 신들이 천지를 창조하시니라"로 번역하여야 한다는 것이다. 또한 구약 성서에서 "엘"로 언급이 되어있지 않은 모든 "엘로힘"은 전부 다 복수 명사로 번역을 하여야 정역(正譯)이 된다.[170] 이런 흐름은 2,000년이 지난 지금까지 기독교나 교회에서 올바르게 사용하지 못하고 있는 것이 현실이다. 물론 이것은 창세기에서부터 "엘"과 "엘로힘"과 "아도나이"를 말하고 있으므로, 유일신보다는 다신론에 젖어든 것이 문제가 된 것이다.

창세기 1장에서는 전혀 언급이 없던 "야웨" 신명이 2장부터는 "엘로힘"과 병존하여 나오다, 3장에 와서 "야웨" 신명에 대한 해명이 나오고 있다. 창세기 1장의 "엘로힘"은 모든 인류가 믿는 천신(天神, Sky God)을 말한다. 즉 "하나님 신"이나 "하늘에 계신 하나님"을 말한다. 그러나 2장부터 나오는 "야웨" 신은 출애굽기 3:15에서 나오는 "자존자"(I am that I am)라는 말의 "야웨"를 말한다.

우주를 창조하신 하나님은 유일하신 하나님 한 분이다. 따라서 구약에서 말하고 있는 다신이나 복수인은 잘못된 것으로, 구약의 신들이 서로 싸우고 다투어 자신의 힘을 과시한다면 세상은 어떻게 될 것인가? 신은 피조물이 아니다. 우리 주변에도 피조물을 신으로 만들어 놓고 있으나, 피조물일 뿐이며, 아무 힘도 능력도 없는 것이다. 창조주 하나님 한 분외에는 존재하지 않으며, 거론되어서도 안 된다. 십계명에 "나 외에는 다른 신들을 네게 있게 말찌니라"[171]한 말씀은 하나님 한 분 외에는 다른 신을 두지 말라는 것이다.

"엘"이냐 "야웨"냐의 문제는 야곱의 열두 아들을 중심은 지파 싸움에서 시작된 것으로, 유다를 중심한 유다왕국과 에브라임을 중심한 이스라엘 왕국의 서로 신명을 달리했기 때문이다.[172] 이제 우리는 한 분 하나님, 천지만물을 창조하신 한 분 하나님을 믿고 섬겨야 할 것이다.

2. 사랑없는 광야에서의 대립

광야에서 이스라엘 열두 지파와 모세와 아론, 고라 자손의 반란 등은 지배에 대한 대립이었다. 유다와 열한 지파는 장자권을 둘러싼 정통성과 왕권을 둘러싼 대립이었고, 아론과 모세와의 관계는 제권을 둘러싼 대립이었으며, 고라 자손의 반란은 모세와 아론에게만 이어지는 가족 관계에서 자신들의 지위를 찾으려는 대립적 반란이었다.

1) 왕권을 위한 대립

야곱에게는 열두 명의 아들이 있었으며, 그들의 장자는 르우벤이다. 그러나 르우벤이 장자의 역할을 제대로 하지 못하자, 유다가 장자의 역할을 빼앗아 버릴 계획을 세웠다. 이에 다른 열한 형제는 유다에게 적지 않은 반발을 하게 되고, 이에 유다는 그들의 반발을 잠재울 다른 방법을 찾게 되었는데 그것이 강력한 힘의 신이 필요하게 되었다는 것이다. 나아가 신이 나라와 민족의 책임을 명하였다는 보증을 받을 필요성을 느끼게 된다.

장자가 아닌 유다가 그 위의 셋을 제압할 방법이 모두가 믿는 "엘로힘"이 아닌 "야웨"의 신명을 택하여 유다 지파는 "엘로힘"이 아닌 "야웨" 신을 부르기 시작하며, "야웨" 신의 택함을 받은 지파가 유다지파라는 것이다.

성서적으로 출애굽기 3:15에서 "야웨"라는 신명이 처음 언급되나, 실제로 유다지파가 "야웨" 신명을 자유로이 거명하며 문서화를 한 것에 대하여 한국복음신학연구원 손병호 박사의 저서 "복음과 구약"을 인용하면 다음과 같다.

> 솔로몬이 "엘 신파"의 대제사장인 아비아달을 제거하며, 엘리 가문을 쓸어버리고, 사독을 "야웨의 전"의 대제사장으로 임명하였을 때 비로서 "야웨" 신명을 말할 수 있었다는 것이 가장 빠른 근거라 할 수 있다. 그러나 솔로몬이 "엘 신파"를 제거한 후, 결국 남왕국과 북왕국으로 나라와 민족이 갈라졌는데, 이때부터 신명을 마음 놓고 달리할 수 있었다는 것이다. 보다 후기로 보는 것은 "엘로힘" 신을 고수하던 북왕국 이스라엘이 앗수리아로부터 망하게 되자. 이때부터 남왕국이 거리낌 없이 자유롭게 "야웨" 신명을 거명한 것이 아닌가 한다. 그러나 보다 더 후기로 보는 것은 요시야 왕이 "율법책"을 펴며, 산당종교를 훼파한 후에 "야웨" 신명으로 문서화(文書化)를 할 수 있었던 때가 아닌가 한다.[173] 보다 더 후기로 보는 것은 에스라 제사장이 바벨론에서 해방을 맞고자 출애굽기까지 완성하며, 이때 모세를 이용하여 출애굽기 3:13-15을 삽입한 것이 아닌가 한다. 그러면서 북왕국의 자료와 혼합을 한 것이 아닌가 하는 설들이 있다.[174] 그러므로 어떤 때는 단독으로, 어떤 때는 혼합으로 또 어떤 때는 "엘로힘"을 앞세우다가, 어떤 때는 "야웨"를 앞세우는 등 유다지파가 임의로 하였다는 것이다. 요시야 왕 이전까지는 이렇다 할 성서나 율법 책이나 역사책이 없던 터에 일반 백성들은 "엘로힘" 신이든 "야웨" 신이든 신명에는 별 관심이 없었는데, 왕가나 제사장들이나 레위인들이나 서기관들이 역사나 성서로 기록을 하며 이런 신명 저런 신명으로 한 것이 아닌가 한다.[175]

이런 신명에 있어 "야웨파"는 "야웨"의 이름을 함부로 부리지 말라고 경고한다. 이것은 십계명 가운데서도 나타나고 있는 것이다. 하나님은 부를 수 있되 "야웨"는 망령되이 부를 수 없다는 것이 "야웨"파의 말이며, 이름을 망령되이 부르는 자는 다 죄라고 말을 한다. 십계명이나 율법은 이방인을 위한 것이 아니라 이스라엘인을 위한 것인데, 그곳에서도 "엘로힘"과 "야웨"의 대결구도가 있다.

이런 신명을 이용해 유다가 하나님으로부터 택함 받은 정통임을 말하며 왕권을 가졌음을 말하며 열두 지파의 리더임을 말하지만 열한 지파는 그것에 반대하며 계속 대립의 관계를 이어온 것은 그들에게 "서로 사랑"과 화해와 공존이 무엇인지를 몰랐기 때문으로 본다.

2) 제의(祭儀)권에 대한 대립

출애굽 과정에서 이스라엘에는 두 명의 위대한 지도자가 있다. 모세와 아론이다. 모세는 바로 왕궁에서 왕자로서 있다가 자기 동족을 생각하고 미디안 광야로 가서 40년을 보내고 있을 때, 노예생활을 하며 고초를 함께 겪고 억압받는 민족과 함께 하고 있던 아론이 주도권을 먼저 가졌음을 볼 수 있다.

하나님은 호렙산에서 모세를 부르시고, 애굽의 바로 앞으로 보냈지만 모세는 자신을 스스로 알고 있었다. "그들이 나를 믿지 아니하며 내 말을 듣지 아니하고 이르기를 여호와께서 네게 나타나지 아니하셨다 하리이다"[176] 하며, 징조를 보이신 하나님께 "나는 본래 말이 능치 못한 자라 주께서 주의 종에게 명하신 후에도 그러하니 나는 입이 뻣뻣하고 혀가 둔한 자니이다"[177]라며 "주여 보낼 만한 자를 보내소서"[178] 하며 자신은 자격이 없음을 말할 때 하나님은 모세에게 다음과 같이 말하고 있다.

> 여호와께서 모세를 향하여 노를 발하시고 가라사대 레위 사람 네 형 아론이 있지 아니하뇨 그의 말 잘함을 내가 아노라 그가 너를 만나러 나오나니 그가 너를 볼 때에 마음에 기뻐할 것이라 너는 그에게 말하고 그 입에 말을 주라 내가 네 입과 그의 입에 함께 있어서 너의 행할 일을 가르치리라 그가 너를 대신하여 백성에게 말할 것이니 그는 네 입을 대신할 것이요 너는 그에게 하나님 같이 되리라 너는 이 지팡이를 손에 잡고 이것으로 이적을 행할지니라[179]

이것은 모세의 자격이 부족함에도 불구하고 적격자로 만들어 가고 있는 것이다. "야웨"가 모세를 옹호함으로 모세는 아론에게 신과 같은 존재가 되었다. 어찌 인간이 신과 같은 존재가 될 수 있단 말인가? 세상 어디에도 인간이 신과 같은 위치에 오를 수 없다.

유다지파를 제외한 다른 지파에서는 "엘로힘" 신명을 가지고 있는데 반하여, 여기서는 "야웨" 신이 직접 모세가 하나님같이 되리라 하였다는 것은 이치에 맞지 않는 말이다. 모세보다는 아론이 통치 능력을 갖추었다.[180] 모세는 후에야 이 위치에 오른 것이다.

이런 과정에서의 출애굽은 모세와 아론의 병존을 힘들게 하였으며, 결국 대립의 양상을 띠게 되는 것은 이스라엘이 종교적인 민족에서 왕국적, 제국적인 국가로 변모하기 때문이다. 절대권자는 둘이 될 수 없다. 형과 아우라 할지라도 그 둘을 둘러싼 다른 세력이 존재하게 된다. 그러므로 모세파와 아론파가 되는 것이다. 이런 양파의 대립은 갈수록 골이 깊어지게 되고 결국 모세가 시내산에 오를 때, 아론은 제외되어 산 아래에서 기다리는 신세가 되고 만다.[181]

모세가 산으로 올라간 사이 금송아지 사건이 생기는 것도 아론파들이 벌인 모세에 대한 항거였던 것이다. 이스라엘 신관으로 우상을 만드는 일은 죽음을 의미한다. 그런데 왜 아론파가 금송아지를 만들었는가? 이 일로 모세는 아론을 죽이는 대신 아론파 삼천여 명을 살해하였다.

> 모세가 본즉 백성이 방자하니 이는 아론이 그들로 방자하게 하여 원수에게 조롱거리가 되게 하였음이라 이에 모세가 진문에 서서 가로되 누구든지 여호와의 편에 있는 자는 내게로 나아오라 하매 레위 자손이 다 모여 그에게로 나오는지라 모세가 그들에게 이르되 이스라엘의 하나님 여호와께서 이같이 말씀하시기를 너희는 각각 허리에 칼을 차고 진 이 문에서 저 문까지 왕래를 하며, 각 사람이 그 형제를, 각 사람이 그 친구를, 각 사람이 그 이웃을 도륙하라 하셨느니라 레위 자손이 모세의 말대로 행하매 이 날에 백성 중에 3천 명 가량이 죽인 바 된지라[182]

이는 모세와 아론의 실세들의 대결이었다. 이들 3천 명이 순순히 죽었을 리는 만무하다. 피비린내 나는 동족상잔이었던 것이다. 이는 유다지파를 숙청한 것으로 본다. 그리고 합리화하기 위하여 다음날 산에 다시 오른 모세였다. 죽이기보다는 용서와 관용이 필요했으나, 모세는 이것을 이루지 못하였다.

3) 사랑을 모르는 르우벤과 레위 자손의 반란

출애굽 중반에 들어서서 레위의 증손 고라와 르우벤의 자손 엘리압의 아들 다단과 아비람과 벨렛의 아들 온이 합심하여 족장 250인과 함께 모세에 대한 반란을 일으킨다. 이는 장자권을 빼앗긴데 대한 르우벤 자손의 반란이며 제의권을 독차지하고 있는 아론과 아들들에 대한 도전이었다.

> 레위 증손 고핫의 손자 이스할의 아들 고라와 르우벤 자손 엘리압의 아들 다단과 아비람과 벨렛의 아들 온이 당을 짓고 이스라엘 자손 총회에 택함을 받은 자 곧 회중에 유명한 어떤 족장 이백오십 인과 함께 일어나서 모세를 거스리니라 그들이 모여서 모세와 아론을 거스려 그들에게 이르되 너희가 분수에 지나도다 회중이 다 각각 거룩하고 여호와께서도 그들 중에 계시거늘 너희가 어찌하여 여호와의 총회 위에 스스로 높이느뇨 모세가 듣고 엎드렸다가 고라와 그 모든 무리에게 말하여 가로되 아침에 여호와께서 자기에게 속한 자가 누구인지, 거룩한 자가 누구인지 보이시고 그 자를 자기에게 가까이 나아오게 하시되 곧 그가 택하신 자를 자기에게 가까이 나아오게 하시리니 이렇게 하라 너 고라와 너의 모든 무리는 향로를 취하고 내일 여호와 앞에서 그 향로에 불을 담고 그 위에 향을 두라 그 때에 여호와의 택하신 자는 거룩하게 되리라 레위 자손들아 너희가 너무 분수에 지나치느니라 모세가 또 고라에게 이르되 너희 레위 자손들아 들으라 이스라엘의 하나님이 이스라엘 회중에서 너희를 구별하여 자기에게 가까이하게 하사 여호와의 성막에서 봉사하게 하시며 회중 앞에 서서 그들을 대신하여 섬기게 하심이 너희에게 작은 일이겠느냐 하나님이 너와 네 모든 형제 레위 자손으로 너와 함께 가까이 오게 하신 것이 작은 일이 아니어늘 너희가 오히려 제사장의 직분을 구하느냐 이를

예수 그리스도의 사랑학 개론

위하여 너와 너의 무리가 다 모여서 여호와를 거스리는도다 아론은 어떠한 사람이관대 너희가 그를 원망하느냐[183]

위와 같이 레위 자손들은 아론의 후손들에게만 세습이 되는 제사장직에 대한 강한 불만을 갖고 있었던 것이다. 물론 이들의 불만을 "야웨"에 대한 도전으로 간주하여 땅이 갈라지고 음부에 떨어지는 벌을 받았지만 레위 지파나 르우벤 지파 사람들은 모세와 아론이 독점하고 있는 정권과 제권에 대한 반발이었던 것이다. 야곱의 장자로 장자의 권한을 주장하는 르우벤 자손들은 정권은 자신들의 몫이라는 것이다. 모세가 가지고 있는 지도자의 권한을 그리고 왕권을 달라는 것이다.[184] 그런 그들에게 용서와 관용은 없었다. 이 일로 죽은 자가 염병에 걸린 자까지 포함하여 14,700명이 죽었다[185]고 했다. 엄청난 살인극이었던 것이다.

민수가 26:9-11을 보면 이때 고라의 아들들은 죽지 않고 번성했으며, 성전에서 성가대의 역할을 감당하였다.[186]

3. 가나안 정복과 사랑

출애굽의 결론은 가나안 정복으로 이어진다. 하나님께서 아브라함을 통하여 이스라엘 백성에게 준 땅이며, 모세를 통하여 젖과 꿀이 흐르는 가나안 땅을 주시겠다고 약속하였지만 그들은 화해를 통하여 공존한 것이 아니었다. 평화를 통한 공존도 아니었다. 무력을 사용하여 잔악한 살인을 통한 쟁취였다. 이스라엘 민족의 입장에서 보면 불가피한 정복이었지만 원주민의 입장에서 보면 청천벽력과 같은 일이었다.

믿음의 조상이라고 하는 아브라함의 후손으로서 저질러야 하는 일치고는 너무나 잔악한 일이었으나 이것을 기독교와 교회가 합리화시키고, 하나님의 뜻으로 합법화시키는 것은 잘못된 일이다. 예수 그리스도는 "하나님 사랑"과 "이웃 사랑"과 "원수 사랑"을 포함한 "서로 사랑"을 말씀하셨다. "서로 사랑"이 있었다면 그들은 공존할 수 있었을 것이고, 지금까지 대립과 분쟁 속에 빠지지는 않았을 것이다.

1) 예수의 모형이라고 하는 여호수아

우리는 성경의 앞부분 즉 창세기, 출애굽기, 레위기, 민수기, 신명기, 여호수아를 6경이라고 한다. 출애굽한 이스라엘이 가나안 이전까지를 기록한 것으로 출애굽의 완결편이라 볼 수 있다.

모세의 후계자로 선택된 여호수아는 눈의 아들로 등장한다.[187] 이는 "여호와는 구원이시다"라는 뜻으로 헬라어 표기로는 "예수"와 동의어이나 업적을 보면 전혀 다르다. 예수는 사랑의 사람인 반면 여호수아는 장군으로, 정복자로 나오기 때문이다.

여호수아는 출애굽을 하던 이스라엘이 열두 지파의 정탐꾼을 보냈던 사람 가운데 한 사람이다. 갈렙과 함께 가나안 땅은 하나님이 주신 땅이라는 믿음을 가지고 있었던 사람이며, 모세의 시종이기도 하였다. 이스라엘 백성이 열 명의 정탐 보고를 받은 후에, 모세와 아론을 원망하며 애굽으로 돌아가자고 할 때

> 그 땅을 탐지한 자 중 눈의 아들 여호수아와 여분네의 아들 갈렙이 그 옷을 찢고 이스라엘 자손의 온 회중에게 일러 가로되 우리가 두루 다니며 탐지한 땅은 심히 아름다운 땅이라 여호와께서 우리를 기뻐하시면 우리를 그 땅으로 인도하여 들이시고 그 땅을 우리에게 주시리라 이는 과연 젖과 꿀이 흐르는 땅이라 오직 여호와를 거역하지 말라 또 그 땅 백성을 두려워하지 말라 그들은 우리 밥이라 그들의 보호자는 그들에게서 떠났고 여호와는 우리와 함께 하시느니라 그들을 두려워 말라[188]

함과 같이 여호수아는 하나님이 그 땅을 우리에게 주신 땅이요 아름답고 젖과 꿀이 흐르는 땅이며 그 땅 거민을 이길 수 있다는 확신을 갖고 있었다. 갈렙이 유다지파라면 여호수아는 요셉의 둘째 아들 에브라임 지파 출신이다.

출애굽 과정에서 이스라엘은 "여호와께서 너희를 위하여 싸우시리니

너희는 가만히 있을지니라" [189) 하던 하나님이었다. 이것은 신전(神戰)이며 성전(聖戰)이었다. 그런데 갑자기 가나안 땅에 들어가는 가운데서 가나안 족속을 진멸하라고 하셨는가? 하나님이 진멸하시는 살육의 하나님이 아니다. 이런 것이 남아 있기에 이슬람에서는 성전(지하드)라 하고, 순교라고 하는 것이다.

여호수아는 전쟁을 통하여 가나안 땅을 차지하고자 한 것은 그의 믿음 때문이다. "그들은 우리 밥이라" [190)라고 하였다. 싸워서 이길 수 있다는 것이다. 이런 마음을 가지고 가나안 원주민을 진멸하려 한 것이다. 그러나 예수는 원수를 사랑하고 이웃을 사랑하라고 하였다. 여호수아는 예수와 표기로는 같으나 "서로 사랑"을 몰랐고, 화해와 공존을 통한 평화를 이루지 못한 사람이다.

2) 하나님의 명령 전달자 사사들

사사라는 말은 히브리어로 "법관"(Re-chtschafter), "구조자"(Helper), "통치자"(Herrscher)를 의미한다. 사사란 시정과 종교에서 지도자 역할을 하는 사람을 말하고, 적군의 압제 가운데서 하나님을 대신한 구원자를 뜻하기도 한다. 그래서 이들을 "민족적인 구원자"라 부른 것이다.

> 여호와께서 사사들을 세우사 노략하는 자의 손에서 그들을 건져 내게 하셨으나 그들이 그 사사도 청종치 아니하고 돌이켜 다른 신들을 음란하듯 좇아 그들에게 절하고 여호와의 명령을 순종하던 그 열조의 행한 길을 속히 치우쳐 떠나서 그와 같이 행치 아니하였더라 여호와께서 그들을 위하여 사사를 세우실 때에는 그 사사와 함께 하셨고 그 사사는 사는 날 동안에는 여호와께서 그들을 대적의 손에서 구원하셨으니 이는 그들이 대적에게 압박과 괴롭게 함을 받아 슬피 부르짖으므로 여호와께서 뜻을 돌이키셨음이어늘 그 사사가 죽은 후에는 그들이 돌이켜 그 열조보다 더욱 해괴하여 다른 신들을 좇아 섬겨 그들에게 절하고 그 행위와 패역한 길을 그치지 아니하였으므로 [191)

위와 같이 일정 기간 동안 이스라엘 열 두 지파를 통솔했으나 왕도 제사장도 선지자도 아니었다. 그러나 그들은 여호수아를 이어 이스라엘 백성을 대신하여 가나안 원주민과 싸우는 장군이었다.

가나안 땅에 정착한 이스라엘 백성은 그들을 진멸하고 그 땅을 "약속의 땅"으로 말하며 자신들만의 "독점적인 땅"으로, "착취의 땅"으로, "정복의 땅"으로 하였으나, 하나님의 뜻을 저버린 그들에게는 새로운 적들이 나타나게 되었다. 그들과 열두 지파는 새로운 생존 전쟁을 시작한 것이다. "하나님 사랑"과 "이웃 사랑"과 "원수 사랑" 나아가 "서로 사랑"을 실천했으면 하지 않아도 될 치열한 전쟁을 하게 된 것이다.

춘추전국시대와 다를 바 없는 상황이었다. 아브라함이 갈대아 우르를 떠나 가나안 땅에 정착하였을 때는 우호적인 그들이었다. 그들과 함께 공존하며, 함께 살아왔었다. 이삭도 그들과 화해하고 공존의 시대를 열고 함께 살아 왔었다. 야곱도 그들 속에서 평화의 공존을 누렸었다. 그런데 이제는 온 주변이 전쟁터가 되고 원수가 되고 만 것이다. 인과응보의 결과인 것이다. 자신들이 뿌린대로 받고 있는 것이다. 이런 힘과 전쟁을 통하여는 구원을 받을 수 없다. 예수 그리스도의 "서로 사랑"이 있어야 하는 것이다.

평화운동이나 반전운동이나 배전운동이나 부전운동이나 공생운동이나 공존운동이 없이 내세를 말하는 기독교와 교회에서는 그 어떤 내세도 보장되지 않는다. 신전(神戰)이나 성전(聖戰)보다 종전이 되어야 한다.

사사들이 하나님의 도구로서 쓰여졌다면 전쟁의 화신이 아니라 사랑의 화신으로 도구로 쓰여 졌어야 했다. 그렇다면 화해와 공존과 구원의 소망이 있었을 것이다.

3) 마지막 사사 사무엘

사무엘(Samuel)은 요셉의 아들 에브라임 지파 출신으로 남왕국 유다와는 신관을 달리하는 "엘로힘" 신을 믿는 엘가나의 아내 한나에게서 태어났다. 한나에게는 아들이 없으므로[192] 엘가나가 브닌나를 취하여 아들을 얻었다. 한나는 브닌나를 통하여 더 큰 질투심을 느끼고, 제사장 엘리를 찾아가 하나님께 간절히 간구하여 사무엘을 얻게 되었다. 그리고 한나가 서원[193]한 대로 젖을 뗀 사무엘이 제사장 엘리와 함께 성전에서 자라며 학문과 교육을 받고, 제사장을 도와 제사장의 업무를 배워가게 된다.

사무엘이 레위 지파가 아니기 때문에 제사장이 될 수 없다고도 한다. 그러나 하나님에게는 누가 사사가 되어도, 왕이 되어도, 제사장이 되어도 상관이 없다. 어느 지파에서 제사장이 되어도 상관이 없는 것이다. 누구는 차별하고 누구는 택하시는 분이 아니다. 이런 사고를 가지고 있기에 교권이나 성직이라며 싸우고 있는 것이다. 어느 누구에게 특권을 주지 않으시며 평등과 자유 공신체 안에서의 형제애를 말한 것이다.

이스라엘의 마지막 사사를 사무엘이라 한다. 이때는 블레셋의 침공으로 국정이 불안하고 민심이 크게 동요되던 시기다. 엘리의 두 아들과 엘리의 죽음으로 그 뒤를 이은 사무엘이 나라를 통치하던 시대이다.

사무엘이 자라매 여호와께서 그와 함께 계셔서 그 말로 하나도 땅에 떨어지지 않게 하시니 단에서부터 브엘세바까지의 온 이스라엘이 사무엘은 여호와의 선지자로 세우심을 입은 줄을 알았더라 여호와께서 실로에서 다시 나타나시되 여호와께서 실로에서 여호와의 말씀으로 사무엘에게 자기를 나타내시니[194]

위와 같이 하나님이 함께 하심으로 온 이스라엘이 사사로서 인정해 준 것이다. 그러나 이스라엘 백성들은 사무엘로 만족하지 못한다. 하나님께 이웃 나라와 같은 강력한 힘을 가진 왕을 요구하였다.[195]

사무엘은 베냐민 지파 기스의 아들 사울을 왕으로 삼았으나 사울과 사무엘은 대립의 관계가 되고 만다. 사울이 왕이 된 다음 제사장직을 침해하는 일이 일어나고 만 것이다.

사울이 사무엘의 정한 기한대로 이레를 기다리되 사무엘이 길갈로 오지

아니하매 백성이 사울에게서 흩어지는지라 사울이 가로되 번제와 화목
제물을 이리로 가져오라 하여 번제를 드렸더니 번제 드리기를 필하자 사
무엘이 온지라 사울이 나가 맞으며 문안하매 사무엘이 가로되 왕의 행한
것이 무엇이뇨 사울이 가로되 백성은 나에게서 흩어지고 당신은 정한 날
안에 오지 아니하고 블레셋 사람은 믹마스에 모였음을 내가 보았으므로
이에 내가 이르기를 블레셋 사람은 나를 치러 길갈로 내려오겠거늘 내가
여호와께 은혜를 간구치 못하였다 하고 부득이 하여 번제를 드렸나이다
사무엘이 사울에게 이르되 왕이 망령되이 행하였도다 왕이 왕의 하나님
여호와께서 왕에게 명하신 명령을 지키지 아니하였도다 그리하였더면
여호와께서 이스라엘 위에 왕의 나라를 영영히 세우셨을 것이어늘 지금
은 왕의 나라가 길지 못할 것이라 여호와께서 왕에게 명하신 바를 왕이
지키지 아니하였으므로 여호와께서 그 마음에 맞는 사람을 구하여 그 백
성의 지도자를 삼으셨느니라 하고 사무엘이 일어나 길갈에서 떠나 베냐
민 기브아로 올라가니라[196]

위와 같이 사무엘은 사울이 번제를 드림이 하나님의 명령을 지키지
않은 것이요, 망령되이 행한 일이라고 책망한다. 그러면서 왕의 나라가
길지 않을 것이요, 새로운 왕을 세우셨다고 말한다. 어찌 이런 일이 있을
수 있단 말인가? 제때 오지 못한 사무엘이 잘못한 일이지, 백성이 사울에
게서 다 떠나는 가운데 사울이 택할 수 있는 일이 무엇이겠는가? 먼저 잘
못을 따지려면 사무엘을 책해야 한다. 그런데 블레셋 사람들이 쳐들어와
있는 가운데 길갈을 떠나 기브아로 가면 전쟁은 어떻게 하라는 것인가?

전쟁을 해도 도와주지 않던 사무엘이 사울이 아말렉을 치고 전리품을
가져 왔을 때 나타나서 악을 행하였다고 책망을 하며 왕을 버려 왕이 되
지 못하게 한다[197]고 한다. 또한 책망하는 사무엘을 붙드는 사울을 매정
하게 뿌리치고 대책도 주지 않고 돌아서 버린 사무엘이다.

그리고 가서는 이새의 집을 찾아가 다윗에게 기름을 부은 사무엘이
다.[198] 그후 어떤 일이든 나라와 민족을 다스리고 위한다는 사무엘이 사
울과 다윗의 다툼 속에도 중재나 화해의 역할도 없다. 방관자의 모습으

로 살아가고 있는 사무엘이다. 이런 사무엘에게서 민족적인 구원이나 신앙적인 구원이나 무엇을 기대할 수 있겠는가? 권위만 가지고 위에 군림하려는 교권주의자들과 무엇이 다른가? 이런 권위로는 참 평화의 평강이 있을 수 없다. 예수 그리스도의 온유하고 겸손한 마음으로 "서로 사랑"을 실천해야 하지만 사무엘은 매도와 독선으로만 가득찬 자였지 민족 구원을 위해 자신을 희생한 자는 아니었다.

제4절_왕국적인 구원과 사랑

아브라함으로 시작된 카할교회는 "열국의 아비"가 되는 언약으로 아브라함 뿐 아니라 인류의 구원까지 바라는 것이었다. 이는 어떤 왕국을 세우거나 왕국을 통한 그의 후손들의 유업을 말씀한 것이 아니라 한 신앙인에서부터 씨족이나 부족이나 나라나 민족은 물론 전 세계가 다 창조주 하나님 신의 구원을 따르는 것을 말한 것이다.

그러나 아브라함의 "열국의 아비"라는 말은 언약이나 약속 자체로 끝이 나고 아브라함과 그의 후손들은 이스라엘이나 유다왕국을 세우고자 하며 영속하고자 하는데 그친 나라와 민족이었다. "열국의 아비"라는 말은 "여러 나라들(Many Nations)과 모든 민족(All Nations)"을 살리고 구원하는 아버지를 말한 것이다.[199]

아브라함이나 그의 후손들처럼 어떤 역경이나 시련이나 환난이나 난관에 있더라도 창조주 하나님 신의 인류를 위한 구원 사역을 모든 나라와 민족도 같이 도모하고 시도하므로 오는 평화와 번영과 공영을 말씀한 것이다. 아브라함을 부르신 하나님은 특정한 나라와 민족이 다른 민족과 나라를 죽이고 정복하는 구원을 말씀하신 것이 아니라 모든 나라나 모든 민족이 다 하나님의 구원에 임하는 것을 말씀한 것이었다. 이런 하나님의 크신 뜻을 이해하지 못한 이스라엘은 유다 왕국을 세워 자신들의 왕을 뽑아 주기를 간청하고[200] 그들의 청에 의해 하나님은 유다 왕국을 허락하셨으나 유다 왕국은 태어나지 말았어야 할 왕국이었다.

구약은 유다주의와 유대종교, 그리고 유다왕국을 말한다. 그러나 예수 그리스도는 그런 말씀을 하지 않으셨다. 유다왕국의 회복을 위해서 오신 예수도 아니었다. 유다왕국은 이방 민족을 진멸하고, 자신들만이 선민이므로 자신들만이 구원받았다고 한다. 예수 그리스도가 말한 구원과 동떨어진 왕국적인 유대적 구원에 대하여 기독교와 한국 교회는 젖어 있는 것이 문제이다.

왕국적인 구원에는 화해나 평화나 공존이나 공생이나 공영이 우선적이지 않다. 왕국적인 구원에는 봉사나 섬김이나 희생이 우선이 아니다. 카할적인 구원이나 교회적인 구원이나 복음적인 구원에는 서로 사랑이나 용서나 하나님 사랑이나 서로 사랑이나 원수 사랑이 앞서지 않으면 안 되는 것이다. 화해나 화평이나 봉사나 섬김이나 용서나 수신이나 제가나 치국평천하가 아니면 참 구원이 아니다.[201] 나아가 예수 그리스도의 "서로 사랑"이 없으면 참 구원이 이루어지지 않음을 말하고자 한다.

1. 통일왕국 시대의 사랑

통일왕국 시대는 사울과 다윗과 솔로몬 시대를 말한다. 그러나 여기서는 역사적으로 위대한 왕이라고 하는 다윗과 지혜의 왕이라고 하는 솔로몬을 통하여 왕국의 구원이 이루어지지 않았음을 말하고자 한다. 그들에게는 예수 그리스도의 "서로 사랑"이 없었으며, "하나님 사랑"과 "이웃 사랑"과 "원수사랑"이 없었기에 구원이 이루어지지 않았다.

1) 다윗과 유다 왕국

야곱이 열두 아들을 축복하는 가운데 왕권을 유다에게 주었다고 한다.[202] 출애굽을 하는 과정 가운데서도 유다 지파는 맨 앞에서 이스라엘의 진군 대장을 한다. 그런데 이스라엘 백성이 가나안에 정착하고 왕을 요구하는 가운데 세워진 왕이 베냐민 지파의 사울이었다.[203] 그러나 왕권을 가졌다고 하는 유다 지파에서는 승복할리 만무하다. 사무엘과 다윗을 통하여 계속 왕권을 흔들어 사울의 왕위를 무너뜨리고 다윗이 헤브론에서 왕위에 오르게 된다. 이것은 쿠데타와 같은 것이었다. 사울이 왕위에 있는 가운데서 미리 다윗에게 기름을 붓고 그를 미래의 왕으로 인정해준 사무엘과 다윗의 작품이라 해야 할 것이다.

사울이 죽고 그의 아들 이스보셋이 왕위에 올랐으나 인정하지 않았다. 왕위에 오른 이스보셋은 블레셋의 침공으로 다윗에 대하여 유다 지파에 대하여 신경 쓸 여지가 없었다. 합심하여 적을 물리치기보다는 헤브론에서 유다 지파끼리 왕위에 오르고, 이스보셋을 죽이고 정통성을 유지하려 했던 것이다. 대세가 기울자 모든 지파의 대표들이 모여 다윗을 골육이라 하며 왕으로 추대하였다.

다윗이 왕위에 올랐으나 국방을 강화하고 다른 나라를 침공하여 점령하고 조공을 받는 일은 하였으나, 경제력을 키우고 온 백성이 잘 사는 나라를 만들어가지는 못하였다. 다윗이 예루살렘에 시온성을 정복하고 다윗성이라 칭하였으나 그에게는 너무나 큰 흠이 있는 자였다. 자신을 위해 목숨을 바쳐 싸우는 우리아의 아내와 동침하고 그 죄를 감추기 위해 우리아를 전쟁터에서 죽게 한 치졸한 왕이었다.[204] 물론 나단 선지자를 통하여 회개 자복하는 다윗의 모습은 죄를 용서함 받을 수 없는 것이었으나 하나님은 다윗을 죽이지는 않으셨다. 죽어도 할 말이 없는 다윗이었는데 말이다. 이를 기독교와 교회는 눈물을 흘리며 회개하는 다윗을 모습을 통하여 회개하면 죄가 사해진다고 하는 것은 잘못된 것이다. 미화시키기보다는 책망하고 교훈하여 바른길로 가게 해야 하며 그런 죄를 짓지 않도록 해야 한다.

다윗은 유다 왕국의 국부나 다름없으나 자기 관리나 수신이나 제가에 입각한 선왕이나 성왕이 되지 못하였다. 물론 유다 왕국의 모든 왕들의 치적을 말하는 가운데 "다윗 같지는 않았다"는 말은 국부인 다윗을 높이는 말일 뿐이다. 하나님이 사무엘을 통하여 왕의 제도를 말할 때 너희를 다스릴 왕의 제도가 이러하니라 그가 너희 아들들을 취하여 그 병거와 말을 어거케 하리니 그들이 그 병거 앞에서 달릴 것이며 그가 또 너희 아들들로 천부장과 오십부장을 삼을 것이며 자기 밭을 갈게 하고 자기 추수를 하게 할 것이며 자기 병거와 병거의 제구를 만들게 할 것이며 그가 또 너희 딸들을 취하여 향료 만드는 자와 요리하는 자와 떡굽는 자를 삼을 것이며 그가 또 너희 밭과 포도원과 감람원 소산의 십일조를 취하여 자기 관리와 신하에게 줄 것이며 너희 양 떼의 십분 일을 취하리니 너희가 그 종이 될 것이라[205]

함은 기억하고 자신의 권력을 위하여 많은 것을 준비하지만 국방을 강화하는 동시에 여인도 많이 두어, 여인으로부터 많은 아들을 낳으므로 다윗 왕가는 편한 날이 없었다. 다윗의 아들들도, 다윗이 우리아의 아내를 범하듯 암논이 자신의 이복누이를 범하므로 압살롬이 암논을 죽이게 된다.[206] 왕자들의 난도 계속 이어지게 된다. 압살롬이 반란을 일으키어 다윗은 예루살렘을 떠나 도망하여 목숨을 유지하기도 하였다. 왕자들의 난은 신하들과 제사장 그룹들도 편을 나누게 되어 서로 죽고 죽이는 살인과 갈등의 폭이 커지게 된다. 왕자의 난은 다윗의 말년까지 계속 이어져 아도니야가 왕위에 오르게 되는데, 그곳에는 종교의 지도자와 군부의 지도자가 참석하는 명실공이 왕의 등극이었다.[207]

다윗은 말년은 비참함이었다. 그러나 다윗의 업적도 간과할 수 없다. 나라의 틀을 세웠으며, 국방을 강화하여 전쟁의 승리로 부를 가져왔고, 나라의 면적을 넓히기도 했다. 하나님이 임재하시는 성막을 생각하여 성전을 짓고자 하였으나, 다윗이 피를 많이 흘림으로 그의 아들 솔로몬에게 성전을 지을 수 있도록 허락하신 하나님의 뜻에 따라 성전은 짓지 못하되 모든 준비를 갖추어 놓은 다윗이다.

예수의 족보에서 다윗의 후손으로 기록하나, 다윗은 왕국적인 왕이었지 영적으로 하늘에서 이루어지는 복이 땅에서도 이루어지게 하는 왕은 아니었다. 인간의 죄의 문제도 해결하지 못하는 왕이었다. 그러나 예수 그리스도는 정치, 종교, 사회 모든 분야를 통괄한 구원을 통하여 인류와 세계가 영원한 구원으로 이어지는 것이다.

2) 분열을 초래한 솔로몬

다윗의 아들이요, 지혜의 왕이라고 하는 솔로몬은 실제로 왕이 될 자격을 갖추고 태어난 것이 아니다. 솔로몬에게는 장자권도 없었다. 많은 형들이 있었다. 물론 하나님이 예전에 다윗에게 약속하기를 "네 아들 솔로몬이 너를 대신하여 왕이 되고"[208]라는 말은 다윗이 밧세바에게 약속한 약속이었으며, 솔로몬이 왕 위에 오르는 합법적은 근거를 만들기 위함이었다.[209] 나아가 성전 건축을 위한 계승자의 위치에 솔로몬을 올려놓고 솔로몬이 하나님의 뜻에 따라 왕위를 계승받은 것으로 하고 있으나 모순이다.[210] 그러면서 다윗은 다음과 같은 말을 한다.

> 또 그 아들 솔로몬에게 이르되 너는 강하고 담대하게 이 일을 행하고 두려워 말며 놀라지 말라 내가 여호와의 전 역사의 모든 일을 마칠 동안에 여호와 하나님 나의 하나님이 너와 함께 하사 네게서 떠나지 아니하시고 너를 버리지 아니하시리라 제사장과 레위 사람의 반열이 있으니 여호와의 전의 모든 역사를 도울 것이요 또 모든 공역에 공교한 공장이 기쁜 마음으로 너와 함께 할 것이요 또 모든 장관과 백성이 온전히 네 명령 아래 있으리라[211]

위와 같이 다윗은 솔로몬이 성전 건축을 위한 택한 자라고 하나 솔로몬은 왕위에 등극하는 가운데 일천번제를 드리며 하나님의 지혜를 얻었다. 성전을 건축하여 하나님께 바치기도 했다. 그러나 솔로몬은 많은 아내, 심지어 이방 여인를 아내로 두었고, 이방 여인들을 통하여 온갖 우상을 들여오고, 산당을 짓고, 백성들이 죄를 범하게 하였다.[212]

그러나 열왕기는 역대기와는 다른 기록을 가지고 있다. 다윗은 노년이 되어서도 세자를 세우지 않았으며, 자신의 왕권을 영원히 가지려한 왕이었다. 늙은 다윗이 동녀에 빠져 정권을 유지하지 못하고, 다스리지 못하던 때였다. 다윗이 대처할 능력이 없을 때 정권의 누수현상이 생긴 것이다. 물론 다윗의 아들들로 인하여 이런 일은 여러 번 발생하였다.

어디에도 성전 건축의 일로 솔로몬이 왕위에 올라야 한다는 말이 없다. 오직 아도니야가 왕위에 오르므로 나단과 합세한[213] 밧세바의 청으로 솔로몬을 왕위에 즉위케 한 것뿐이다. 즉 또다른 정권 찬탈일 뿐이다.

다윗은 장남 암논이나 가장 사랑했던 압살롬이나 솔로몬에 이르기까지 누구에게도 세자로 책봉하거나 왕자 수업을 시키지 않았다. 그러기 때문에 왕자의 난이 계속해서 일어난 것이다.

압살롬의 반역

압살롬이 왕께 고하되 내가 여호와께 서원한 것이 있사오니 청컨대 나로 헤브론에 가서 그 서원을 이루게 하소서 종이 아람 그술에 있을 때에 서원하기를 만일 여호와께서 나를 예루살렘으로 돌아가게 하시면 내가 여호와를 섬기리이다 하였나이다 왕이 저에게 이르되 평안히 가라하니 저가 일어나 헤브론으로 가니라 이에 압살롬이 정탐을 이스라엘 모든 지파 가운데 두루 보내어 이르기를 너희는 나팔 소리를 듣거든 곧 부르기를 압살롬이 헤브론에서 왕이 되었다 하라 하니라 그때에 압살롬에게 청함을 받은 이백 명이 그 사기를 알지 못하고 아무 뜻 없이 예루살렘에서 저와 함께 갔으며 제사 드릴 때에 압살롬이 사람을 보내어 다윗의 모사 길로 사람 아히도벨을 그 성읍 길로에서 청하여 온지라 반역하는 일이 커가매 압살롬에게로 돌아오는 백성이 많아지니라[214]

아도니야의 진영을 보면,

때에 학깃의 아들 아도니야가 스스로 높여서 이르기를 내가 왕이 되리라 하고 자기를 위하여 병거와 기병과 전재 오십인을 예비하니 저는 압살롬의 다음에 난 자요 체용이 심히 준수한자라 그 부친이 네가 어찌하여 그리하였느냐 하는 말로 한번도 저를 섭섭하게 한 일이 없었더라 아도니야가 스루야의 아들 요압과 제사장 아비아달과 모의하니 저희가 좇아 도우나 제사장 사독과 여호야다의 아들 브나야와 선지자 나단과 시므이와 레이와 다윗에게 속한 용사들은 아도니야와 같이 하지 아니하였더라 아도

예수 그리스도의 사랑학 개론

니야가 에느로겔 근방 소헬렛 돌 곁에서 양과 소와 살찐 송아지를 잡고 왕자 곧 자기의 모든 동생과 왕의 신복 유다 모든 사람을 다 청하였으나 선지자 나단과 브나야와 용사들과 자기 동생 솔로몬은 청하지 아니하였더라[215)

함과 같이 아도니야의 진영은 신론을 달리한 자들이다. 평소 아비아달과 나단은 신론을 달리하였으며,[216) 그 간구책을 모색하던 나단이 솔로몬을 앞세워 아비아달 계를 숙청한 것이다. 다윗이 왕권에 대한 욕심을 버리고 세자를 책봉하거나 왕자 수업을 시켰으면 이런 일은 발생하지 않았을 것이다.

솔로몬은 스스로 왕위에 오르거나 다윗 왕의 눈에 들어 왕자로서 자질을 검증받거나 모든 사람으로부터 칭송을 들을만한 일을 한 적이 없다. 누구 하나 거들떠보지 않던 솔로몬이 나단과 어머니 밧세바의 힘으로 기혼에서 나단에게 기름을 받고 왕위에 오른 것이다.[217) 왕위에 오른 솔로몬은 자신의 형인 아도니야를 죽이므로 다윗의 아들 중 솔로몬을 제외한 모든 아들은 죽고 말았다. 이것이 왕국적이다. 나아가 솔로몬의 등극은 유다 왕국에서 "엘로힘" 신을 믿는 모든 세력을 축출하고, "야웨" 신을 믿는 아론의 후손이 제사장권을 장악하였음을 알리는 것이다. 이 일로 실로의 제사장들이 숙청을 당하였고, 사무엘의 예언대로 엘리 가문이 멸문지화되었다.[218) "엘로힘"을 믿는 북쪽 열한 지파는 아비아달을 중심한 제사장들이 장악하고 있었던 곳이다. 그들은 수적으로도 많았고, 자신들의 신이 "야웨"가 아닌 "엘로힘"이었으나, "야웨"를 의지하는 사독 계열과는 출애굽 시대부터 대립과 마찰을 해오던 것이었다.[219)

그런 솔로몬이 성전을 건축하고, 자신의 궁을 건축하기 위하여 백성을 노역한 기간이 솔로몬의 통치 기간 중 절반에 이르는 20년이다. 이것은 "하나님 사랑"과 "이웃 사랑"과 "원수 사랑"과 "서로 사랑"을 몰랐던 솔로몬이었기 때문이다. 지혜의 왕으로 부를 축적했을지 모르지만 백성들은 노역으로 고통과 괴로움 가운데 살아야 했던 것이다. 자신의 부하와 백성을 사랑할 줄 몰랐던 솔로몬이었다.

솔로몬에게는 유다왕국과 "야웨"신의 승리는 있었으며 지혜와 부는 이루었어도, 예수 그리스도가 말씀하신 "서로 사랑"이 없었기에 그가 죽고 난 이후에 나라는 분열되고 대립과 정쟁만 계속되었던 것이다. 유다 왕국적 구원이란 있을 수 없는 것임을 솔로몬은 보여주었다.

2. 분열왕국 시대의 사랑

솔로몬이 죽고 난 이후에 "야웨"신을 믿는 유다 지파에 눌려 있던 열한 지파가 "엘로힘"신을 믿는 신의 이름으로 하나가 된다. 물론 요셉의 아들 에브라임 지파의 반란이라고 봐야 한다. 유다가 왕권을 가졌다고 하지만 에브라임은 장자권을 가졌기에 왕권에 대한 도전은 항상 있어 왔던 일이다. 그러나 그들은 장자권 회복에 명분이 약했다. 신명을 가지고 열 지파의 단결을 이끌어 냈고, 르호보암은 어른들의 교도를 따르지 않고 어릴 적 친구들의 교도를 따름으로 여로보암의 반란이 온 것으로 말하고 있다.[220]

열 지파는 북쪽에 여로보암을 왕으로 삼고 이스라엘을 세우고,[221] 남쪽에서는 유다지파 외에는 따르는 지파 없이 르호보암이 왕위에 올랐다. 여기에서 나라가 분열되는 비극을 맞게 되며, 이들은 망할 때까지 자기들의 신이 강함을 놓고 싸운다. 르호보암은 여로보암과 전쟁, 아비얌과 여로보암의 전쟁, 아사와 바아사의 전쟁은 "이웃 사랑"을 실천하지 못한 것이었다. 결국 이들의 싸움은 북 이스라엘과 남 유다의 멸망으로 신의 공멸을 말하고 있는 것이다.

하나님이 이런 분인가? 하나님은 사랑의 하나님이시다. 모두가 하나 됨을 원하셨다. 그러나 이스라엘과 유다는 "엘로힘"과 "야웨"로 나누어 결국 자신들도 멸망을 초래하고 말았던 것이다. 그들이 가지고 있던 왕국적인 구원은 영원히 이루어지지 않았다. 그들에게 "하나님 사랑"과 "이웃 사랑"과 예수 그리스도의 "서로 사랑"이 없었기 때문임을 말하고

88

예수 그리스도의 사랑학 개론

자 한다.

1) 북 이스라엘

여로보암을 중심으로 한 열 지파는 세겜에 도읍을 정하였다. 여로보암은 이스라엘 백성이 예루살렘으로 돌아가는 것을 막기 위하여 단과 벧엘에 금송아지를 세웠다. 예루살렘 성전에 가서 하나님께 제사드리던 것을 이제는 단과 벧엘의 우상에게 드리는 것으로 죄를 범하고 만 것이다. 물론 유다는 더 큰 죄를 짓고 있었다. 단과 벧엘에 세워진 우상으로 인하여 북 이스라엘은 하나님을 떠난 백성이 되었으며, 범죄한 나라가 되고 말았다. 여로보암은 이스라엘 백성들의 마음을 사로잡기 위하여 전쟁을 준비하고, 레위 자손이 아닌 제사장들의 세우고, 서로가 반목하는 왕국을 만들어 갔던 것이다.[222]

북왕국 이스라엘은 주전 927년부터 722년까지 모두 아홉 왕조가 지배를 하였다. 한 왕조의 수명이 평균 23년에 지나지 않을 만큼 왕권다툼이 일어났다. 다민족이나 다당(多黨)체제나 다름없는 북왕국이었다.[223] 북왕국 이스라엘은 여로보암으로부터 호세아까지의 모든 왕들이 선한 왕이 없었다. 하나님을 의지하며 하나님의 뜻을 이루는 왕이 없었다. 그들은 하나님보시기에 악을 행하였으며, 동족인 유다족속을 어려움 가운데 종종 몰아넣었다.

가나안 정복 시절부터 북쪽 이스라엘 쪽에는 가나안 족속들이 함께 동거하는 지역이었다. 자원도 풍부했고, 찬란한 문화도 이루고 있었다. 물론 그들의 지역은 남쪽 유다와는 달리 초원지대였고 동거할 만한 곳이었다.[224] 그러나 그들은 가나안 족속들과 동거하면서 그들의 산당에 나아갔고 그들의 신을 섬기는 죄를 범하였다. 특히 아합 왕은 이방 여인 이세벨을 아내로 맞아 그가 섬기는 아세라 신을 섬기고, 사마리아에 바알의 사당 속에 바알을 위하여 당을 지으므로[225] 그 전의 어느 왕보다 이스라엘로 범죄케 하였다.

그들은 평화를 원했지만 사랑이 없었다. 역사적으로 초원지대는 다른 나라의 많은 침략을 받는 지역이다. 북 이스라엘이 다른 나라의 침략을 받을 때마다 그들은 "서로 사랑"하지 못하였으며, 그들끼리 분열되고 자중지란을 일으키고 말았다. 왕권을 위한 찬탈이 계속되었다.[226] 물론 이들에게는 장자권이나 왕권이라는 것은 의미가 없었다. 르우벤 지파가 있었고, 요셉 지파가 있었고, 시므온과 레위도 있었다. 힘이 있으면 지배하는 군웅활거의 시대를 이루고 있었다.

남쪽 유다를 뒤로하고 돌아섰던 북 이스라엘은 권력을 찬탈하고, "서로 사랑"하지 못하므로 이스라엘의 구원과 영화를 누리지 못하고 말았다. 그러나 하나님은 엘리야를 통하여 아합을 책망하여 수년 동안 우로가 있지 않을 것을 말씀하셨으며,[227] 이적을 행하므로 하나님이 살아 계심을 나타내었으나 아합은 마음을 돌이키지 아니하였다. 그러나 하나님은 백성을 사랑하사 우로가 그친 지 삼년 만에 비를 내리셨다.[228] 또한 엘리야와 바알과 아세라 선지자의 갈멜산에서의 대결은 살아계신 하나님의 능력을 나타내는 것이었으나 아합은 회개하지 못하고 범죄한 왕이 되었다. 아합이 죄를 범함으로 하나님이 아람 왕 벤하닷으로 사마리아를 치게 하시니 아합이 하나님의 선지자를 찾고, 하나님은 아합과 백성에게 사랑을 베푸시므로 벤하닷을 물리쳐 주셨으나 아합의 강퍅함은 변하지 않았다.

또한 하나님은 엘리사 선지자를 통하여 그들을 사랑하시는 "하나님 사랑"을 나타내었으나 그들은 회개하지 않았다. 우상을 버리고 하나님의 품으로 돌아오지 않았다. 아람의 나아만 장군의 문둥병을 고침으로 전능하신 하나님을 나타내었으나 그들을 하나님의 품으로 돌아오지 않았으며,[229] 아람의 군대가 사마리아 성을 에워싸고 절망 가운데 있을 때 엘리사를 통하여 구원해 주었으나 이스라엘 왕 여호람은 회개하지 않았으며 하나님의 사랑 가운데 거하지 못하였다. 그후에 여러 왕이 있으나 그들 모두 하나님을 경외하지 못하고 우상을 섬기고 범죄하고 말았다.

결국 그들은 호세아 구년에 앗수르 살만에셀에 의해 멸망당하고 말았다. 아름다운 자연과 자원을 가지고 하나님의 말씀에 하나되어 하나님의

예수 그리스도의 사랑학 개론

뜻을 이루며, "하나님을 사랑"하고 "서로 사랑"하였다면 그들에게는 더 큰 구원을 이루었을 것이다.

2) 남 유다

솔로몬의 아들 르호보암의 잘못보다 솔로몬의 하나님에 대한 범죄로 이스라엘 열지파가 떨어져 나갔다.[230] 그러나 열왕기서보다 역대기를 보면 "야웨" 신을 믿는 유다는 자기들을 합리화시키고 "엘로힘" 신을 믿는 북 이스라엘을 신앙적으로 매도하고 있음을 볼 수 있다. 이것은 신관을 달리했기 때문이며, 자신들을 정당화하려는 잘못된 의도에서 나온 것이다.

남왕국 유다는 베냐민 지파와 함께 구성된 왕국으로 왕조가 바뀌는 일이 없이 20명의 왕이 다스렸으며, 그 중에 8명의 왕이 다윗과 같이 하나님보시기에 정직히 행하였다고 언급되어 있다. 아사와 여호사밧, 요아스, 아마샤, 아사랴, 요담, 히스기야, 요시야 등은 하나님보시기에 정직히 행하였다고 하였으나 산당을 제하지는 못하였다.

솔로몬의 아들 르호보암의 모친은 암몬 사람으로 남왕국 유다가 하나님보시기에 악을 행하므로 하나님이 진노하시고, 애굽의 시삭을 통하여 예루살렘의 여호와의 전의 보물과 왕궁의 보물을 몰수히 빼앗기고 또 솔로몬의 만든 금 방패를 다 빼앗기고 말았다.[231]

그러나 아사 왕은 하나님보시기에 선을 행하여 이방 제단과 산당을 없애고 주상을 훼파하며 아세라 상을 찍고 유다 사람을 명하여 그 열조의 하나님을 구하게 하며 그 율법과 명령을 행하게 하고 또 유다 모든 성읍에서 산당과 태양 상을 없이하매 나라가 그 앞에 평안함을 얻었다고 했다.[232] 또한 선지자 아사랴를 통한 하나님의 말씀을 듣고 개혁을 추진한다.

아사 왕 십오 년 삼월에 저희가 예루살렘에 모이고 그 날에 노략하여 온 물건 중에서 소 칠백과 양 칠천으로 여호와께 제사를 드리고 또 마음을 다하고 성품을 다하여 열조의 하나님 여호와를 찾기로 언약하고 무릇 이 스라엘 하나님 여호와를 찾지 아니하는 자는 대소 남녀를 무론하고 죽이 는 것이 마땅하다 하고 무리가 큰소리로 부르며 피리와 나팔을 불어 여 호와께 맹세하매 온 유다가 이 맹세를 기뻐한지라 무리가 마음을 다하여 맹세하고 뜻을 다하여 여호와를 찾았으므로 여호와께서도 저희의 만난 바가 되시고 그 사방에 평안을 주셨더라[233]

아사의 아들 여호사밧은 하나님과 함께 하는 축복을 얻게 된다.

여호와께서 여호사밧과 함께 하셨으니 이는 저가 그 조상 다윗의 처음 길로 행하여 바알들에게 구하지 아니하고 오직 그 부친의 하나님께 구하 며 그 계명을 행하고 이스라엘의 행위를 좇지 아니하였음이라 그러므로 여호와께서 나라를 그 손에서 견고하게 하시매 유다 무리가 여호사밧에 게 예물을 드렸으므로 저가 부귀와 영광이 극하였더라 저가 전심으로 여 호와의 도를 행하여 산당과 아세라 목상들도 유다에서 제하였더라[234]

이처럼 여호사밧은 하나님의 계명을 지키고 온전한 선왕의 대열에 선 왕이 되었으며 하나님이 사방에서 저희에게 평강을 주셨다고 하였다.[235] 아하시야의 아들 요아스는 제사장 여호야다의 손에 키워졌고, 왕위에 올라 성전을 수리하고 하나님의 뜻을 이루었으나 여호야다의 죽음 후에 방백들의 말을 듣고 여호와를 버리고 아세라 목상과 우상을 섬긴고로 여 호와로부터 버림을 받고 만다.[236] 아마샤는 여호와보시기에 정직히 행하 기는 하였으나 온전한 마음으로 행치 않은 왕이다.[237] 그는 부왕을 죽인 자들을 죽이므로 "이웃 사랑"에 대한 사랑을 실천하지 못하였고, 에돔 사람을 치고 돌아 올 때는 세일 자손의 우상을 가져다가 자기의 신으로 세우고 그 앞에 경배하고 분향하였다.[238] 그러므로 아마샤는 여호와로부 터 버림을 받고 만다. 웃시야는 여호와보시기에 정직히 행하여 52년을 치리하는 장수를 누렸고, 선지자 스가랴의 사는 날 동안 하나님을 구하 여 하나님께서 웃시야를 형통케 하였다.[239] 그러나 웃시야가 교만하여 여호와의 전에 분향함으로 문둥병이 발하였고 죽는 날 동안 별궁에서 지내야 했다.

히스기야는 성전을 수리하고, 여호와의 전에 번제를 드리고, 우상을 타파하며 무교절을 지켰다. 제사장과 레위인의 반차를 정하여 번제와 화목제를 드렸고 감사하며 찬송하는 일을 맡기었다.[240] 그후 산혜립의 침공을 선지자 이사야를 찾아 기도함으로 승리하였으며, 자신이 병들어 죽게 되었을 때도 여호와께 기도하여 이적을 얻었으며, 교만하였을 때도 뉘우치고 여호와 앞에 온전히 섰던 왕이었다. 이는 "하나님 사랑"과 "이웃 사랑"을 온전히 실천한 왕이었다.

요시야는 여호와를 보시기에 정직히 행하며 그 조상 다윗의 길로 행하여 좌로나 우로나 치우치지 아니하였고, 예루살렘을 정결케 하였으며, 그 산당과 아세라 목상과 아로새긴 우상들과 부어 만든 우상들을 제하여 버린 왕이다. 요시야는 성전을 수리하다 율법책을 발견하고 온 백성과 함께 언약을 세우고, 언약책의 모든 말씀을 무리에게 들려주며 언약의 말씀을 이루고자 하였다. 또한 선지자 사무엘 이후로 지키지 못하였던 유월절을 지킨 왕이었다.[241] 그러나 애굽 왕 느고와 전쟁 중 므깃도에서 죽음을 당하고 말았다. 요시야는 "하나님 사랑"은 실천하였으나 "이웃 사랑"은 실천하지 못한 왕이었다.

이후에 왕들은 하나님을 떠나 우상을 섬기고 마음을 강퍅케 하며 여호와께로 돌아오지 않으므로 바사 왕 고레스 원년에 선지자 예레미야의 입으로 하신 말씀을 이루려[242] 바벨론 느부갓네살에 의해 멸망당하고 만다. 출애굽하여 가나안 땅에 들어간 지 900여 년만에 통일왕국을 이룬 지 460여 년만에 이스라엘은 약속의 땅 점령은 끝이 나고 말았다.[243]

북 이스라엘에 반해 남 유다는 유다주의를 발전시키고, 회당 중심의 종교를 발전해 나가며, "야웨" 신을 섬기어 번영해 나갔다. 그러나 그들에게는 "하나님 사랑"만 있었지 "이웃 사랑"이 없었다. "네 이웃을 네 몸과 같이 사랑하라"는 예수 그리스도의 "서로 사랑"을 몰랐기에 여러 선왕들이 나와 우상을 타파하였고 히스기야와 요시야를 통하여 종교개혁을 부르짖었으나 실패하고 말았다.

"하나님 사랑"과 "이웃 사랑"과 "원수사랑"은 자기 지파, 자기 동족, 자기 나라에만 있는 것이 아니다. 온 세계 모든 민족을 사랑하시는 하나님의 크신 사랑을 이루어야 하는 것이다. 예수 그리스도는 온 인류를 구원하시기 위해 오셨다. 어느 민족 어느 교회와 가정을 구원하기 위해 오신 것이 아니다.

남왕국 유다가 "하나님 사랑"과 "이웃 사랑"과 "원수사랑"을 실천하였으면 세계와 열방을 구원할 수 있었을 것이다.

3. 바벨론의 포로시대

남왕국은 주전 586년 바벨론 느브갓네살에 의하여 찬란한 문화 역사와 하나님을 섬기던 성전과 하나님에 의해 통치되던 나라를 잃고 말았다. 예루살렘은 황폐화 되고, 백성들은 포로로 잡혀 갔으며, 남아 있는 자들은 바벨론의 이주 정책으로 혼혈인이 되어 버리는 치욕을 안게 되었다.

바벨론으로 잡혀간 유대인들의' 포로생활은 어떠한 생활이었는지 정확히는 알 수 없으나 에스겔과 이사야서는 유대인 포로들이 바벨론의 수도와 농촌 지역에 살았다고 전해 주며, 다니엘서를 보면 능력있는 유대인 포로들은 고위 관직에도 등용되었던 것을 알 수 있다.[244] 또한 제사장과 왕족 출신의 포로들은 자신의 지위를 잃어버렸으나 어느 정도의 지위에 대한 보상은 이루어졌을 가능성을 가지고 있다.[245]

이 모든 일은 예레미야의 예언대로 되었다고 볼 수 있다.[246] 나라가 멸망하여 정든 고향과 친척과 이웃을 떠난 충격이 줄어들기 시작하면서 후대들에게 민족 역사의 재정립의 필요성을 느끼게 되었다. 갈대아 우르에서 아브라함을 택하신 하나님의 섭리와 애굽에서 400년간 종살이하면서도 지켰던 민족성을 재발굴해야 했다. 그래서 출애굽과 가나안 정착으로 이어지며 지켰던 하나님의 절기가 가나안 정착 이후에 지켜지지 않았고, 죄를 범함으로 나라가 멸망함을 깨닫게 되었다. 나아가 요시야에 이르러 지켜진 유월절과 율법의 준수는 남 유다의 멸망으로 신명기적 사상과 소중한 종교적 요소와 자료들을 다 잃어버렸다. 그들은 집과 마을과 땅과 조상의 묘지와 수도와 신전과 옛 다윗 왕조의 4세기에 걸친 정치적, 종교적 독립을 잃어버렸다. 바벨론에서 포로생활을 하던 그들은 자신의 정체성을 재강조하게 되었다. 다시 집필된 역사는 조상들의 땅과 파괴된 예루살렘, 불태워진 성전과 성곽 보수 그리고 왕조의 위대한 역사와 그들을 연결시키는 고리가 될 수 있었다.

따라서 신명기적 역사는 첫 번째 원전인 요시야의 율법 책을 바탕으로 요시야의 죽음에서부터 파괴와 포로생활에 이르는 역사의 목적을 간단히 설명하고 하나님이 다윗에게 했던 무조건적이고 영원한 약속과 예루살렘 및 성전의 파괴, 다윗 왕조 군주들의 축출 등의 일련의 사건을 조화시켰다. 다윗 단 한 명의 의로움으로 이스라엘의 운명을 지키기에는 더 이상 충분하지 못했다. 요시야는 신앙심이 깊었고 따라서 이스라엘의 멸망을 늦출 수 있었을 뿐이다. 그러나 이제 신명기서를 통해서 개인의 모든 권리와 의무를 부여받은 모든 백성은 개개인의 의로움이 이스라엘 백성의 미래를 결정하는 요인이 되었다. 그리하여 다시 집필된 신명기적 역사에서는 다윗과의 언약을 하나님과 이스라엘 백성이 시내산에서 맺은 언약의 이행에 종속시켜서 이스라엘은 이제부터 왕이 없어도 목적과 정체성을 유지하게 되고, 이스라엘 백성이 하나님을 계속 따를 경우 다윗에 대한 약속이 아직도 되살아날 수 있다는 것으로 신명기적 역사를 기록하였다.[247]

그들이 바벨론 포로에서 안식일(安息日)을 지켰다고 하나 포로로 잡혀간 유대인들이 성전종교의 제사를 수행할 수 없게 되어 그 대안으로 안식일을 지켰으나, 성전종교와는 전혀 다른 종교로의 전환이었던 것이다. 이를 성전에 비하여서는 준종교(準宗敎)라 하지 않을 수 없는 것이다.

안식일에는 회당에 나아가 친교를 하며, 율법이나 읽고 기도나 하였을 뿐 별난 종교적인 의식은 없었다. 안식일이면 집에서 쉬는 일이 없지 않았으나 국가적으로 안식일을 지키는 것은 포로에서 돌아와서였다. 이런 일은 포로시에 당국의 허가를 얻어서 건물 모퉁이나 강가나 나무밑에서 모여 예루살렘을 향하여 기도하고 절하고 노래를 부르거나 율법을 봉창을 하며 정신적인 무장을 한 데서였다. 이를 본격적으로 지키기 시작한 것은 바벨론에서 귀환한 이후였다.[248]

유대인들은 바벨론의 멸망과 70년간의 포로 생활을 통하여 자신들이 하나님을 떠남으로 죄를 범한 죄의 대가로 나라를 잃고 바벨론의 포로가 되어 종살이 하고 있음을 깨닫고, 에스라를 중심한 제사장들과 레위인들이 중심이 되어 회개하며 금식하여 하나님을 찾고,[249] 부르짖음으로 하나님의 백성으로 살기를 맹세한다. 유다지파는 왕국이 망하였음에도 불구하고 이스라엘 왕국과는 달리 성전에서 시작된 종교를 회당으로 이을 수 있었다. 그리고 유다주의와 더불어 유대종교를 창출할 수 있었다. 이들이 포로에서 돌아올 때도 제사장 에스라는 "율법책"을 갖춘 다음이었으며, 귀환하여서는 지방자치제로 이어지는 회당종교를 병행하였다. 유다주의나 유다종교는 북왕국 이스라엘에게는 전혀 해당되지 않는 이야기다. 북왕국은 회당을 중심한 율법종교나 유대종교가 나오기 전에 이미 망한 다음이었다.[250]

유대인들이 바벨론으로 잡혀가 포로생활을 70여 년간 하며 견디어 낼 수 있었던 것은 그들은 택한 백성으로서 신으로부터 보다 더 크고 영광스러운 나라와 민족을 위하여 연단을 받는 "고난 받는 종들"(Suffering Servants)이라는 의식때문이었다. 그러나 그들이 "고난 받는 종"을 체험하면서 그들이 끝내 깨닫지 못했던 것은 "고난 받는 종"은 "고난을 주지 않는 종"이 아니라는 것이다. 그러니까 그들이 기다리는 메시야는 "고난 받는 종"으로서보다는 "고난을 주는 메시야"로 믿는 신앙이었다. 예수는 구약 때문에 오신 것이지 구약의 성취를 위하여 오신 것이 아니었다.

4. 바벨론에서 귀환과 중간시대

바벨론 포로생활 70년만에 귀환하는 유대인들은 하나님이 일찍이 선지자 이사야는 유대인들에게 예언을 하였다.

> 그 때에 이리가 어린 양과 함께 거하며 표범이 어린 염소와 함께 누우며 송아지와 어린 사자와 살찐 짐승이 함께 있어 어린 아이에게 끌리며 암소와 곰이 함께 먹으며 그것들의 새끼가 함께 엎드리며 사자가 소처럼 풀을 먹을 것이며 젖 먹는 아이가 독사의 구멍에서 장난하며 젖뗀 어린 아이가 독사의 굴에 손을 넣을 것이라 나의 거룩한 산 모든 곳에서 해됨도 없고 상함도 없을 것이니 이는 물이 바다를 덮음 같이 여호와를 아는 지식이 세상에 충만할 것임이니라 그 날에 이새의 뿌리에서 한 싹이 나서 만민의 기호로 설 것이요 열방이 그에게로 돌아오리니 그 거한 곳이 영화로우리라. [251]

그들은 바벨론 포로에서 돌아와 평화를 누리며, 다윗의 후손을 통하여 이루어지는 새로운 세계를 꿈꾸고 있었다. 이들에게는 이런 꿈이 이루어진 것이다.

주전 539년 바벨론이 페르시아에 의해 멸망당하고, 예레미야가 예언한 대로 페르샤의 고레스 왕의 칙령으로 유다와 예루살렘의 성전을 복원하고 성곽 중수의 명령을 받게 된다.

> 바사 왕 고레스 원년에 여호와께서 예레미야의 입으로 하신 말씀을 응하게 하시려고 바사 왕 고레스의 마음을 감동시키시매 저가 온 나라에 공포도 하고 조서도 내려 가로되 바사 왕 고레스는 말하노니 하늘의 신 여호와께서 세상 만국으로 내게 주셨고 나를 명하사 유다 예루살렘에 전을 건축하라 하셨나니 이스라엘의 하나님은 참신이시라 너희 중에 무릇 그 백성된 자는 다 유다 예루살렘으로 올라가서 거기 있는 여호와의 전을 건축하라 너희 하나님이 함께 하시기를 원하노라 무릇 그 남아 있는 백성이 어느 곳에 우거하였든지 그곳 사람들이 마땅히 은과 금과 기타 물건과 짐승으로 도와주고 그 외에도 예루살렘 하나님의 전을 위하여 예물을 즐거이 드릴지니라 하였더라 [252]

바벨론으로부터 돌아오는 유대인들은 남은 자들이 금과 은과 기타 쓸 물건과 성전 건축에 필요한 도구와 짐승들을 가지고 있었으며, 성전건축을 위하여 드릴 예물을 가지고 바벨론에서 예루살렘으로 돌아 왔다. 또한 예루살렘 성전을 건축을 명한 고레스 왕은 바벨론 느부갓네살 왕이 예루살렘 성전에서 탈취해 갔던 여러 가지 보물과 전배와 성전의 기구들을 유대인들에게 내어 주었다. 이들은 귀환은 몇 차에 나누어 귀환하게 되는데, 첫 번째 귀환은 유다 목백이라고 불리는 세스바살에 의해 귀환하게 된다.[253]

얼마 후 새로운 그룹이 귀환하게 되는데 그들 속에는 스룹바벨과 예수아와 느헤미야와 스라야와 그엘라야와 모르드개와 빌산과 미스발과 비그왜와 르훔과 바아나 등과 함께 온 이스라엘 백성과 제사장들과 르디님 사람들과 솔로몬의 심복 자손과 온 회중의 수가 43,160명이며, 노비의 수가 7,317명이며, 노래하는 남녀가 200명이요, 말이 736필이며, 노새가 245마리이며, 말이 735마리며, 나귀가 6,720마리였다고 한다.[254] 이들은 귀환하여 하나님의 단을 쌓고, 조상들의 광야생활을 기억하며, 가을 축제인 초막절을 지키고, 감동적인 분위기 속에서 성전 재건축이 시작되었다고 한다.[255] 바벨론 포로에서 돌아온 그들은 칠월에 예루살렘에 모여 하나님의 단을 만들고, 하나님의 사람 모세의 율법에 기록한 대로 번제를 그 위에 드리며, 초막절을 지켜 매일 정수대로 번제를 드렸다.[256] 또한 성전의 기초를 놓을 때 유대백성들은 즐거운 소리로 하나님을 찬양하고, 솔로몬의 성전을 보았던 노인들은 성전 기초의 초라함에 울었다고 한다. 그들은 제한적이기는 하지만 자유를 얻고 성전을 새롭게 짓게 된 것을 마치 나라의 회복을 얻은 것처럼 기뻐하였다.[257]

제 2 성전 건축의 시작 소식을 들은 유다와 베냐민의 대적이 스룹바벨과 족장들에게 나아와 자신들도 건축에 참예할 것을 부탁하였으나 스룹바벨과 장로들은 거절하였다. 그들은 유다 정통성을 이어가기 위한 권리를 하나님으로부터 받은 양 그들과 화목하지 못하였다.[258] 그러므로 그들은 마음에 원한을 품고 건축 공사를 방해하고, 아닥사스다 왕에게 고

소하여 예루살렘의 성전 건축을 중지하도록 방해하게 되나, 선지자 학개와 스가랴의 예언을 듣고 성전 건축에 합심하게 된다.

강 서편 총독 닷드내와 스달보스내와 그 동료들이 나아와 방해하고 다리오 왕에서 글을 올려 방해하였으나, 다리오 왕은 고레스 왕의 칙령을 근거로 총독에게 공사를 계속하도록 허락할 뿐 아니라 공사의 모든 비용을 국고에서 지출하고 성전의 희생제물로 바칠 동물을 제공하며 칙령에 의한 시행을 방해하는 자는 누구든지 처벌하라는 명령을 내림으로 오히려 화가 변하여 복이 되어 다리오 왕 6년, 주전 516년에 성전 건축이 끝나고 새로운 유대교의 제 2 성전 시대가 열렸다.[259]

귀환 후 유다 지파는 비록 국권은 회복하지 못하였으나, 종교적으로는 아무런 지장없이 성전종교와 회당종교를 재건하였다. 이때를 중간시대라 하나 우리는 율법시대(律法時代)나 회당시대(會堂時代), 제사장시대(祭司長時代)라고도 한다. 이때는 왕대신에 제사장들이 지존자가 되고, 장로들이 지존자가 되고, 서기관들이 지존자가 되는 시대였다. 이 시대는 또한 서기관들이나 율법사들이나 랍비들의 시대이기도 하였다.[260]

1) 율법의 복원자인 에스라

포로로 잡혀갔던 유대인들이 70여 년의 종살이를 끝내고 파사왕의 덕으로 귀환을 하게 되었다. 주전 538년 1차로 스룹바벨이 돌아와 성전을 재건하였고, 성전을 건축한 유다의 지도자와 백성들이 유월절을 지켰고, 7일 동안 무교절을 지킨 이후에, 아론의 16대손인 제사장겸 학사 에스라는 바벨론 아닥사스다 왕 7년 즉 주전 458년경에 "여호와의 율법을 준행하며 율례와 규례를 이스라엘에게 가르치기로 결심하고"[261] 왕의 조서를 받아 하나님 전에 드릴 예물과 필요한 물자를 공급받고, 이스라엘 자손들과 레위 사람들과 노래하는 자들과 느디님 사람 등 1,800명의 사람들과 함께 예루살렘으로 올라왔다. 에스라는 제사장이면서도 학사라는 별칭을 가진 지도자로서 포로 기간 동안 "모세의 율법책"을 제작하여 귀국을 하였다. 구약성서 중에 율법서가 전모를 갖춘 것은 바로 에스라 때였다.[262] 물론 남은 역사서나 시문서나 묵시문학서나 예언서 등이 중간시대에 보완이 되었으나 5경을 중심한 성서나 율법서는 에스라가 완성한 것을 말한다.[263]

이 시기에 역사적인 일에 대하여 한국복음신학연구원 손병호 박사는 주전 250년경에 알렉산드리아에서 5경부터 헬라어로 번역을 시작하였는데, 이를 '70인역(LXX)'이라 하며, '헬라어 성서'라고도 하고, '알렉산드리아 성서'라고도 하는데, '알렉산드리아 사본'도 이 지역에서 집대성한 신(新)구약성서라고 한다.

예루살렘에 도착한 에스라는 이스라엘 백성과 제사장들과 레위 사람들이 이 땅 백성과 떠나지 아니하고, 가나안 사람의 가증한 일을 행하고, 이방인과 연혼(連婚)하는 일에 방백들과 두목들이 으뜸이 됨을 알고, 속옷과 겉옷을 찢고 머리털과 수염을 뜯으며 기가 막혀 기도하고,[264] 바벨론에서 귀환한 백성들에게 예루살렘으로 모일 것을 명하고, 모인 자들에게 이 땅 족속과 이방 여인을 끊을 것을 명하니 백성들이 그대로 행하며, 이방 여인을 버리고, 이방 여인과의 몸에서 난 자녀들까지 집으로 돌려보내어 자신들이 하나님 앞에 지은 죄를 씻고 거룩함을 유지하였다.

바벨론에서 귀환한 유대인들에게는 에스라를 통하여 율법을 배우고 깨달음을 얻어 절기를 지키고, 율법책을 낭독하고, 유대인 공동체를 재건하는 일에 최선을 다했으며 회당 중심의 종교개혁과 유대인의 정체성을 찾아오는 노력을 하였지만, 에스라에게서 "하나님 사랑"과 "이웃 사랑"과 "원수사랑"은 찾을 수 없는 것이 안타까운 일이다. 에스라가 "하나님 사랑"과 "이웃 사랑"을 알았다면 이방인을 배척하고, 유대주의에 얽매이지 않아 천지 만물을 창조하시고 섭리하시며 인류를 위한 예수 그리스도의 "서로 사랑"으로 서로가 공존하고 평화를 누리는 새로운 세계를 건축하였을 것이다.

2) 예루살렘의 개혁자 느헤미야

느헤미야는 아닥사스다 왕의 술맡은 관원장으로 있을 때 예루살렘에 귀환한 자들이 환난을 만나고, 능욕을 받으며, 예루살렘 성은 훼파되고 성문들은 소화(燒火)되었다 함을 듣고[265] 슬픔에 잠겨있던 느헤미야가 아닥사스다 왕에게 예루살렘으로 돌아가서 성벽을 재건하도록 요청하게 된다. 느헤미야의 청을 받은 아닥사스다 왕은 느헤미야를 총독으로 임명하여 예루살렘 성 재건에 필요한 물품도 사용할 수 있도록 허락을 받고 주전 445년에 예루살렘에 도착한다.

3차로 귀환한 느헤미야는 예루살렘 성곽을 돌아보며 무너진 성곽을 보수하여 다시 수치를 받지 말자고 말하니 호론 사람 산발랏과 종이 되었던 암몬 사람 도비야와 아라비아 사람 게셈이 반대하였으나 그들의 음모를 물리치고, 제사장과 레위인 방백들과 백성들이 합심하여 성벽을 재건하였으며, 성벽을 재건하는 일에 귀인들과 지도자들은 가난한 동족들에게 곡식을 나눠줄 것을 명하고, 느헤미야도 자신의 총독의 녹을 받지 않고 성벽 재건에 매달려 시작한 지 52일 만에 성벽을 중수하기에 이른다.

성벽을 재건한 느헤미야는 초막절을 지키며 여호와의 율법을 지키기 위하여 에스라와 합심하여 백성들을 지도해 나가며, 제도를 완성하고, 직무를 정하였으며, 곳간을 세워 제사장과 레위인들에게 돌릴 것을 거두어 곳간에 채웠다.[266]

또한 느헤미야는 사회적 법규를 적극적으로 시행하였고 동족들에게 이자를 받는 자를 처벌했으며, 가난한 백성들에게는 땅을 돌려 줄 것을 촉구하였다. 그와 동시에 느헤미야는 이방 여자와 결혼하는 것을 금지하였다.[267]

주전 5세기 바벨론에서 포로로 돌아온 자들은 에스라와 느헤미야와 같은 종교적 정치적 지도자들을 통하여 제2 성전 시대이며, 유대교의 기초를 다졌고, 유대인은 하나님의 백성으로 이방인과의 관계를 확립하고, 율법이 엄격하게 시행되는 시기를 다지게 되었다. 나아가 바벨론에서의 포로생활을 통한 수난을 통하여 자기를 반성하고, 정치와 종교적인 복권을 통하여 새로워진 나라를 형성하게 되었다.

이들이 예루살렘 성을 중건하고, 성전을 재건하여 종교적인 의식과 정치적인 기틀을 만들었으나 나라의 국권을 회복한 것은 아니었다. 페르샤와 호의적인 관계 형성으로 많은 지원을 받았지만 독립을 한 것은 아니지만 그러나 종교적인 행위에 지장을 받지 않으므로, 성전종교와 회당종교를 재건하여 기초를 다지게 되었다.

중간시대나 회당시대나 율법시대나 제사장시대는 유대종교나 유다왕국에 있어서는 일대 전환기나 다름이 없었다. 왕국시대는 성전 중심의 제사를 위주로 하는 나라와 민족이었으나 이 시대는 회당중심의 율법 위주의 시대이기도 하였다. 그러면서 성전종교와 회당종교가 병행되는 것이었다. 성전종교는 수직관계를 말하였으나 회당종교는 수평관계를 말하였다. 제사종교는 신(神)중심이었으나 율법종교는 사람중심이었다. 그러나 그들이 성전종교에서 회당종교로 전환을 하였으나 "카할교회적"으로나 "교회 공동체적"으로 이루어지는 인류와 세계 구원을 말하지는 아니하였다.[268]

한국복음신학연구원 손병호 박사는 비록 그들이 "메시야 왕국"으로 도래할 미래를 말하였어도 그들은 어디까지나 유다왕국의 회복이었지 인류와 세계를 위한 구원을 말하지 못하였으며 그들의 회당종교나 율법종교는 점차 도를 넘어 실정법적인 율법주의(律法主義) 위주로 달렸으며, 율법적 사고방식에서 벗어나지 못하였다고 한다. 이들에게는 성전종교와 회당종교와 율법주의의 "하나님 사랑"은 있었으나 "이웃 사랑"이 없었으며 "원수 사랑"과 "서로 사랑"은 이루지 못한 나라와 민족이었다.

3) 성전종교와 회당종교와 메시야 사상

왕국시대까지는 성전종교와 제사종교 위주였으나 왕국이 망하고 바벨론 포로생활에서 성전 중심의 종교가 회당종교와 율법종교로 전환되게 된다. 나라는 변하였고, 민족성도 변하였고, 성전마저 변하였으나 그들의 공동체는 왕국공동체에서 교회공동체로 전환되지 못하였다.

왕국의 멸망으로 바벨론에 포로로 잡혀간 유대인들에게는 성전종교
와 제사종교가 수행될 수 없었다. 포로로 잡혀간 유대 백성은 때늦은 반
성에 임하였다. 처참하고 비참한 포로생활을 우선 어떻게 무엇으로 극복
하느냐가 당면 문제였다.[269]

구약에는 신의 뜻을 좇기보다는 그들의 뜻을 이루기 위하여 신을 믿
는 신앙이 위주였다. 자신이 잘되어야 하고 가정이 잘되어야 하며 나라
와 민족이 잘되어야 한다는 욕망에서, 그 정도나 대의가 무엇인지보다는
싸워야 하고, 죽여야 하고, 이겨야 하며, 정복하여야 하고, 지배하여야 하
는 것을 당연시 하였다. 이런 것은 도리나 길이나 진리나 생명이라 할 수
없는 것이다.[270]

정신 운동과 사상 운동이 필수였다. 민족 운동보다 민족을 절망과 좌
절과 종살이에서 참고 견디어 버티어 내는 힘이 필요했다. 그렇다고 포
로로 잡혀간 자들이 종교적인 의식이나 민족적인 운동을 하기에는 불가
능한 처지였다. 정신 운동과 사상 운동을 벌일 수밖에 없었다. 그러나 바
벨론 당국은 쉽게 용인하지 않았다. 유대인들의 대표들은 간곡한 간청으
로 정치나 사회적인 성격은 전혀없는 종교적인 집회와 교제를 받아 내었
다. 그 대신 바벨론 당국이 요청하는 노동에는 아무런 차질도 없었다. 그
러면서 바벨론으로 잡혀 오면서 원로들이 가지고 온 율법(律法)을 하나
하나씩 가르쳐 나가기 시작하였다.[271]

아브라함부터 이삭과 야곱과 요셉과 모세와 출애굽 사상을 가르치기
시작했다. 그것은 택한 백성을 버리지 아니하시는 하나님의 구원의 역
사와 은총을 알게 하여 주었다. 강가에서, 나무 밑에서, 건물 모퉁이에
서 안식일이면 오전 업무를 중단하고 예루살렘을 향하여 울고 찬송하며
예배를 드리고 율법을 공부하며 간구하였다. 회당(Synagogue)의 유래
는 여기서 시작되었다. 회당은 이런 "모임"에서 시작되었다. 처음에는
지정한 장소가 아니었다. 인간과 인간끼리 모였던 모임이었다. 하나님
께 예배드리기보다는 뜻을 나누고 정신을 나누고 사상을 나누기 위해서

였다.[272]

포로에서 돌아온 유대인들은 예루살렘 성과 성전을 건축하고, 바벨론 포로에서 형성되었던 민족적 정신 운동의 모태가 되었던 회당의 모임을 계속 이어나갔다. 예루살렘뿐 아니라 온 나라에 모든 마을이 회당을 중심으로 모이기 시작하였다. 그러면서 성전 중심의 제사는 그대로 이어지고 있었다. 율법 운동 역시 계속 이어져 율법이 모든 것 위에 있게 됨으로 하나님의 뜻과 말씀보다 절대시하는 경향을 가져오게 되었다. 그 중심에는 바리새파와 사두개파가 있었다. 이들에게는 하나님의 나라와 구원과 복음은 중요하지 않았다. 율법을 통하여 백성을 지배하고 통제하며, 백성들을 고통과 괴로움과 죄인으로 만들어 나갔다.

그들이 성전종교와 제사종교와 회당종교와 율법 아래서 "메시야 왕국"의 도래를 바랐으나 그들이 말하는 메시야는 성전종교나 회당종교에서 말한 메시야였지 하나님으로부터 직접 강림한 예수 그리스도의 메시야나 그의 나라는 아니었다. 왕권으로 오는 메시야가 불가능하게 여겨지자 제사장들에게까지 메시야를 기대하기도 하였다. 그러나 제사장들은 왕들보다 더 못한 지존자들 노릇을 하였다. 이에 실망한 유대인들은 세례 요한과 같은 선지자에게도 메시야를 기대하였다.[273]

이렇게 오실 메시야 사상도 왕이나 제사장이나 선지자로 오신다는 3중직(三重職)의 배경도 유다 지파가 깔아 준 것이었다. 그러나 하나님의 메시야나 그리스도는 유대인들이 말하는 왕권으로 이루는 메시야의 왕국이 아니었으며, 종교적으로 오는 제사장의 왕국이 아니었고, 사회적으로 오는 선지자의 왕국이 아니었다.[274] 예수 그리스도는 창조주 하나님의 인류 구원과 세계 구원을 위한 길과 진리와 생명[275]을 위해 오신 것이다.

4) 하나님의 섭리와 사랑의 완성

하나님은 천지만물을 창조하신 하나님이 자신의 형상대로 지으신 인간에게 복을 선언하신[276] 것과 같이 모든 만물을 주셨다. 그 이유는 하나님의 뜻대로 살라는 것이다. 그러나 인간이 타락하고 범죄하며, 하나님의 뜻이 이루지 않으므로 하나님이 그들 가운데 아브라함을 택하여 한 민족을 이루어 주셨다.

이스라엘 민족은 "이웃 사랑"을 실천하지 못하였다. 원주민을 학살하여 진멸하고, 공생하고 공존하지 못하였다. 하나님의 섭리를 거부하고 왕을 세웠으나 왕들로부터 전쟁과 학정에 몸서리쳐야 했다. 선지자들의 메시지를 듣기를 거부하였으며, 제사장들과 방백들과 장로들은 타락하였다. 나라는 분열되어 동족끼리 다른 신을 세우고 전쟁하고 허물을 찾기에 혈안이 되고 말았다. 분열된 민족은 결국 멸망을 당하고 만다.

바벨론 포로에서 돌아온 그들은 "하나님을 사랑"하고 "이웃을 사랑"하는 회당 중심의 교회로 모여 공동체를 이루고 하나님의 섭리 가운데 거하였다. 그러나 그들은 그것도 잠시 하나님을 떠나 우상을 섬기고, 범죄하기에 이른다. 제사장들은 권력에 안주하려 하여 이스라엘 민족을 책망하지 않고, 바리새인들은 율법에 얽매여 백성을 질타하고, 엣세네파는 메시야를 대망한다고 하면서 영지주의와 신비주의로 빠져 들고 말았다.

포로에서 돌아온 그들의 400여 년 생활은 암흑과 같은 시대였다. 그들에게 구원의 희망은 사라졌다. 율법은 유대인의 정체성을 일깨워주고 회복 시켜주었으나 율법주의와 유대주의로 흐르게 만들었다. 유대주의와 율법주의 속에는 "서로 사랑"이 없고 구원의 소망이 없다.

율법주의에 빠져 하나님의 섭리와 사랑 가운데 거하지 못하는 유대인에게 이사야를 통하여 백성의 죄로 인하여 고난의 종이 오심을 예언하고 있다.

그는 우리의 질고를 지고 우리의 슬픔을 당하였거늘 우리는 생각하기를 그는 징벌을 받아서 하나님에게 맞으며 고난을 당한다 하였노라 그가 찔림은 우리의 허물을 인함이요 그가 상함은 우리의 죄악을 인함이라 그가 징계를 받음으로 우리가 평화를 누리고 그가 채찍에 맞음으로 우리가 나음을 입었도다 우리는 다 양 같아서 그릇 행하여 각기 제 길로 갔거늘 여호와께서는 우리 무리의 죄악을 그에게 담당시키셨도다 그가 곤욕을 당하여 괴로울 때에도 그 입을 열지 아니하였음이여 마치 도수장으로 끌려가는 어린 양과 털 깎는 자 앞에 잠잠한 양같이 그 입을 열지 아니하였도다 그가 곤욕과 심문을 당하고 끌려갔으니 그 세대 중에 누가 생각하기를 그가 산 자의 땅에서 끊어짐은 마땅히 형벌받을 내 백성의 허물을 인함이라 하였으리요[277]

하나님은 이사야를 통하여 새 예루살렘의 회복을 말하고 있다.[278] 그들의 헐벗고 굶주린 생활 속에서 풍족한 은혜가 있을 것을 약속하셨다.[279] 그릇된 예배와 범죄에서 이스라엘과 유다는 돌아오지 않지만 하나님은 그들에게 새 하늘과 새 땅에 대한 약속을 주셨다.

보라 내가 새 하늘과 새 땅을 창조하나니 이전 것은 기억되거나 마음에 생각나지 아니할 것이라 너희는 나의 창조하는 것을 인하여 영원히 기뻐하며 즐거워할지니라 보라 내가 예루살렘으로 즐거움을 창조하며 그 백성으로 기쁨을 삼고 내가 예루살렘을 즐거워하며 나의 백성을 기뻐하리니 우는 소리와 부르짖는 소리가 그 가운데서 다시는 들리지 아니할 것이며 거기는 날 수가 많지 못하여 죽는 유아와 수한이 차지 못한 노인이 다시는 없을 것이라 곧 백세에 죽는 자가 아이겠고 백세 못 되어 죽는 자는 저주받은 것이리라 그들이 가옥을 건축하고 그것에 거하겠고 포도원을 재배하고 열매를 먹을 것이며 그들의 건축한 데 타인이 거하지 아니할 것이며 그들의 재배한 것을 타인이 먹지 아니하리니 이는 내 백성의 수한이 나무의 수한과 같겠고 나의 택한 자가 그 손으로 일한 것을 길이 누릴 것임이며 그들의 수고가 헛되지 않겠고 그들의 생산한 것이 재난에 걸리지 아니하리니 그들은 여호와의 복된 자의 자손이요 그 소생도 그들과 함께 될 것임이라 그들이 부르기 전에 내가 응답하겠고 그들이 말을 마치기 전에 내가 들을 것이며 이리와 어린 양이 함께 먹을 것이며 사자가 소처럼 짚을 먹을 것이며 뱀은 흙으로 식물을 삼을 것이니 나의 성산에서는 해함도 없겠고 상함도 없으리라 여호와의 말이니라.[280]

"서로 사랑"이 넘치는 평화와 공존의 세계를 말하고 있다. 예레미야를 통하여 회개하고 돌아오라고 외치지만 배역한 이스라엘은 돌아오지 않는다. 거짓 예배를 드리고, 다른 신을 좇고, 교만하여 듣지 않는 백성들에게 멸망과 환난이 있으나 메시야를 통하여 구원을 약속하고 있다.

> 나 여호와가 말하노라 때가 이르리니 내가 다윗에게 한 의로운 가지를 일으킬 것이라 그가 왕이 되어 지혜롭게 행사하며 세상에서 공평과 정의를 행할 것이며 그의 날에 유다는 구원을 얻겠고 이스라엘은 평안히 거할 것이며 그 이름은 여호와 우리의 의라 일컬음을 받으리라 그러므로 나 여호와가 말하노라 보라 날이 이르리니 그들이 다시는 이스라엘 자손을 애굽 땅에서 인도하여 내신 여호와의 사심으로 맹세하지 아니하고 이스라엘 자손을 북방 땅 그 모든 쫓겨났던 나라에서 인도하여 내신 여호와의 사심으로 맹세할 것이며 그들이 자기 땅에 거하리라 하시니라[281]

이스라엘과 유다의 범죄를 책망하면서 범죄의 결과 그들이 멸망하여 나라를 잃을 것이나 그들에게 구원의 희망과 소망을 주시는 하나님이다.

유다왕국의 멸망 속에 바벨론에 포로로 잡혀간 유대인들에게는 나라와 성전을 잃은 슬픔과 하나님이 그들을 버리셨다는 절망 속에 젖어 있었다. 이제 그들에게는 어떤 구원의 빛도 없었다. 다만 이사야와 예레미야를 통하여 주었던 희망의 메시지만이 그들에게 소망이 되고 있었다.

이런 희망은 다니엘을 통하여 계속 되었다.

> 그 때에 네 민족을 호위하는 대군 미가엘이 일어날 것이요 또 환난이 있으리니 이는 개국 이래로 그 때까지 없던 환난일 것이며 그 때에 네 백성 중 무릇 책에 기록된 모든 자가 구원을 얻을 것이라 땅의 티끌 가운데서 자는 자 중에 많이 깨어 영생을 얻는 자도 있겠고 수욕을 받아서 무궁히 부끄러움을 입을 자도 있을 것이며 지혜있는 자는 궁창의 빛과 같이 빛날 것이요 많은 사람을 옳은 데로 돌아오게 한 자는 별과 같이 영원토록 비취리라.[282]

절망 가운데 있던 유대 백성에게 구원의 소망을 주신 것이며, 유대인들은 메시야가 이와 같이 와서 대적을 물리치고 구원할 것으로 믿었다. 자신들이 회개하고 하나님의 섭리 가운데서 "하나님 사랑"과 "이웃 사랑"과 "원수 사랑"과 "서로 사랑"을 실천하지 못하고, 메시야를 통하여 대적을 물리치고 나라와 민족과 성전종교와 율법종교를 통하여 구원을 얻으려는 어리석은 민족이요 나라였다.

에스겔은 바벨론 포로 생활 중에 그발 강가에서 하나님의 부름을 받고 유대인들에게 하나님의 사랑을 전한다. 예루살렘의 죄로 예루살렘이 함락되고 파괴될 것이며 하나님의 심판이 그들에게 임할 것을 말한다. 그러면서 이스라엘을 지키는 파수꾼과 이스라엘의 목자들, 그리고 멸망한 가운데서도 다시 살아나는 마른 뼈들의 회복을 말한다. 또한 새로운 땅과 새로운 성전 회복을 말한다. 이는 유대인이 회복하는 것이 아니다. 하나님이 사랑하심으로 회복시켜 주시는 것이다.

구약의 "하나님 사랑"의 완성은 호세아 선지자를 통하여 들려주는 사랑의 말씀이다. 이스라엘이 범죄하여 선지자들의 말을 들으면서도 점점 멀리가고, 바알 앞에 제사하고, 우상 앞에 분향하였으나 저희를 고치고 사랑의 줄로 매어 저희를 이끌어 주셨다. 그러면서 이스라엘과의 회복을 약속하셨다.[283]

하나님은 패역한 자라 할지라도 고쳐주시며 진노가 떠나 사랑하여 주시겠다고 하셨다. 풍성함도 주셨다. 유대주의와 성전종교와 율법종교로 구원을 얻는 것이 아니다. 구원은 "하나님 사랑"과 "이웃 사랑"과 "원수 사랑"함으로 화해하고 평화를 이루며, 공생과 공존과 공영을 이루는 세계를 이루어야 하며, 예수 그리스도가 우리에게 주신 "서로 사랑"으로 나라와 민족이 변하고 세계가 변하는 새 생명인 것이다.

5) 묵시적인 예언들의 수포(水泡) 현상

바벨론에 포로로 잡혀갔을 때나 돌아온 유대인들은 다니엘서나 에스겔서와 같은 초자연적인 메시야의 도래를 열망하였다. 그것은 그들의 나라와 민족이 역경과 시련, 억압과 탄압에서 해방이나 자유나 독립을 하지 못한 까닭이었다. 그러나 그들의 열망이 아무리 뜨겁고 간절하였어도 그런 메시야나 메시야 왕국의 출현은 도래하지 않았다.[284]

유다 마카비(B.C. 160)에게 그런 기대를 건 사람들이 없지 않았으나 그가 전사하자 모았던 기대는 수포로 돌아갔다. 그후에 나타난 세례 요한이야 말로 오실 자가 아닌가 하는 기대에 있었으나 세례 요한은 자기가 아니며 자기 다음에 오실 자를 말하였다.

그러나 오신 예수 그리스도도 그런 메시야는 아니라는 것이었다. 한동안 예수를 그리스도로 보는 사도들과 그리스도가 아니라 랍비로 보는 사람들의 시각들이 교차하였다. 예수는 세례 요한이 죽은 다음에 하나님의 나라를 말씀하신 것[285]도 그들이 기대하는 그리스도는 아니라는 것을 분명히 하기 위함이었다. 그리고 말씀과 복음의 그리스도로 이해를 하였을 때 비로소 예수 그리스도로 시인을 하였다.[286]

구약이나 신약대로 오는 그리스도는 없었다. 그러나 신앙인들은 오늘도 그런 그리스도를 기다리는데 여념이 없다. 2천년이나 직접 보고 들었으나 아직도 구약적이거나 신약적으로 오는 예언이나 환상이나 이적과 기사의 메시야와 그리스도를 믿는 신앙을 버리지 못하고 있다.

구약이나 세례 요한이 말한 초림이나 바울이 말한 재림이나 심판은 오늘까지도 다 빗나가거나 수포로 돌아간 묵시문학적인 신앙이 아닐 수 없다. 예수 그리스도의 말씀은 땅에서 이루어지는 하나님의 나라였지 공중이나 하늘에서 이루어지는 하나님의 나라가 아니었다.[287] 그럼에도 불구하고 오늘도 초림을 기다리고 재림을 기다리고 있는 것은 모순이 아닐 수 없다. 예수 그리스도의 하나님의 나라는 땅에서 이루어지는 것이라는 것을 "주기도" 때마다 외우면서도 "사도신경"으로 들어가 '저리로서 산 자와 죽은 자를 심판하러 오신다' 는 신앙고백을 하고 있는 모순과 이중성과 양면성에서 벗어나지 않으면 안 되는 기독교와 교회인 것이다.

복음서에는 세례 요한이나 바울이 말하는 하늘이나 땅을 흔들만한 이변의 초림이나 재림은 전혀 언급이 없다. 원수나 적국이나 로마 군인들이 몰살이 되거나 로마제국이 진멸되며, 다윗왕국을 회복하거나 유다왕국을 되찾아 이방을 지배하는 구원이나 이적이나 기사는 전혀 없다. 복음서의 마지막 부분에 언급된 것은 "이 세대가 가기 전에 이 일이 다 이루어질 것"이라는 말씀대로 이루어진 것을 말하지 오늘의 이 세대를 말하지 아니한다.[288]

6) "서로 사랑"의 "카할 교회"의 시작

구약의 기록은 천지만물을 창조하신 하나님의 인류를 향한 "하나님 사랑"을 말하고 있다. 아담과 하와를 사랑하심으로 그들이 죄를 범하였으나 죽이지 아니하셨고 용서해 주셨다. 가인은 그의 동생 아벨을 죽였으나 살인죄로 맞아 죽지 않았다. 하나님에 대항하여 권위에 도전한 인간들을 하나님은 용서하시고 흩으셨으며, 하나님의 명령을 어기고 불신앙의 온 인류를 죄악 가운데서 멸하시는 가운데서도 노아의 가정을 택하사 하나님의 사랑을 나타내셨던 것이다.

하나님은 아브라함을 택하사 한 민족을 만드셨으나 아브라함은 자녀를 사랑하지 못했고, 이삭은 형제와 화목하지 못했으나 사랑하셨고, 야곱은 형제를 속이고 외삼촌을 속였으나 용서하시고 사랑해 주셨다. 나아가 야곱의 열 명의 아들들은 그의 형제 요셉을 애굽에 종으로 팔고 아버지를 속였으나 요셉은 자신을 종으로 팔아넘긴 형제들을 용서하고 하나님의 섭리임을 말한다. 이는 요셉의 생각이라기보다는 하나님의 한없는 사랑을 이루는 요셉의 "하나님 사랑"과 "이웃 사랑"과 "원수 사랑"으로 이어지는 "서로 사랑"의 완성임을 말하고 있는 것이다.

그러나 모세의 인도로 출애굽하여 가나안 땅에 정착한 이스라엘은 가나안 족속과 공생하거나 공존하지 못하고, 멸하고 적대시하며 이웃 나라와 공생의 관계를 이루지 못한다. 가나안 땅에 정착한 유다와 이스라엘은 "서로 사랑"하지 못하고 적대시하고 질시하다가 멸망을 당하고 만다. 예루살렘 성이 파괴되고 성전이 파괴되고 바벨론에 포로로 끌려간 그들이 슬픔을 딛고 모여 마음과 정을 나누던 모임이 회당이었다. 이런 유대인이 포로에서 돌아와 성전종교와 율법종교와 회당종교로 발전하게 된다.

회당종교는 성전종교와 전혀 다른 양상의 종교이다. 제사종교는 제물이나 드리면 제사장이 중보자가 되어 제사를 드려 주며 속죄를 선포하였으나 회당종교에서는 제례는 전혀 없이 일상생활을 위한 교육과 훈련과 친교와 예배와 기도와 찬송이 위주였다. 회당종교는 제사 없이, 설교 없이 율법을 읽고 기도를 하고 예배를 하였다.[289]

성전에서는 절대주의로 상대주의가 통용되지 않으나 회당에서는 "이웃 사랑"과 "원수 사랑"과 "서로 사랑"을 하는 상대주의가 가능했던 것이다. 성전에서는 할 수 없었던 카할 공동체와 교회 공동체적인 삶이 회당교회에서는 시작된 것이다. 나라와 민족이 바벨론 포로 이후에 비로소 처음으로 교회와 같은 회당종교에 있었다. 왕국이 망하고 난 이후에 그들은 회당종교로 나라와 민족이 친교와 교제를 시작하였던 것이다. 상대를 배려하는 카할교회적이며 교회 공동체적인 삶을 살게 되었다. 온 가족이 이웃 가족과 회당에 모여 노래를 부르고 친교하며 교제하는 사랑의 장과 기도하며 찬양하는 하나님을 향한 사랑이 회당공동체에서 이루어진 것이다.[290]

회당에서는 마을의 원로들이 예배를 인도하고 교육하며 공동체적인 친교의 장을 주도하고 단합된 사랑을 나누었다. 전에는 볼 수 없었던 사랑의 공동체를 이룬 것이다. 또한 회당을 통하여 의회정치와 대의정치가 시작되었다. 하나님은 오래 전부터 이런 공동체를 원하셨던 것이다. 그것을 유대인들이 나라를 잃고, 성전을 잃고, 고통과 괴로움 가운데서 깨달은 것이다. 율법이 아니다. 성전 제사가 아니다. 하나님을 사랑하고, 이웃을 사랑하고, 원수를 사랑하는 "서로 사랑"이 이루어져야 구원이 있고 소망이 있는 것이다.

7) 마지막 선지자 세례요한의 빗나간 메시야관

중간시대도 저물어 가고 율법시대도 제사장시대, 장로시대, 서기관시대도 종말기에 왔다. 말라기 이후 가장 큰 선지자가 나타나 요단강 가에서 세례를 주고 회개운동을 전개하였다. 이는 엣세네파의 요한으로 메시야의 길을 예비하러 온 자라 하였으며, 그의 신들메도 감당치 못한다고 하며 회개운동을 벌여 나갔다.[291]

세례 요한의 대대적인 회개운동이나 세례운동이나 메시야운동은 왕이나 제사장이라기보다는 선지자로서 오는 메시야를 선보였다. 그러나 세례 요한은 자기는 메시야가 아니라는 것을 분명히 하였다. 자기는 그를 위한 예비자라 하였다.[292] 그러면서 이사야서의 "보라 세상 죄를 지고 가는 하나님의 어린 양"[293]을 말하였다. 여기서 대속적인 메시야를 연상케 하여 주고 있다. 당시 사람들로서는 다윗 왕과 같이 오거나 다니엘서의 인자같은 메시야로 오기를 바라고 있었는데, 요한이 말한 메시야는 다니엘서의 인자와 같이 진노하는 메시야나 "하나님의 어린 양"과 같이 오는 메시야였다.

그러나 세례 요한은 막연히 예고하고 있는 그 이상의 메시야를 말하지 못하였다. 요한은 예수 그리스도를 위하여 순교한 것이 아니었다. 그가 전한 것도 전개한 것도 회개운동과 세례운동과 천국운동도 메시야 운동으로 전환되지는 못하였다. 세례 요한은 예수 그리스도를 직접 대하였으나 그를 예수 그리스도로 따르지 아니하였다. 그는 예수 그리스도가 직접 육성으로 말씀하시는 예수 그리스도의 복음을 듣기보다는 자기의 일방적인 신앙을 말하였을 뿐이며 그러던 그가 엉뚱하게 헤롯의 부정한 결혼을 말하다가 투옥되고 말았다. 그리고 옥중에 있던 세례 요한은 자기 기대에 못 미친 예수 그리스도에게 크게 회의를 느끼며 투옥 전 처음 예수 그리스도를 증거 하던 때와는 다른 입장으로 면회 온 제자들에게 토로하였다. "오실 그이가 당신이오니이까? 우리가 다른 이를 기다리오리이까?"[294] 하는 물음의 답을 예수에게서 듣고자 하였다. 이에 예수 그리스도는 다음과 같이 말씀하셨다.

너희가 듣고 보는 것을 요한에게 고하라 소경이 보며, 앉은뱅이가 걸으며, 문둥이가 깨끗함을 받으며, 귀머거리가 들으며, 죽은 자가 살아나며, 가난한 자에게 복음이 전파된다 하라 누구든지 나를 인하여 실족하지 아니하는 자는 복이 있도다[295]

요한의 물음은 자기 신앙의 회의가 생긴 까닭이 아닐 수 없다. 그도 보통 유대인들이나 조금도 다름이 없었다. 예수 그리스도의 하나님의 나라나 메시야의 나라는 요한이나 유대인들이 기대하고 있듯이 하늘에서 떨어지는 나라가 아니라는 것을 알지 못했던 요한이 알게 된 것이었으며, 그것은 요한에게 큰 실망이 아닐 수 없었다.

예수 그리스도도 세례 요한의 실망과 회의가 무엇 때문에 온 것인지를 이미 알고 있었다. 세례 요한의 메시야 사상은 예수로부터 직접 듣기보다 구약을 근거로 한 것이었다. 그는 다니엘서적이며, 이사야서적이며, 유다왕국적인 기대의 메시야를 말하였으나 실제의 예수 그리스도는 세례 요한과 같은 메시야관과는 전혀 다른 메시야였다. 예수 그리스도는 땅에서 이루어지는 나라를 말씀하였다. 소경이 보며, 앉은뱅이가 걸으며, 문둥이가 깨끗함을 받으며, 귀머거리가 들으며, 죽은 자가 살아나며, 가난한 자에게 복음이 전파되는 구원과 메시야와 하나님의 나라는 유대인들이나 요한이나 바울이 말하는 공중이나 하늘에서 이루어지는 하나님의 나라와는 달랐던 것이다.

이에 예수 그리스도는 "누구든지 나를 인하여 실족하는 아니하는 자가 복이 있도다" 하였다. 이는 요한이나 바울이 말하는 하늘에서 땅으로 내려오거나 땅에서 하늘로 올라가는 하나님의 나라가 아니라 지금 땅에서 가난한 자들과 병든 자들과 잡힌 자들과 눈먼 자들과 소경들과 죽은 자들과 못난 사람들까지 함께 우리 안에서 이루어지는 하나님의 나라에 대하여 실망하여 돌아서거나 시험에 드는 것을 말씀한 것이다.

예수 그리스도는 요한이 잡힌 후에 비로소 하나님의 나라를 말씀하기 시작하였다.[296] 이는 요한이 붐을 이루어 놓은 천국운동과 회개운동과 세례운동과는 아무 상관없이 오히려 그런 하나님의 나라와는 전혀 다른 하나님의 나라를 말씀하시기 위해서 기다렸다가 시작하신 것이다. 그러나 기독교와 교회는 세례 요한이 말하는 천국을 물론 바울이 말하는 천국과 예수 그리스도가 말씀한 하나님의 나라를 동일한 것으로 여기는 오해와 왜곡에 있었다.

61) 창 1:28-30
62) 창 3:21
63) 창 5:24
64) 창 11:1-9
65) 창 12:1-4
66) 삼상 8:5,7,1922
67) 마 1:23,25, 눅 1:31,32, 2:10-14
68) William Gentz,. The Dictionary of the
    Bible & Religion. p. 384.
    손병호, 복음과 구약, p. 276. 재인용
69) 창 3:1-23
70) 창 2:17, 3:3,23
71) 창 3:22-23
72) 요 13:34-35
73) 손병호, op.cit., p. 283
74) 창 3:23
75) 창 3:24
76) 손병호, op.cit., p. 284
77) 창 4:3-4
78) 창 4:8
79) 창 9:6, 민 31:7,8, 35:16-21,27,31, 신
    19:12,13, 요 8:7
80) 창 3:23
81) 창 4:2,16,17,25, 6:1,2
82) 창 4:15
83) 손병호, op.cit., p. 293
84) 창 6:5-7
85) 창 18:20, 19:15,24,25

86) 주전 586-539년
87) 손병호, op.cit., p. 295.
88) Ibid., p. 295
89) 창 6:17, 7:21
90) 창 9:13-17
91) 창 11:1-4
92) 손병호, op.cit., p. 296
93) 창 11:9
94) 창 3:23
95) 창 16:1-11
96) 창 21:1-5
97) 창 26:22
98) 창 28:10-19
99) 창 30:43
100) 창 32:24-28. 네가 하나님과 사람으
    로 더불어 겨루어 이기었다는 뜻
101) 창 37:28
102) 창 45:7-8
103) 마 16:24
104) Leonard Sanderson, Evangelism For
    All God's People (Broadman Press,
    1990), p. 70.
105) 창 12:10 이하, 창 20:1 이하. 아브라
    함은 아내를 아내라 하지 못하고 누
    이라 하였으므로, 애굽에서 바로가,
    그랄에서 아비멜렉이 사라를 취하게
    하였다
106) 창 22:1-14

107) 창 12:1-4

108) 창 12:4

109) 창 12:2

110) 창 12:5

111) 히 11:8

112) 창 12:6,7

113) 창 12:16

114) 창 15:2-4

115) 창 17:19

116) 창 12:2

117) 창 17:1-5

118) 손병호, op.cit., p. 299

119) 창 20:7

120) 손병호, op.cit., p. 25

121) 창 16:1-14

122) 창 15:2

123) The Code of Hammurapi: 주전 18세
기의 바벨론 왕의 법전

124) 창 14:13-16

125) 창 14:17-20

126) 손병호, op.cit., p. 302

127) 창 20:12

128) 신 17:17

129) 갈 4:22-23

130) 창 21:12-18

131) 창 22:1-14

132) 창 15:5, 22:17

133) 창 25:26

134) 창 25:28-34

135) 창 25:23

136) 손병호, 복음과 구약, p. 304.

137) Ibid., p. 304

138) Ibid., p. 305

139) 창 26:17-22

140) 창 26:24

141) 창 26:26-31

142) 창 24:60

143) 창 25:21-26

144) 창 27:1-29

145) 창 29:21-30, 30:25-43

146) 창 31:24

147) 창 32:13-21, 33:1-17

148) 창 32:28. 하나님의 사람으로 더불어
겨루어 이기었다

149) 창 32:30. 내가 하나님과 대면하여
보았으나 내 생명이 보전되었다

150) 창 35:9-15

151) 창 37:25-36

152) 창 42:36, 38, 43:1-13

153) 창 46:1-7

154) 창 37:3,4,23

155) 창 39:20-23

156) 창 37:5-11

157) 창 40:9-19

158) 창 40:20-22

159) 창 41:25-45

160) 손병호, op.cit., p. 310

161) 창 42:6-25

162) 창 45:3-8

163) 행 7:57-60

164) 출 21:24, 레 24:20, 신 19:21

165) 출 1:7

166) 출 2:1-25

167) 출 12:41

168) 출 15:3

169) 손병호, 복음과 구약, p. 178

170) Ibid., pp. 178-179

171) 출 20:3

172) 손병호, op.cit., p. 180

173) 왕하 23:1-23

174) Friedman, Who Wrote the Bible?
pp.70-88. 손병호, 복음과 구약, p.
184. 재인용

175) 손병호, op.cit., p. 184.

176) 출 4:1

177) 출 4:10

178) 출 4:13

179) 출 4:14-17

180) 출 4:30-31
181) 손병호, op.cit., p. 327
182) 출 32:25-28
183) 민 16:1-11
184) 민 16:12-14
185) 민 16:46-49
186) 대상 9:19, 대하 20:19
187) 수 1:1-4
188) 민 14:6-9
189) 출 14:14
190) 민 14:9
191) 삿 2:16-19
192) 삼상 1:6
193) 삼상 1:11
194) 삼상 3:19-21
195) 삼상 8:20-22
196) 삼상 13:8-15
197) 삼상 15:22,23
198) 삼상 16:13
199) 손병호, op.cit., p. 351
200) 삼상 8:5
201) 손병호, op.cit., p. 390
202) 창 49:8-12
203) 삼상 10:21
204) 삼하 11:2-25
205) 삼상 8:11-17
206) 삼하 13:20-33
207) 왕상 1:5-9
208) 왕상 1:30
209) 왕상 1:13-14
210) 대상 28:2-6
211) 대상 28:20-21
212) 왕상 11:1-8
213) 왕상 1:11-14
214) 삼하 15:7-12
215) 왕상 1:5-10
216) 손병호, op.cit., p. 393
217) 왕상 1:38-39
218) 왕상 2:27

219) 삼하 8:17, 15:24-36, 왕상 1:8-45,
    17:27, 대상 6:8-53
220) 왕상 12:6-17
221) 왕상 12:20
222) 왕상 13:33
223) 손병호, 복음과 구약, p. 242
224) Neil, A, Silberman & Israrl Finkelstein,
    The Bible Unearthed, 오성환 옮김, 성
    경: 고고학인가 전설인가, 서울: 까치
    글방, 2002. pp. 186-187
225) 왕상 16:31-33
226) 왕상 15:27, 16:8-10,21, 왕하 15:10,
    14,25,30
227) 왕상 17:1
228) 왕상 18:1
229) 왕하 5:1-14
230) 왕상 11:29-33
231) 왕상 14:21-26
232) 대하 14:2-5
233) 대하 10:10-15
234) 대하 17:3-6
235) 대하 20:30
236) 대하 24:1-27
237) 대하 25:2
238) 대하 25:14
239) 대하 26:3-5
240) 대하 31:2
241) 대하 35:16-18
242) 대하 36:22
243) Israel Finkelstein & Neil Asher
    Silberman, The Bible Unearth, (The
    Free Press, 2001). pp. 346-347
244) 단 1:3-7, 2:46-49, 3:28-30
245) 왕하 25:27-30
246) 렘 29:5-6
247) Israel Finkelstain & Neil Asher
    Silberman, pp. 351-355.
248) 손병호, 복음과 구약, p. 249
249) 에 10:1-15

250) 손병호, op.cit., p. 396
251) 사 11:6-10
252) 에 1:1-4
253) 에 1:5-11
254) 에 2:64-67
255) Israel Finkelstain & Neil Asher
 Silberman, op.cit., p. 348.
 최상열, 새 계명에 나타난 복음신학
 연구, p. 121. 재인용
256) 에 3:1-6
257) 에 3:11-13
258) 에 4:1-6
259) 최상열, op.cit., p. 122
260) 손병호, 복음과 구약, p. 250
261) 에 7:10
262) 에 7:25
263) 손병호, op.cit., p. 250
264) 에 9:15
265) 느 1:3-4
266) 느 12:44
267) 최상열, op.cit., p. 125
268) 손병호, 복음과 구약, p. 251
269) 손병호, 복음신학 원론, p. 421
270) 손병호, 복음과 구약, p. 397
271) 손병호, 복음신학 원론, p. 422
272) Ibid., p. 422
273) 손병호, 복음과 구약, pp. 251-252
274) 손병호, op.cit., p. 252
275) 요 14:6
276) 창 1:26-28
277) 사 53:4-8
278) 사 54:11-17
279) 사 55:1-5
280) 사 65:17-25
281) 렘 23:5-8
282) 단 12:1-3
283) 호 14:4-8
284) 손병호, 복음과 구약, p. 71
285) 마 1:14-15

286) 손병호, op.cit., p.72
287) Ibid., p. 72
288) 손병호, op.cit., p. 74
289) 손병호, op.cit., p. 254
290) Ibid., pp. 254-255
291) 마 3:1-12
292) 마 3:11, 눅 3:16, 요 1:26-27
293) 사 53:7, 요 1:29
294) 눅 7:19-20
295) 눅 7:22-23
296) 막 1:14.

제 3 장
신약의 사랑

지금까지의 기독교는 일반적인 성서를 이분법적인 사고로 구약과 신약으로 하였다. 그러나 구약을 율법적이라 볼 때 신약은 "예수 그리스도의 복음"이 핵심이 되어야 한다는 것이다. 그러므로 한국복음신학연구원 손병호 박사는 구약과 신약과 복음으로 나누어, 3분법적으로 하고 삼위일체적으로 하여야 한다는 것이다. 필자 역시 신약의 사랑과 복음서의 사랑이나 예수 그리스도의 사랑은 구별하고자 한다.

신약은 예수를 그리스도로 믿은 바울이 구약대로 말하며 기독교와 교회를 세우며 쓴 서신들을 말한다. 이 서신은 복음서가 나오기 이전에 완성된 것으로 예언대로 오신 그리스도를 말하였으나 실제로 성육신 하시어 오신 "예수 그리스도의 복음"을 말한 것은 아니다. "예수 그리스도에 대한 복음"을 말하기보다는 새 언약과 유대주의와 영지주의와 신비주의를 말한 것이다.

복음은 예수 그리스도가 직접 하신 말씀을 말한다. 그러나 바울은 "예수의 복음"이라 하지 않고, "하나님의 복음"으로 언급하여 예수의 복음보다는 "하나님의 복음"을 말하는 자기 정체성을 분명히 하였다. 바울은 "예수의 복음"이라는 말은 단 한 번[297] 밖에 사용하지 않았고, "그리스도의 복음"은 4회[298]를 말하였으며, "하나님의 복음"은 5회[299]나 언급하였으나 "예수 그리스도의 복음"은 단 한 번도 언급하지 않았다. 이는 "예수 그리스도의 복음"에는 자신과 확신이 없었던 까닭이다. 물론 복음서에서도 "하나님의 복음"이라는 말이 한번 나온다.[300] 그렇다고 바울이 말하는 하나님의 복음을 말씀한 것이 아니라 원래의 하나님의 복음을 말씀하시기 위하여 오신 것이다.[301]

바울에게는 예수 그리스도의 "서로 사랑"이 없다.

내 사랑하는 자들아 너희가 친히 원수를 갚지 말고 진노하심에 맡기라 기록하였으되 원수 갚는 것이 내게 있으니 내가 갚으리라고 주께서 말씀하시니라 네 원수가 주리거든 먹이고 목마르거든 마시우라 그리함으로 네가 숯불을 그 머리에 쌓아 놓으리라 악에게 지지 말고 선으로 악을 이기라.[302]

바울에게는 예수 그리스도의 "서로 사랑"이 없이 구약을 인용한 구약의 연장선일 뿐이다. 예수에게는 이런 원수갚는 일이 없다. 바울이 말한 것은 신명기 32:35과 시편 94:1을 인용하여 말한 것이지 예수 그리스도의 복음의 말씀을 인용한 것이 아니다. 바울은 예수의 복음을 말해야 한다. 바울이 주의 사도라고 하면서 예수 그리스도의 복음에 대하여 한 마디도 하지 못하면서 예수의 복음을 말하듯이 한 것은 잘못이다.[303]

예수 그리스도는 원수를 사랑하라 하셨다.[304] 그러나 바울은 원수를 갚지 말고 진노하심에 맡기라 하였다. 이는 전혀 다른 말이다. 바울은 피하거나 참으면 하나님이 갚아 주신다는 것이다. 그러나 예수 그리스도의 "원수 사랑"은 인내와 피함으로 되는 것이 아니라 직접 부딪혀 용서하거나 사랑하지 않으면 안 된다.[305]

바울은 원수갚는 일이 내게 있으니 내가 갚으리라고 주께서 말씀하시니라 하였으나 예수 그리스도는 원수를 직접 용서하고 사랑하라는 것이다. 바울은 수동적이며 피동적이며 타동적인 구원을 말하지만 예수는 구약이나 바울이 말하는 윤리와 율법과는 다른 것을 말씀하셨다.

또 눈은 눈으로, 이는 이로 갚으라 하였다는 것을 너희가 들었으나 나는 너희에게 이르노니 악한 자를 대적지 말라 누구든지 네 오른편 뺨을 치거든 왼편도 돌려대며 또 너를 송사하여 속옷을 가지고자 하는 자에게 겉옷까지도 가지게 하며 또 누구든지 너로 억지로 오 리를 가게 하거든 그 사람과 십 리를 동행하고 네게 구하는 자에게 주며 네게 꾸고자 하는 자에게 거절하지 말라[306]

나아가 예수 그리스도는 원수를 용서하되 일곱 번 뿐 아니라 일흔 번씩 일곱 번이라도 할지니라 하셨다.[307] 이는 율법과 상반되는 것으로 예수 그리스도의 무한한 사랑과 용서를 말씀하신다.

예수 그리스도는 재림과 심판을 말씀하지 않으나 바울은 예수의 재림과 심판을 말한다. 바울이 예수 그리스도에 대하여 몰라도 너무나 몰랐던 것이다. 예수는 원수를 사랑하기 전에 먼저 용서하고 화해하라고 하였다. 복수하고 대적하여 싸우기보다는 "서로 사랑"하여 하나님의 나라가 하늘에서 이루어진 것 같이 땅에서도 이루어져 멸망치 않고 영생을 얻는 구원을 말씀하셨다.

바울은 이런 "서로 사랑"의 공존의 법칙을 몰랐기 때문에 "악에게 지지 말고, 선으로 악을 이기라"고 했다. 악과 싸워야 하고 승리해야 한다. 물론 선한 싸움과 선한 전쟁은 필요할지 모른다. 그러나 싸움은 싸움이고 전쟁은 전쟁일 뿐이다. 예수 그리스도는 그런 말씀을 하지 않으셨고, "서로 사랑"으로 이기거나 져도 상관없음을 말씀하신다.[308]

구약에서는 "하나님 사랑"과 "이웃 사랑"은 알고 있었다. 그러나 실천하지 못하고 시기하고 질투하고 미워하여 싸우고 전쟁으로 멸망하였다. 그런데 신약에 와서 바울도 "하나님 사랑"과 "이웃 사랑"에 대한 말은 하지 못하고 율법적으로 유대주의로 영지주의와 신비주의로 말한다. 얼마나 안타까운 일인가? 복음서보다 먼저 나와 기독교와 교회를 이룬 바울이 예수 그리스도의 사랑을 알고 말하고 실천하였다면 세상은 달라졌을 것이다.

신약에서 말하는 사랑은 무엇인가? 신약 안에 예수 그리스도의 "서로 사랑"이 있는가? 바울의 사상이 무엇이며, 무엇을 말하였는가를 한국복음신학에 입각하여 "하나님 사랑"과 "이웃 사랑"과 "원수 사랑"을 포함한 예수 그리스도의 "새 계명"인 "서로 사랑"을 논하고자 한다.

제1절 "새언약"과 "서로사랑"

신약에서는 고린도전서 11:25과 고린도후서 3:6의 "새 언약"과 에베소서 2:12의 "약속의 언약"을 언급하고 있다. 바울의 새 언약과 예수 그리스도가 말씀하신 새 계명과는 전혀 다른 것이다. 바울이 말한 새 언약은 구약의 율법의 완성보다 제사종교를 통하여 오는 대속의 구원을 말한다. 그러나 예수 그리스도의 "새 계명"은 모든 인류가 서로 사랑하는 "서로 사랑"을 말씀하신다. 예수 그리스도가 말씀하신 "하나님 사랑", "이웃 사랑", "원수 사랑"과 "서로 사랑"은 듣지도 보지도 못하였던 바울이기에 그는 사랑을 말하기보다는 믿음과 은혜만을 강조하였으며 성령과 역사만 강조하는 새 언약만을 말한다.

예수 그리스도는 구약에서의 "하나님 사랑"과 "이웃 사랑"을 말씀하시며 "원수 사랑"과 "서로 사랑"을 말씀하셨다. 이런 사랑이 이루어질 때 뜻이 하늘에서 이룬 것 같이 땅에서도 이루어진다고 말씀하셨다. 복음의 정수(精髓)는 사랑이다. 사랑은 곧 복음의 핵심(核心)이기도 하다. 그러나 폴 틸리히(P. Tillich)는 사랑을 정의하기가 어렵다고 하였고,[309] 니버(R. Niebuhr)는 자기희생이나 무조건적인 용서를 사랑으로 이해했으며, 아우트카(G. Outka)는 동등한 관심으로 사랑을 설명하였다.

그러나 사랑은 어렵게 설명하기 이전 하나님의 형상을 받은 인간들이 양심으로 쉽게 느낄 수 있는 것이다. 그것을 수행하기가 어려워 힘든 것이지 몰라서 어려운 것이 아니다. 사랑이란 대체적으로 기독교에서는 아가페(agape)와 에로스(eros)와 필리아(philia) 등으로 이미 인간들이 소유하고 있다고 말한다.

1. 사랑의 어의

사랑에 대하여 한국복음신학연구원의 손병호 박사의 저서를 인용하면, 사랑은 사람들에게 가장 큰 생명을 주며 힘과 능력을 주는 원동력(原動力)이나 다름없다. 사랑은 창조주 하나님의 본성이며 인간을 구원하시는 하나님의 능력인 것이다. 이 사랑이 있기에 인간을 창조하시고 모든 만물을 맡기셨으며, 그들을 사랑하시어 범죄 가운데서도 용서하여 주셨고, 자기와 본체(本體)이신 아들 예수 그리스도를 이 땅에 보내신 것이다.

예수 그리스도는 사랑을 인간들에게 말씀(λογος)으로 증거하셨을 뿐 아니라 몸소 사랑하시며 사랑을 가르치시고 사랑을 증거해 주신 것이다. 우리는 이것을 사랑의 복음이라고 한다.[310]

예수 그리스도는 새 계명으로 "서로 사랑"을 말씀하셨다. 물론 하나님이 세상을 사랑하사 독생자를 보내시므로 사랑의 인신(人身)이 되신 것이며, 내가 너희를 사랑한 것같이 너희도 서로 사랑하라 하시면서 사랑의 실천을 몸소 보이시며 가르쳐 주셨다. 물론 구약에서 "하나님 사랑"과 "이웃 사랑"이 있었으며 예수님이 "원수 사랑"을 말씀하셨지만, 하늘의 뜻과 땅에서 하나님의 뜻을 이루기 위하여 "서로 사랑"하라고 하신 것이다.

바울의 고린도전서 13장의 사랑도 주님의 새 계명인 사랑에서 기인한 것이다. 주님의 가장 가까이서 지냈던 사랑하는 제자 요한의 사랑도 예수 그리스도의 사랑에서 나온 즉, 주님으로부터 받은 사랑이었던 것이다.[311] 그러나 지금까지 교회나 신학계에서는 구약에서 말하던 율법을 중시했고, 예수 그리스도가 말씀하신 사랑은 뒤로하여 중요시하지 않은 경향이 있다. 바울은 믿음으로 구원을 얻는다고 하였다. 그러나 사랑이 없는 믿음으로는 안 되는 것이다. 행함이 없는 믿음은 죽은 믿음이라고 하였다.[312]

교회가 예수 그리스도가 말씀하신 "서로 사랑"을 실천해야 하지만 신학과 교리에 얽매이고, 전통과 관습에 얽매여 예수 그리스도께서 말씀하신 "서로 사랑"을 실천하지 못했으며, 서로 시기하고, 질투하고, 원망하고 대적하여 전쟁도 불사하는 교회가 되고 말았다.

사도 요한은 이런 우리에게 사랑의 복음을 전해 주었다.

> 사랑하는 자들아 우리가 서로 사랑하자 사랑은 하나님께 속한 것이니 사랑하는 자마다 하나님께로 나서 하나님을 알고 사랑하지 아니하는 자는 하나님을 알지 못하나니 이는 하나님은 사랑이심이라 하나님의 사랑이 우리에게 이렇게 나타난 바 되었으니 하나님이 자기의 독생자를 세상에 보내심은 저로 말미암아 우리를 살리려 하심이니라 사랑은 여기 있으니 우리가 하나님을 사랑한 것이 아니요 오직 하나님이 우리를 사랑하사 우리 죄를 위하여 화목제(和睦際)로 그 아들을 보내셨음이니라 사랑하는 자들아 하나님이 이같이 우리를 사랑하셨은즉 우리도 서로 사랑하는 것이 마땅하도다[313]

우리는 그 동안 구약의 율법과 계명이나 카톨릭의 교회론과 바울의 교회론만 이야기했지 복음서를 이해하려고는 노력하지 않았다. 예수 그리스도께서 친히 말씀하신 복음에 대해서는 깊이 생각하지 못했고 알지 못했다. 베드로와 바울만 중요시 했지 요한에 대해서는 생각하지 않았다. 주님으로부터 가장 사랑을 많이 받은 제자가 요한이다.[314]

예수 그리스도는 마가복음, 마태복음, 누가복음에서는 "하나님의 나라"의 비유에 대하여 말하고 있지만 요한은 비유를 말하기보다는 예수 그리스도 자신이 나는 생명의 떡, 세상의 빛, 양의 문, 선한 목자, 부활이요 생명이라, 길이요 진리요 생명이라, 포도나무라고 하신 것을 말한다. 교리나 신조를 말하기보다는 길과 진리요 생명이요 부활이라고 말한다. 또한 요한 일 · 이 · 삼서에서 빛과 어두움을 말하며, 세상을 사랑하는 것과 하나님을 사랑하는 것, 사랑과 미움에 관한 예수 그리스도의 교훈을 강조하고 있다.[315]

요한의 사랑은 예수 그리스도의 사랑과 맥락을 같이 하고 있다. 그런 주님이 복음을 말씀하시고, 하늘나라를 말씀하신 것은 나아가 "새 계명을 너희에게 주노니 서로 사랑하라 내가 너희를 사랑한 것 같이 너희도 서로 사랑하라 너희가 서로 사랑하면 이로써 모든 사람이 너희가 내 제자인 줄 알리라"[316] 하셨다. 이어서 주님은 "나의 계명을 가지고 지키는 자라야 나를 사랑하는 자니 나를 사랑하는 자는 내 아버지께 사랑을 받을 것이요 나도 그를 사랑하여 그에게 나를 나타내리라"[317] 하셨다. 그러면서 계명을 지키는 자에 대하여 다음과 같이 말씀하셨다.

> 내 계명은 곧 내가 너희를 사랑한 것같이 너희도 서로 사랑하라 하는 이것이니라 사람이 친구를 위하여 자기 목숨을 버리면 이에서 더 큰 사랑이 없나니 너희가 나의 명하는 대로 행하면 곧 나의 친구라 이제부터는 너희를 종이라 하지 아니하리니 종은 주인의 하는 것을 알지 못함이라 너희를 친구라 하였노니 내가 내 아버지께 들은 것을 다 너희에게 알게 하였음이니라 너희가 나를 택한 것이 아니요 내가 너희를 택하여 세웠나니 이는 너희로 가서 과실을 맺게 하고 또 너희 과실이 항상 있게 하여 내 이름으로 아버지께 무엇을 구하든지 다 받게 하려 함이니라 내가 이것을 너희에게 명함은 너희로 서로 사랑하게 하려 함이로라[318]

자신을 버리고 부인하고 도망한 베드로에게 세 번씩이나 "네가 이 사람들보다 나를 더 사랑하느냐"라고 물으셨다. 그리고 베드로는 "내가 주를 사랑하는 줄 주께서 아시나이다"라고 대답하자 주님은 "내 어린 양을 먹이라", "나를 따르라" 하셨던 것이다.[319] 주님은 이와 같이 "서로 사랑"을 말씀하셨고 친히 보여 주셨다.

1) 하나님 사랑

구약에서도 "하나님 사랑"은 말하고 있다. 그러나 예수 그리스도가 말씀하신 사랑은 첫째로 하나님께서 사랑하사 심판치 아니하시고 구원하시며, 영생케 하시고자 하시는 사랑이었다. 이는 하나님의 자녀로서의 사랑을 말씀하신 것이다. 바울이 말한 양자가 아닌 친자로서의 사랑인 것이다. 하나님은 모든 사람이 아버지라 부르며 믿고 따르고 사랑하기를 바라셨다. 예수 그리스도는 하나님과 인간과의 관계를 부자지간(父子之間)의 관계로 말씀하셨다. 그리고 아버지의 사랑의 역사에 아들인 예수 그리스도는 죽기까지 복종하셨다. 이 사랑을 믿고 예수 그리스도와 하나님을 사랑하는데 이르러야 한다.

그러나 우리는 율법으로, 교리적으로, 계명적으로, 관습과 권한으로 살려고 했다. 하나님의 사랑은 우주적이며 세계적이며 만인을 위한 것이다. 예수 그리스도는 자기를 위하여 살아가신 것이 아니라 온 세계 만민을 위하여 사랑을 선포하신 것이다.[320]

율법에도 하나님 사랑에 대한 인간의 모습을 "네 마음을 다하고 목숨을 다하고 뜻을 다하여 주 너희 하나님을 사랑하라"[321] 하였으나 먼저 하나님은 인간을 사랑하셨고 독생자 예수를 주셨음으로 한없는 사랑을 보여 주셨다. 이러한 사랑을 받은 우리는 "하나님을 사랑하는 삶"이 되어야 한다.

2) 이웃 사랑

하나님은 천지만물을 창조하신 때부터 인간을 사랑하시면서 인간이 하나님에 대한 사랑은 "마음을 다하고 목숨을 다하고 뜻을 다하는 것"이며, 하나님께 나아가 드리는 예배도 "신령과 진정"으로 하라고 하셨다.[322] 즉 하나님 사랑은 어디까지나 정신적이며 사상적이며 영적인 것이다. 그러나 인간은 성전에 나아가 제사를 드리고 회당에 모여 하나님의 뜻을 깨닫기만을 원하였다.[323]

예수 그리스도는 "하나님 사랑"만을 외치는 인간들에게 "네 이웃을 네 몸과 같이 사랑하라"고 하셨다.[324] 물론 예수 그리스도는 레위기 19:18을 인용하시면서 이 두 계명의 사랑을 율법과 선지자의 강령이라 하셨다.[325] 이것을 이해하지 못한 유대인이었다. 당시의 율법이나 선지자들은 하나님으로부터 의롭다함을 얻는 길은 인간들의 공의나 선행으로만 믿었다. 율법은 이렇게 선행의 실질적이었고 선지자들 또한 공의와

공적으로 보았다. 이런 일은 중세교회까지 계속되었다.[326]

그러나 공적으로 구원을 받을 수 있는 것이 아니다. 예수 그리스도도, 사도들도, 바울도, 개혁자들도 누구도 공적을 말하지 않았다. 하나님의 사랑하심과 의롭다 하심과 의인의 인정을 말씀하셨다. 그러나 죄 중에 있어 소극적이며 배타적인 인간들은 믿지를 않았다. 하나님을 사랑하지 못하고, 예수 그리스도를 사랑하지 못하는 인간의 자기 본능적인 것이다.

예수 그리스도가 말씀하신 "이웃 사랑"은 어떻게 이루어 나갈 것인가? 선교도, 복지도 사랑으로 이루어져야 한다. 사업이 아니다. 지상 명령으로 알고 그 안에 사랑으로 실천해야 하는 것이다.

예수 그리스도는 "너희가 서로 사랑하면 이로써 모든 사람이 너희가 내 제자인 줄 알리라" 하셨다.[327]

또한 예수 그리스도의 사랑하는 제자 요한은 말한다.

> 누구든지 하나님을 사랑하노라 하고 그 형제를 미워하면 이는 거짓말하는 자니 보는 바 그 형제를 사랑치 아니하는 자가 보지 못하는 바 하나님을 사랑할 수 없느니라 우리가 이 계명을 주께 받았나니 하나님을 사랑하는 자는 또한 그 형제를 사랑할지니라[328]

그러나 유대인들은 "하나님 사랑"이나 "이웃 사랑"을 입으로는 말하면서도 실천하지 못했으며 이웃에 대한 사랑은 더더욱 하지 못했다.

아브라함을 택하사 가나안 땅에 들어 올 때부터, 애굽에서의 종살이 때에도, 가나안 땅에 들어 와서도, 왕국 시대에도, 포로에서 귀환한 이후에도, 예수 그리스도가 이 땅에 오실 때에도 그들은 이웃을 사랑하지 못하고 질시하고 적대시하며 살아 왔던 것이다.

유대종교인들이나 율법주의자들은 하나님 사랑에서 이웃 사랑을 자기들 끼리끼리의 사랑으로 끝을 내었는데 이런 사랑은 세리나 창기들도 한다며 친분이나 이권이나 교제를 위한 사랑은 누구나 할 수 있다는 것이다. 유대인들은 하나님이 원하시는 더 큰 공동제적인 세계적인 우주적인 사랑을 하지 못했다. 그들은 독선에 빠지고 자신들만이 선민이라는 선민사상에 빠져 이웃을 사랑하거나 돌아 볼 줄 몰랐다. 이런 독선적인 그들에게 이웃 사랑을 말씀하신 것이며 바리새인들이나 제사장들이나 사두개인들이나 서기관들은 납득하지 못했다.[329]

유대인들은 "하나님 사랑"을 하며 자기들끼리의 "이웃 사랑"을 전 세계적인 사랑으로 이루기를 원했고, "하나님 사랑"과 같은 차원으로 행하기를 원했다. 그들은 이런 사랑을 몰랐으며 이루지 못했다. 이웃 사랑이 없으므로 공존하지 못하고 화목하지 못하는 그들은 평화를 이루기 위해서 "이웃 사랑"의 관문을 거쳐야 한다.[330]

예수 그리스도가 말씀하신 "이웃 사랑"은 "서로 사랑"을 말하는 것으로 "네 몸과 같이 사랑"하라는 것이다. 이웃을 자기 몸과 같이 사랑하는 공동체를 승화를 통하여 하나님 나라를 이루고, 아름다운 세상을 만드는 것이 하나님의 뜻인 것이다. 자신들만을 알고, 이웃의 구원과 영생을 위한 희생이 부족한 교회와 이웃에게 자기처럼 남도 사랑하라는 말씀인 것이다. 사랑의 공동체를 이루는 것이 복음이요, 복음화인 것이다.

예수 그리스도의 "이웃 사랑"의 복음이 오히려 교회에서 외면당해 왔다. 다 죽어도 자기만 살고, 우리만 살겠다는 교회와 교인들이 아닌가? 어리석은 구원관에서 벗어나야 한다. 온 인류의 구원이요 영생이지 종교 생활로 얻어지는 구원이 아닌 것이다.

세상은 변하고 있다. 인간의 욕심으로 자연이 파괴되고 온갖 재난으로 고통당하고 있으면서도 하나님의 자연 섭리에 감사하지 못하고 있다. 어떻게 하든지 자신만이 잘 살고, 장수하고, 복 받으면 끝나는 것으로 생각하는 어리석음 속에 자신을 가두고 있는 것이다. 인간의 욕심으로 자연이 파괴되어 지구의 멸망이 온다면 혼자 살아날 수 있는가? 산다고 해도 무슨 소용이 있는가? 이런 영생은 소용이 없는 것이다. 또한 하나님의 구원 역사도 아니다.

인류의 존폐는 "하나님 사랑"과 "서로 사랑"에 있다. 이것이 예수 그리스도의 복음인 것이다. 이런 공존과 공생의 복음이 교회와 개인의 가

슴에 와 닿아야 한다. 유대인들은 자기들의 복음 아래 열방이 무릎을 꿇고 자기들이 지배하기를 원했다. 그러나 예수 그리스도는 그런 유대인들을 책망하시면서 율법주의와 제사만으로는 구원이 없음을 말씀하신다.

예수 그리스도가 말씀하신 하나님 나라는 하나님을 사랑하고 하나님 나라의 복음을 믿고 하나님의 복음 운동을 하는 자들이 이루는 나라인 것이다. 이 나라에는 어떤 특권층도 없다. 직분을 받았다고 하나님 나라에 들어가는 것도 아니다. 세상으로부터 천시받고 무시당하던 창기와 세리도, 강도도, 문둥병자도, 혈루병을 앓던 여인도, 에이즈 환자도 상관없다. 그러나 율법에 얽매여 자신들만 거룩하다고 했던 종교 지도자들에게 예수 그리스도는 회개하지 않고는 구원이 없음을 말씀하셨다.[331]

예수 그리스도는 영생을 묻는 청년에게 율법에 무엇이라 기록되었으며 네가 어떻게 읽느냐는 질문에 "네 마음을 다하며 목숨을 다하며 힘을 다하며 뜻을 다하여 주 너의 하나님을 사랑하고 네 이웃을 네 몸과 같이 사랑하라"고 대답하면서 옳게 보이려고 '이웃이 누구인가'를 질문할 때 예수 그리스도는 이렇게 말씀하셨다.

> 어떤 사람이 예루살렘에서 여리고로 내려가다가 강도를 만나매 강도들이 그 옷을 벗기고 때려 거반 죽은 것을 버리고 갔더라 마침 한 제사장이 그 길로 내려가다가 그를 보고 피하여 지나가고 또 이와 같이 한 레위인도 그 곳에 이르러 그를 보고 피하여 지나가되 어떤 사마리아인은 여행하는 중 거기 이르러 그를 보고 불쌍히 여겨 가까이 가서 기름과 포도주를 그 상처에 붓고 싸매고 자기 짐승에 태워 주막으로 데리고 가서 돌보아 주고 이튿날에 데나리온 둘을 내어 주막 주인에게 주며 가로되 이 사람을 돌보아 주라 부비가 더 들면 내가 돌아올 때에 갚으리라 네 의견에는 이 세 사람 중에 누가 강도 만난 자의 이웃이 되겠느냐[332]

이 대답으로 "자비를 베푼 자니이다." 예수 그리스도께서 말씀하시기를 "가서 너도 이와 같이 하라" 하셨다.

예수 그리스도가 말씀하신 "이웃 사랑"으로 교회와 사회와 세계는 하나 되어야 하며, 자기 몸과 같이 이웃을 사랑하므로 평화와 공존의 역사가 이루어질 것을 말씀하셨다. 이제 우리 그리스도인들과 교회는 "서로 사랑"을 실천하여 아름다운 세상을 만들 책임이 있다.

3) 원수 사랑

율법과 선지자들의 대강령(大綱領) 첫째는 하나님 사랑이요, 둘째는 이웃 사랑이라고 했다. 여기에 예수 그리스도는 또 다른 사랑을 말씀하셨는데, 그것은 인간이 이루기에는 너무나 힘들 것 같은 "원수 사랑"이다. 예수 그리스도가 이 땅에 오신 이유와 이루고자 했던 사랑의 절정이 여기에 있는지도 모른다. 그래서 "하나님 사랑"과 "이웃 사랑"과 "원수 사랑"을 "사랑의 삼위일체"라고 부른다.[333]

예수 그리스도는 "원수를 사랑하라"[334] 하셨다. 그러나 바울은 "원수를 갚지 말고 진노하심에 맡기라"[335] 하였다. 이것은 전혀 다른 말이다. 또한 바울은 "원수 갚는 것이 내게 있으니 내가 갚으리라고 주께서 말씀하시니라"고 하였으나 예수 그리스도는 사람이 직접 원수를 사랑하지 않으면 안 되는 것을 말씀하셨다.

바울은 주님을 화해자의 자리에서 원수된 하나님과 인간의 사랑과 원수된 인간과 인간의 사랑을 위하여 오신 예수 그리스도를 증거하였다.[336] 하나님 사랑과 이웃 사랑도 중요하지만 더 심각한 인간들의 당면 과제는 서로가 원수시 하고 있는 문제이다. 정치, 경제, 사회, 종교 할 것 없이 경쟁자로 제거자로 생각하는 그릇된 사고가 자리잡고 있다. 이런 문제를 해결하지 않고서는 인류의 구원과 평화와 영생의 길은 어려운 것이다. 그러므로 예수 그리스도는 다음과 같이 말씀하셨다.

> 또 네 이웃을 사랑하고 네 원수를 미워하라 하였다는 것을 너희가 들었으나 나는 너희에게 이르노니 너희 원수를 사랑하며 너희를 핍박하는 자를 위하여 기도하라 이같이 한즉 하늘에 계신 너희 아버지의 아들이 되

예수 그리스도의 사랑학 개론

리니[337]

그러나 기독교와 교회에서 이 원수 사랑이 가장 잘 수행되지 않고 있다는 데 문제가 있다. 왜 그럴까? 고린도전서 13장에서 말하는 사랑의 역할 즉 사랑의 능력은 원수까지 사랑할 수 있는 것이 예수 그리스도의 복음이다. 이제는 기독교와 교회가 이 "원수 사랑"을 연구하고 정립하여 잘 시행해야 할 때이다. 타 종교와의 관계, 이웃과의 관계, 나아가 하나님과의 관계는 이 "원수 사랑"을 제대로 이행할 때 가능한 것이다.

서거한 로마 교황 요한 바오로 2세는 천주교와 교황의 지난 잘못을 사과하였다. 동방 정교와의 화해, 유대교와의 화해, 이슬람과의 화해, 팔레스타인과의 관계 회복, 갈릴레오 복권, 마녀 사냥의 잘못, 유태인 학살을 방조한 행위 등 용서와 화해로 모든 것을 풀자고 하였다.

기독교와 교회는 어떤 방식을 가지고 있는가? 아직도 타 종교와의 관계를 정립하지도 못했다. 적대시하고 원수시하고 질시하여 왔다. 기독교 내에서도 교파가 다르다고 질시하는 교회이다. 서로가 서로를 믿지 못하고 하나 되지 못한 교회가 어찌 "원수 사랑"을 이룰 수 있겠는가? 어찌보면 원수 사랑을 포기하거나 없어도 되는 줄 알고 시행조차 하지 않는 교회가 아닌가?

정치나 사회나 종교로는 원수를 맺고 나라와 민족은 원수 투성이로 모든 사람이 적대시하여도 원수를 사랑하라 하시는 예수 그리스도의 교회에서는 원수를 맺지 않아야 하는 것이 아닌가? 원수를 맺고 십자가에 못 박는 성전이나 회당 같은 종교집단의 교회가 아니라 "하나님 사랑"과 "이웃 사랑"과 "원수 사랑"의 복음을 정립하여 세워지는 교회가 되어야 하지 않는가? 자기만 구원받고 자기만 살고 자기만 축복받는 교회가 되어서는 안 된다.[338]

예수 그리스도는 원수를 사랑하라 하셨다.[339] 이런 사랑은 인내나 피한다고 되는 것이 아니다. 부딪쳐서 용서하거나 사랑하지 않으면 안 되는 것이다. 예수 그리스도는 용서에 대하여 일곱 번뿐 아니라 일흔 번씩 일곱 번이라도 하라 하셨다.[340] 이는 모세의 "눈은 눈으로 이는 이로"의 상호주의(相互主義)의 율법과는 전혀 다른 말씀이셨다. 예수 그리스도는 무한한 사랑과 용서의 호혜(互惠)의 복음을 말씀하셨다. 예수 그리스도는 상호주의의 인간관계나 민족관계나 국가관계나 국제관계를 말씀하시지 않았다. 이는 모세 이후 바울까지의 철칙이었으나 예수 그리스도는 모세나 바울로서는 추종할 수 없는 언급을 하신다.[341]

"원수 사랑"은 온 인류의 구원과 영생을 위한 종말적인 복음으로서 주신 지상(至上) 명령인 것이다. 그렇지 않고는 화해나 공존이나 공생이나 공영이 불가능한 것을 가르쳐 주셨다. 원수를 용서하고 사랑으로 풀어야 하는 것이 기독교인인 것이며, 원수를 맺지도 말아야 한다. 예수 그리스도는 마태복음 6장 15절에서 "너희가 사랑의 과실을 용서하지 아니하면 너희 아버지께서도 너희 과실을 용서하지 아니하시리라" 하셨다. 즉 용서하지 않고는 내가 사함받을 수 없다.

유대 종교나 율법주의에서는 원수를 사랑하지 못했다. 한국 교회가 신율법주의가 되어서는 안 된다. 형제를 원수 삼고, 교회가 교회를 대적하여서는 안 된다. 그러기 위해서 교회에서 원수를 맺지 않는 교육이 필요하다. 호전적인 삶의 방식에서 화해와 사랑으로 바뀌어야 한다.[342]

한국 교회는 행정이나 심방이나 설교나 축복 위주로 되어 있다. 예수 그리스도께서 말씀하신 "원수 사랑"을 이루기 위한 노력이 없다. 기도도 하고 교육도 하고 신앙의 재정립을 위한 운동도 하나 원수 사랑의 구체적인 사건이 없다. 사도신경을 외우고 주기도문을 외우면서도 용서와 관용과 사랑을 어떻게 수행하는지 모르는 교인이 되고 말았다.

또한 "원수 사랑"은 "하나님 사랑"과 "이웃 사랑" 밖에 하지 않는 구약과 신약에서 예수 그리스도가 말씀하신 복음 중의 복음이다. 그러나 기독교와 교회는 "원수 사랑"을 "하나님 사랑"이나 "이웃 사랑"의 중점으로 하지 않아 왔다. "원수 사랑"은 해도 되고 하지 않아도 되는 것으로 여겨졌고, 바울의 믿음이나 은혜나 영이나 소망을 말하였다. 그러나 사랑 없이는 예수 그리스도의 뜻을 이룰 수 없다.

사랑은 사람을 감화케 하며 사람을 변화시키는 힘을 가지고 있다. "원수 사랑"의 힘으로 예수 그리스도가 말씀하신 "뜻이 하늘에서 이룬 것같이 땅에서도 이루어지는" 하나님의 나라를 이루어야 한다.

제2절__바울과 예수의 복음

구약이나 신약은 역사적으로 사람들이 인정하는 성서의 2분법적인 사고였다. 성서는 신·구약 두 권이 아니라 개신교에서는 66권으로 정하였고, 로마 카톨릭에서는 88권으로 정하였다. 이를 구약과 신약으로 양분하였으나, 한국복음신학연구원 손병호 박사는 이를 구약과 복음과 신약으로 3분법으로 하였다. 그리고 복음이 구약과 신약의 "새 패러다임"(New Paradigm)과 "새 장르"(New Genre)라는 것이다.

구약이나 신약은 역사적으로 사람들이 하나님의 감동이나 성령의 영감을 받아 쓴 하나님의 영성(靈聲)의 말씀이라면 "예수 그리스도의 복음의 말씀"은 천사나 중보자나 선지자들을 거치지 않고 또 성령 이전에, 하나님이신 예수 그리스도가 직접 말씀하신 육성(肉聲)을 말한다. 예수 그리스도의 육성의 말씀은 직접적이며, 객관적인 말씀을 말한다. 하나님은 직접 말씀하시기 위하여 성육신하신 것이다.[343]

디모데후서 3:16을 보면 "모든 성경은 하나님의 감동으로 된 것"이라고 하였으나 이는 구약이나 신약을 말하는 것이지 "예수 그리스도의 복음"을 말하는 것이 아니다. 디모데후서에 언급된 성서는 당시 바울이 말하는 구약을 말하는 것일 뿐 복음서는 아니다. 아직 "예수 그리스도의 복음"은 나오지 않았던 때여서 바울이 이야기하는 성서는 구약성서를 말하는 것이다.

우리는 흔히 성서의 주제를 "예수 그리스도라"고 한다. 즉 구약은 오실 예수 그리스도에 관한 책이며, 신약은 오신 예수에 관한 책이라고 한다. 성경에서도 자기를 증거하는 것으로 언급하였다.

너희가 성경에서 영생을 얻는 줄 생각하고 성경을 상고하거니와 이 성경이 곧 내게 대하여 증거하는 것이로다. 그러나 너희가 영생을 얻기 위하여 내게 오기를 원하지 아니하는도다[344]

그러나 복음서는 예수 그리스도가 친히 하신 말씀을 기록한 책이다. 그러면서 "천지는 없어지겠으나 내 말은 없어지지 아니하리라" 하셨다.[345] 이는 "천지는 없어지겠으나 성경은 없어지지 아니하리라"는 말과는 전혀 다른 뜻이다.

구약은 예수 그리스도가 오시기 4백 여년 전에 유대왕국 중심으로 그들의 신앙과 역사를 기록한 책을 말한다. 신약은 예수를 그리스도로 믿은 바울이 구약대로 말하며 기독교와 교회를 세우며 쓴 서신을 말한다. 이는 복음서가 나오기 이전에 완료된 성서였다. 바울은 예언대로 오신 예수 그리스도를 말하였으나 실제로 성육신하시어 오신 "예수 그리스도의(of) 복음"을 말한 것이 아니라 "예수 그리스도에 대한(about) 복음"을 유대주의로, 영지주의로, 신비주의로 말한 것이다.[346] 나아가 바울은 이를 자기가 깨달은 "나의 복음"(My Gospel)으로 말하였다.[347]

바울은 예수 그리스도의 복음에 대하여는 말하지 않았다. "예수의 복음"(살후1:8)과 "그리스도의 복음"(고후2:12, 9:13, 빌1:27)과 "하나님의 복음"(롬1:1, 고후11:7, 살전2:2,8, 딤전1:11)을 말하였다.

1. "새 언약"과 "서로 사랑"

지금까지는 바울의 복음이나 그의 신학보다는 예수 그리스도가 말씀하신 복음이 곧 신약인 줄 알았거나 또는 둘을 합한 것을 신약으로 알았으나 실제의 신약은 바울이 말하는 "새 언약"과는 전혀 다른 내용이었다. 누가복음 22장에서 예수 그리스도가 하신 말씀은 "새 언약"이라기보다는 "언약" 자체를 말씀하셨다. 누가복음에서 "새 언약"이라는 말을 하였으나 요한복음은 "새 언약"이라 하지 않고 "새 계명"이라 하였다. 바울의 신약이나 새 언약과 예수의 언약이나 새 계명과는 구별을 하여야 한다.[348] 예수 그리스도는 구약대로 오셨으나 바울이 말한 "새 언약"은 말씀하시지 않았다.

신약이라는 말은 복음서가 나오기 이전에 바울이 언급한 것이다.

고린도전서에 언급한 "새 언약"을 보면

> 내가 너희에게 전한 것은 주께 받은 것이니 곧 주 예수께서 잡히시던 밤에 떡을 가지사 축사하시고 떼어 가라사대 이것은 너희를 위하는 내 몸이니 이것을 행하여 나를 기념하라 하시고 식후에 또한 이와 같이 잔을 가지시고 가라사대 이 잔은 내 피로 세운 '새 언약' 이니 이것을 행하여 마실 때마다 나를 기념하라 하셨으니 너희가 이 떡을 먹으며 이 잔을 마실 때마다 주의 죽으심을 오실 때까지 전하는 것이니라[349]

고린도후서에서의 "새 언약"을 보면

> 너희는 우리로 말미암아 나타난 그리스도의 편지니 이는 먹으로 쓴 것이 아니요 오직 살아 계신 하나님의 영으로 한 것이며 또 돌비에 쓴 것이 아니요 오직 육의 심비(心碑)에 한 것이라 우리가 그리스도로 말미암아 하나님을 향하여 이같은 확신이 있으니 우리가 무슨 일이든지 우리에게서 난 것 같이 생각하여 스스로 만족할 것이 아니니 우리의 만족은 오직 하나님께로서 났느니라 저가 또 우리로 '새 언약' 의 일군되기에 만족케 하셨으니 의문으로 하지 아니하고 오직 영으로 함이니 의문은 죽이는 것이요 영은 살리는 것임이니라[350]

에베소서에서의 "약속의 언약"을 보면

> 그 때에 너희는 그리스도 밖에 있었고 이스라엘 나라 밖의 사람이라 '약속의 언약' 들에 대하여 외인이요 세상에서 소망이 없고 하나님도 없는 자이더니 이제는 전에 멀리 있던 너희가 그리스도 예수 안에서 그리스도의 피로 가까워졌느니라[351]

이처럼 "새 언약"과 "약속의 언약"을 말하나 이는 구약과는 대조적인 신약의 "새 언약"을 말한다. 동시에 바울이 말한 신약은 예수 그리스도가 말씀하신 "새 계명"이나 "예수 그리스도의 복음"과는 전혀 다른 바울의 복음이나 바울의 신학을 말한다. 그러므로 바울의 신약이나 "새 언약"과 예수 그리스도의 "새 계명"과는 구별이 되어야 한다.

예수 그리스도는 바울이 말하는 "새 언약"을 말씀하시지 않았다. "예수 그리스도의 복음"은 바울이 말한 신약과는 전혀 다른 차원에서 오는 구원을 복음으로 말씀하셨다. 예수 그리스도는 구약에 예언한 대로 오셨다. 바울이 말한 신약대로 십자가를 지셨으나 예수의 복음은 구약이나 신약과는 전혀 다른 구원을 말한다. 이는 구약이나 신약을 보완한 것이 아니라 태초부터 말씀하시고 선지자들을 통하여 말씀하신 하나님의 구원과는 다르게 불가능한 종말적 현상에서 하나님이 친히 성육신하시어 오신 사건을 말하고 있다.

그러나 예수의 제자들이 복음서를 먼저 내지 못한 가운데 바울이 예수의 12제자보다 먼저 서신을 내고 교회를 세우면서 "새 언약"이라 하며 구약과 같은 성서를 내는 바람에 예수의 언약마저 구약과 신약에 종속되고 말았다.[352]

바울 서신이 나온 후, 이를 보고 가장 먼저 낸 마가복음서와 다음에 나온 마태복음서에서는 "새 언약"이라 하지 않고, "언약"이라 언급된 것을 보게 된다.[353] 여기서 말씀한 언약은 구약도 신약도 아닌 원래의 언약(言約)이나 본래의 언약(言約)이라는 것이다. 그리고 누가복음에서는 마가복음이나 마태복음과는 달리 바울처럼 주의 성찬 예전에서 "새 언약"이라 하였으나[354] 바울과는 달리 대속물로 오는 "새 언약"을 말하지 않았다. 그리고 누가복음서를 쓸 때도 누가는 바울과는 달리 목격(目擊)한대로 복음서를 쓰기로 하였다.[355]

요한복음은 4복음서의 결론이나 다름없다. 태초부터 하나님과 함께 계신 말씀(λογος)이 성육신하신 것을 말하나[356] 대속의 "새 언약"(New Covenant)으로 말하지 아니하고, "새 계명을 너희에게 주노니 너희는 서로 사랑하라. 내가 너희를 사랑한 것같이 너희도 서로 사랑하라" 하시며

"새 계명"(New Commandment)을 말씀하셨다.[357] 이 "새 계명"은 구약이나 신약은 물론 대속으로 오는 구원보다 "서로 사랑"으로 오는 인류와 세계와 우주의 영원한 구원의 길과 진리와 생명으로 오신 복음을 말씀하신다.[358]

2. 구속인가 구원인가?

하나님의 말씀이나 성서라는 말에는 성서의 모든 말씀이 다 포함되듯이 "하나님의 교회"에도 모든 교회가 다 포함되는 것이다. 그러나 "예수 그리스도의 교회"에는 구약이나 신약의 그 어떤 교회도 포함되지 않는, 예수가 말씀하거나 12사도들과의 3년 동안에 있었던 "예수 그리스도의 교회"만을 말한다. 그리고 "예수 그리스도의 교회"는 구약교회나 신약교회는 물론 모든 "하나님의 교회"의 원교회(元敎會)가 되고, 본교회(本敎會)가 된다.[359]

물론 예수 그리스도의 교회가 구약교회 보다 연대적으로는 후에 시작되었으나 예수의 교회가 모든 교회의 머리이며, "하나님의 교회"에서도 예수의 교회가 표준이며 기준이며 근본이라는 것이다. 이는 예수 그리스도가 곧 하나님이시며 그의 말씀이 태초부터 하나님과 함께 계셨기 때문이다.[360]

하나님의 교회나 구약교회나 신약교회의 구원의 공통점은 인간이 지은 죄 대신에 짐승들의 피(血)를 받고 이에 신이 인간의 죄를 속한다는 대속에 있다. 이는 하나님 신이 인간을 구원하시고자 하시는 "카할교회"의 구원이라기보다는 성전종교로 오는 제례적인 구속을 말한 것이다. 그러나 "카할교회"의 구원은 아담부터 시작된 인류 구원이 "서로 사랑"하는 하나님과 이웃을 사랑하며 원수를 사랑하는 데서 오는 구원을 말씀한 것이다.[361]

그러나 바울은 구약교회의 대속의 구원이 예수 그리스도의 피로 완료되었다 말하여 구약교회에서 무거운 짐진 자들을 해방시켰다. 즉 예수의 피가 그동안의 구속 종교의 모든 속죄(贖罪)를 완료한 것을 말한 것이다. 바울은 예수의 십자가에서 죽으신 그 피가 단 한 번으로 모든 죄를 끝내셨다(Once for All)는 것이다.

그러나 예수 그리스도가 말씀하신 구원은 대속, 구속(Redemption)을 말하는 것이 아니라 구원(Salvation)을 말씀한 것이다.[362]

"예수 그리스도의 교회"는 하나님의 교회나 유대교회나 성전종교에서 시작된 죄와 속죄가 필요없는 교회를 말한다. 예수 그리스도의 교회는 정죄나 죄로부터 오는 구원이나 하나님의 나라나 교회에서 시작하는 것이 아니기 때문이다. 예수 그리스도의 복음이나 구원이나 교회나 하나님의 나라는 "나도 정죄하지 아니한다"는 데서 시작한 것이기 때문에 죄의 유무나 여부나 경중과는 상관이 없다.

속죄를 필요로 하는 교회는 유대교이며 바울교회이지 "예수 그리스도의 교회"가 아니다. 우리는 처음부터 "예수 그리스도의 교회"나 "예수 그리스도의 복음"으로 시작하였기 때문에 구약으로나 유대교나 바울교회로 되돌아 갈 필요가 없으며 거기서 머물거나 거할 필요가 없다.[363]

그러나 기독교와 교회에서는 구속(救贖, Redemption)과 구원(救援, Salvation)을 동일한 것으로 여겼다. 구속은 제사를 통하여 대속물로 인하여 죄사함의 속죄를 말하는 것이지만 구원은 사람이 처한 곤경과 역경과 시련과 환난과 장애와 과오 등에서 구출되는 것을 말한다.[364]

예수 그리스도의 구원은 바울이 말하는 정사(政事)나 권세나 상전이나 주인이나 교회가 지배하여 예수 그리스도에게 종노릇하고 그의 발 앞에 무릎을 꿇는 구원이 아니다. 예수 그리스도는 모든 사람들이 언제 어디서나 무엇을 하든 어떤 신분이나 직위나 부귀나 재산이나 두뇌나 재능이나 조건에 상관없이 일상생활에서 "서로 사랑"하므로 용서하고 화해하고 공존하며 상생(相生)하는 구원을 말씀하셨다. 예수 그리스도는 하나님이 우리에게 죄지은 자를 사하여 준 것같이 우리의 죄를 사하여 주시는 자구적이며 자율적인 구원[365]을 말씀하셨다.[366]

이는 구속과는 다른 말씀이며, 제사나 대속이나 제례를 통하여 오는 구원과도 전혀 다른 구원이다. 이는 영적으로나 성령으로 오는 구원과도 다른 구원이다. 예수 그리스도는 "누가 강도 만난 자의 이웃인가?"를 물으셨으며, "자비를 베푼 자라" 하였을 때 "너희도 이와 같이 하라" 하셨다.[367] 이런 것이 바로 구속이 아닌 구원인 것이다. 그리고 "네가 땅에서 무엇이든지 매면 하늘에서도 매일 것이요 네가 땅에서 무엇이든지 풀면 하늘에서도 풀리리라"[368] 하셨다. 그리고 "너희가 뉘 죄든지 사하면 사하여 질 것이요 뉘 죄든지 그대로 두면 그대로 있으리라"[369] 하셨다. 이는 하나님이 구원을 주시는 것이 아니라, 사람들에게로 구원의 대권을 넘기신 것이다. 사람들이 스스로 해내거나 이루어내는 구원을 말씀하신 것이다.

예수 그리스도는 사람의 영과 육의 구원을 분리하지 않았다. 그러나 바울은 육의 구원이나 왕국적인 구원이나 땅에서 이루어지는 구원을 외면하고 종교적으로나 영적으로, 신비적으로 오는 구원을 말하며 육을 죄스러운 것으로 하며 영혼 구원에 종속을 시켰다.[370]

바울이 이런 구원을 말할 수밖에 없었던 것은 메시야를 통한 유대인들의 왕국적인 구원이 사실상 불가능한 것을 안 다음이며, 그리스도도 다윗과 같이 오신 것이 아니라 "고난 받는 종"으로 오신 것을 깨달은 다음이었다. 그러나 수천 년 동안 죄 사함을 받는 구속(Redemption)에 있는 유대종교의 바울은 예수의 고난과 십자가가 둘도 없는 구원의 실마리이며 절호의 근거였다. 그것을 깨달은 바울은 만세전부터 신이 말한 구원이 자신에게 예정된 일이라 하였다. 바울은 예수의 십자가의 피가 유대인들이 그동안 짐승을 잡아서 드리는 제사의 최종적인 피라는 대속론을 펴며 종료가 되었다고 말한다.

그러나 예수의 구원은 피로 오는 제사적 구원이나 종교적인 구원이 아니다. 예수 그리스도는 처음부터 복음으로 오는 구원을 말씀하셨다. 예수 그리스도의 복음은 종교적으로 오는 구속을 말씀하지 않았다. 예수 그리스도는 인간들의 일상적인 삶과 정치와 종교와 사회가 함께하고 죄나 악이나 시험에서 떠나고 나오는 구원(Salvation)을 말씀하셨다. 그리스도라는 말은 종교적인 구원자만 말하지 않으며, 정치적으로, 사회적으로 동시에 오는 구원까지 포함하는 구원자를 말한다.[371]

바울은 예수 그리스도가 오신 것을 유대교의 대속 종교의 완성으로 귀결하였다. 그리고 영지주의를 곁들여 재림과 심판을 하고 휴거하여 공중에서 주와 함께 산다는 구원이었다. 이는 구약의 국가적이거나 사회적인 구원과는 전혀 다른 구원이었다. 왕국의 회복을 바라는 유대인들로서는 결코 받아들일 수가 없는 신화적인 구원이었다. 유대인들은 예부터 구원관이 지상천국(地上天國)이었다. 그들에게는 내세가 아닌 왕국적인 구원이었다.

그러나 바울의 구속은 지상천국이나 제사종교의 완료보다는 공중으로 들려 올라가 주와 함께 영원히 사는 내세의 천당과 같은 구원을 말하므로 영과 육을 제대로 구분치 못하는 신앙인들에게 적지 않은 혼란을 주었으며, 구약의 연장선상에서 구속과 구원을 받는 것으로 알게 했다.

그러나 예수 그리스도의 구원은 영혼의 구원이라거나 믿음으로 오는 구원이라기보다는 실제와 일상생활에서 오는 구원이다. 굶주린 자에게 먹을 것을 주어야 하고, 물에 빠진 자를 건져 내어야 하며, 죄 가운데 있는 자를 돌보아야 하며, 역경과 시련에 있는 자들에게 희망을 주어야 하며, 미운 자와 싸우지 않아야 하고, 적도 죽이지 않아야 하며, 훔치지 않아야 하고, 테러와 복수도 하지 말아야 하며, 역경과 시련과 핍박을 전가하지 않아야 하며, 따르는 고난을 감수하여야 하는 삶을 말씀하신다. 이는 법적이거나 종교적인 구원의 여건을 말씀한 것이 아니라 "서로 사랑"하는 사람들의 삶을 말씀하신다.

이스라엘이나 유다는 정치적으로나 종교적으로나 사회적으로 오는 하나님의 나라의 구원을 바라며, 그들의 구원은 언제나 자기 민족적이거나 국가적인 구원에 국한하였다. 예수 그리스도는 그들의 왕국적이며 종교적이며 사회적인 구원을 말씀하신 것이 아니라 온 인류와 전 세계와 우주에서 "서로 사랑"하므로 오는 구원을 말씀하셨다. 이를 바울이 다시 구약적인 구원을 환원하여 정치나 사회의 구원은 잠재하고 종교적으로나 신비적으로 오는 구속으로 되돌아가게 하는 것이었다.

3. 바울의 나의 복음 그리고 예수 그리스도의 복음

바울은 예수 그리스도와 직접 대면한 적이 없다. 시간과 공간의 거리감을 갖고 있다. 그런 바울이 말한 "나의 복음"[372]이 "예수 그리스도의 복음"과 같을 수는 없다. 바울은 "예수 그리스도의 복음"을 수집하여 하나 하나 들어서 전하거나 설명하거나 기록하여 준 예수 그리스도의 사도였다면 다르다. 그러나 바울은 아라비아에 가서 자기 스스로 연구하고 "나의 복음"으로 정립했을 뿐이다.

바울의 복음은 예수 그리스도에 대한 "케리그마"($\kappa\eta\rho\upsilon\gamma\mu\alpha$, Message)를 말하며,[373] 예수 그리스도의 복음은 예수가 친히 하신 말씀인 "유앙게리온"($\epsilon\upsilon\alpha\gamma\gamma\epsilon\lambda\iota\upsilon\nu$, Gospel)을 말한다.[374][375]

바울은 예수 그리스도의 복음과는 전혀 다른 "나의 복음"론을 말하였다. "예수 그리스도의 복음"이라는 말은 한번도 언급없이 "예수의 복음"[376]과 "그리스도의 복음"[377]과 "하나님의 복음"[378]을 말하였다. 바울이 말한 하나님의 복음은 매우 일반적인 복음을 말하는 것이다. 마치 하나님의 말씀과 같은 언급이다. 하나님의 말씀은 신약성서나 구약성서나 율법서, 선지서, 시문서, 복음서, 행적이나 서신이나 계시록 등을 다 통틀어서 다 말하는 것이다. 하나님의 복음도 마찬가지로 성서 안에 들어 있으면 다 하나님의 복음이 되는 것을 말한다. 그러나 "예수 그리스도의 복음"은 예수 그리스도가 말씀하신 복음의 말씀만을 말한다.[379]

예수 그리스도의 말씀은 예수 그리스도만이 직접 하신 말씀이다. 그런데 바울에게서는 이런 구별이 전혀 없다. 바울이 비록 "예수의 복음"이나 "그리스도의 복음"을 말하였어도 그것은 어디까지나 자기가 말하는 "나의 복음"이나 "하나님의 복음"이었지 "예수 그리스도의 복음"은 아니었다.

복음($\epsilon\upsilon\alpha\gamma\gamma\epsilon\lambda\iota\upsilon\nu$)이라는 말은 "좋은 소식"(Good News)이나 "좋은 기

별"(Good Tidings)을 말한다. 이를 우리나라에서는 "복된 소리"나 "복된 음성"으로 말하나 복(福)과는 거리가 먼 말이다.[380]

바울이 말한 복음은 구약에서 오신다는 메시야가 오셨는데, 말씀하신 복음과는 상관없이, 십자가를 지시고 대속 제물로 죽으셨으며 그 피의 은혜를 믿음으로 의롭다 하심을 얻는 구원을 말하며 승천하시어 하나님 우편에 앉아 계시다가 그곳에서 재림하시어 심판하시고 죽은 자가 살아나고 산 자도 공중으로 들려 올라가 우리가 항상 주와 함께 한다는 교리를 복음으로 하고 있다.

그러나 예수가 말씀하신 복음은 바울이 말한 복음과는 달리, 십자가를 지시기 이전부터 친히 말씀하신 복음대로 사람들이 스스로 땅에서 "서로 사랑"하고 용서하므로 함께 이루어내는 구원의 길과 진리와 생명으로 오는 구원을 말씀하신다.[381]

그럼에도 바울이 1차 선교 여행을 마치고 쓴 갈라디아서에서는 다른 복음을 저주한다. 자신의 사도론이 예수 그리스도가 아닌 하나님 아버지로부터 직접 받은 것으로 말하였다.[382] 하나님의 사도된 바울이 다른 복음을 저주하고 있는 것이다.

> 그리스도의 은혜로 너희를 부르신 이를 이같이 속히 떠나 다른 복음을 좇는 것을 내가 이상히 여기노라. 다른 복음은 없나니 다만 어떤 사람들이 너희를 요란케 하여 그리스도의 복음을 변하려 함이라 그러나 우리나 혹 하늘로부터 온 천사라도 우리가 너희에게 전한 복음 외에 다른 복음을 전하면 저주를 받을지어다 우리가 전에 말하였거니와 내가 지금 다시 말하노니 만일 누구든지 너희의 받은 것 외에 다른 복음을 전하면 저주를 받을지어다[383]

바울이 예수 그리스도의 복음의 말씀을 직접 듣거나 계시를 받았다면 4복음서나 도마복음서에서처럼 예수 그리스도가 말씀하신 복음을 설명하거나 해석하거나 설교나 강해했어야 한다. 그럼에도 자신을 사도라고 하면서 "예수 그리스도의 복음"은 말하지 않고 "하나님의 복음"을 말하

였으며,[384] "예수 그리스도의 교회"는 말하지 않고 "하나님의 교회"만 말한 바울이었다.[385]

바울은 자기가 스스로 깨달은 십자가의 피와 대속, 은혜와 부활, 승천과 재림과 심판을 말하며, 이에 대비한 믿음과 소망을 말하였다. 이를 로마서에서는 애천애인보다 믿음으로 오는 "이신득의"의 구원을 말하고 있다.[386] 또한 자신의 말이 진실이며, 바울의 복음이 아닌 다른 복음을 믿으면 저주가 임한다는 바울이었다. 바울은 예수 그리스도로 말미암아 사람들의 은밀한 것을 심판한다는 언급을 하였다. 더군다나 율법주의나 유다주의에게 쉽게 벗어나지 못했다. 제자들과의 관계 형성도 하지 못하였다. 그들을 멸시하고 천대하며 상종하지 않았던 바울은 예수 그리스도의 "서로 사랑"을 몰랐다.

바울은 하박국 선지자가 말한 "오직 의인은 믿음으로 말미암아 살리라"(합2:4) 한 언급을 따르며 "십자가의 대속의 은혜를 믿음으로 오는 구원"(엡2:8)을 말하였다. 대속의 은혜로 오는 구원은 예수 그리스도나 12사도들이 말하는 예수 그리스도의 복음이 아니다. 예수 그리스도는 믿음이나 은혜로 오는 구원보다 하나님을 사랑하고, 이웃을 사랑하고, 원수까지 사랑하는 "서로 사랑"으로 오는 애천애인(愛天愛人)의 구원을 말씀하셨다. 물론 "네 믿음이 너를 구원하였다"라고 하셨으나 이는 바울이 말한 믿음과는 다른 믿음이다.

Stephen Mitchell은 예수 그리스도를 직접 만나지 못한 바울은 다른 사도들보다 예수 그리스도를 가장 잘못 안내한 사람이라고 한다. 그 중 거로 고린도후서 5:16에 육적인 그리스도를 알지 않아도 된다는 것과 갈라디아서 1:11에서는 자기가 받은 복음이 그리스도에게서라 하면서 예수 그리스도의 복음과 상치되는 "자기 복음"(My Evangelism)을 가르치고 전한 것을 지적하였다. 12사도는 바울의 사도성을 인정치 않았고 예수 그리스도의 말씀과 다르다는 것을 지적하였다.[387]

예수 그리스도는 자기 이후에 보혜사를 말씀하셨으나 어떤 계시나 비밀이나 경륜이 계속되거나 새로 나온다는 언급을 하신 적이 없다. 예수 그리스도는 그동안 말씀하시던 복음을 다 말씀하시고 운명하셨다. 이를 요한복음에서 "다 이루었다"(다 마치었다, It is finished)고 하셨다.[388] 이는 "서로 사랑"으로 다 이루어졌음을 말씀하신 것이다.

4. 종말적 재림론과 "서로사랑"

바울의 재림과 심판은 예수의 초림의 실패를 전제한 것이다. 물론 초림의 연장선상에서 오는 재림을 말하였으나 무엇 때문에 초림이 있었는지는 분명치 않는 바울이었다. 물론 바울은 십자가를 지시기 위하여 오신 예수의 초림이었다. 이런 초림에 예수의 육성의 복음은 단 한 두 마디밖에 언급치 못한 바울이었다. 복음서를 전제한 바울의 신학이나 서신은 아니었다. 그리고 바울은 초림이나 복음이 아닌 재림을 예수 그리스도의 목적이나 하나님의 목적으로 하였다. 재림하기 위하여 초림하였고 십자가를 지신 그리스도였다.[389]

바울은 자신있게 재림은 하나님의 진노가 동반되는 것이라고 한다. 물론 이런 재림은 예수로부터 직접 들은 것이 아니었다. 하나님의 계시와 환상과 깨달음과 예정으로 믿었다. 하지만 이런 바울의 신앙은 오늘까지도 빗나간 상태에 있다. 그러므로 바울에게는 "예수 그리스도의 복음"의 말씀은 안중에 없었던 것이다. 구약대로 말하며, 영지주의로 말하며, 하나님의 예정을 깨닫고, 신비의 비밀을 성령으로 알게 되었다는 바울이었다.[390]

바울이 말하는 예수의 부활이나 승천이나 재림이나 심판은 12사도들 쪽에서는 주후 90년대에도 허탄한 것으로 여겼다.[391] 100년대에 기록된 요한복음에서도 그 무덤은 여전히 빈 무덤이었다.

안식 후 첫날 이른 아침 아직 어두울 때에 막달라 마리아가 무덤에 와서 돌이 무덤에서 옮겨 간 것을 보고 시몬 베드로와 예수의 사랑하시던 그 다른 제자에게 달려가서 말하되 사람이 주를 무덤에서 가져다가 어디 두

없는지 우리가 알지 못하겠다 하니 베드로와 그 다른 제자가 나가서 무덤
으로 갈새 둘이 같이 달음질하더니 그 다른 제자가 베드로보다 더 빨리
달아나서 먼저 무덤에 이르러 구푸려 세마포 놓인 것을 보았으나 들어가
지는 아니하였더니 시몬 베드로도 따라와서 무덤에 들어가 보니 세마포
가 놓였고 또 머리를 쌌던 수건은 세마포와 함께 놓이지 않고 딴 곳에 개
켜있더라 그 때에야 무덤에 먼저 왔던 그 다른 제자도 들어가 보고 믿더
라 (저희는 성경에 그가 죽은 자 가운데서 다시 살아나야 하리라 하신 말
씀을 아직 알지 못하더라) 이에 두 제자가 자기 집으로 돌아가니라[392]

12사도들은 아무도 부활하는 순간에는 예수를 만나지 못하였다. 요한
복음 20:11이 말하는 것에 마가복음을 추가해 본다.

예수께서 안식 후 첫날 이른 아침에 살아나신 후 전에 일곱 귀신을 쫓아
내어 주신 막달라 마리아에게 먼저 보이시니 마리아가 가서 예수와 함께
하던 사람들의 슬퍼하며 울고 있는 중에 이 일을 고하매 그들은 예수의
살으셨다는 것과 마리아에게 보이셨다는 것을 듣고도 믿지 아니하니
라.[393]

막달라 마리아가 주님을 만나게 되나, 베드로는 여전히 예수 그리스
도를 만나지 못한 것으로 언급되고 있다. 그리고 요한복음 21장에 가서
야 베드로가 주님을 만나게 되나 승천이나 재림은 전혀 말하지 않았다.
마태복음과 마가복음과 누가복음은 예수 그리스도의 사도들이 직접 보
고 듣고 확인하고 증거한 부활은 단 한 마디도 말하지 아니하였다. 요
한복음에 가서는 부활의 증거보다는 증명하는 언급들이 첨가되었을 뿐
이다.[394]

예수가 부활하신 지 얼마나 되었길래, 바울은 도적같이 오는 임박한
재림과 심판을 말하였는가?[395] 예수 그리스도의 복음을 직접 듣지 못한
바울은 구약대로 오는 초림의 그리스도에다 임박한 재림을 말한다.

사랑과 용서를 말하며 죽기까지 하신 예수 그리스도를 재림으로 몰
고, 천군천사와 천사장과 하나님의 나팔로 재림과 심판으로 말한 것은

조급증과 자기과시, 자기변명으로 자기를 입증하고자 하는 데서 온 선정과 광고나 다름이 없었다.

예수 그리스도는 하나님의 나라가 하늘에서 떨어지거나 땅에서 솟아나는 것이 아니라 땅에서 이루어지는 것을 말씀하며, "볼 수 있게 임하는 것이 아니요 또 여기 있다 저기 있다고도 못하리니 하나님의 나라는 너희 안에 있느니라"[396] 하였으며, "그러나 그 날과 그 때는 아무도 모르나니 하늘의 천사들도 아들도 모르고 오직 아버지만 아시느니라"[397] 하였다. 그러나 바울을 중심한 신앙인들은 이런 예수의 말에는 관심도 없이 오늘도 재림과 심판을 기다리며, 마치 공중에서 주와 함께 영원히 사는 것을 따놓거나 예약이라도 된 것으로 착각을 하는 것이다.[398]

바울의 재림과 심판의 근거는 예수의 말씀이 아니라 구약에서 유추하고 근거한 것이다. 구약에는 대량학살이나 살육이나 도륙이나 진멸은 당연한 것이었고, 노아의 홍수 때나 홍해에서나 미디안 광야에서나 아말렉에서나 블레셋이나 모압이나 암몬과의 전투에서 이미 있었던 일이었다. 그리고 수리아와 바벨론과 파사와 헬라와 로마에서 늘 있었던 일이었다. 그러나 예수 그리스도는 그런 신이나 심판은 일언반구도 하지 않았다. 그런 것은 다 사람들이 일으킨 것이며, 이를 풀지 않고는 하나님의 나라는 영영 불가능할 것을 말씀하신 것이다. 그러나 바울은 십자가의 대속의 은혜를 믿으면, 영원한 형벌에서 휴거로 들려 올라가 공중에서 주와 함께 영원히 산다는 황홀하고도 신비한 구원[399]을 말하였다.[400]

바울에게는 태초부터 계시던 하나님의 말씀의 성육신이나, 성령의 잉태나 동정녀 탄생이나 하나님의 임마누엘로 오시는 그리스도가 없었으며, 비유로 말씀하시며 모든 인류가 스스로 구원되는 길과 진리와 생명의 말씀이 전혀 없었다. 그리고 세상을 사랑하시되 죽기까지 사랑하시며, 복음을 말씀하신 예수가 없었다. 그러니까 다니엘서나 에스겔서나 세례 요한이 말한 대로의 그리스도를 말할 그 이외의 다른 자료나 확신이 없는 바울이었다. 그는 예수에게서 서로 사랑으로 오는 하나님의 나라를 배운 바가 없는 유대인이었다.[401]

바울이 서신을 낼 때까지는 그 어떤 복음서도 나오지 않았고, 예수 그리스도의 복음이 이렇다 하게 문자화나 보편화가 되지 않았다. 그는 12사도로부터 예수 그리스도의 복음을 배우거나 이해를 하고자 하지 않았다. 바울은 영지주의자로서 육적인 예수의 육성의 말씀은 하등에 필요가 없는 것으로 여겼다. 그는 다만 십자가와 영적 대속의 은혜를 믿기만 하면 구원된다는 확신뿐이었다. 바울에게는 예수 그리스도의 복음으로 오는 멸망치 않고 영생하는 구원이 없었다. 바울에게는 우리와 세상 끝날까지 함께 하는 예수 그리스도와 그의 복음의 말씀이 없었다.[402]

바울에게는 갈릴리나 예루살렘이나 나사렛에서 말씀하시며, 이방 지역이나 사마리아 지역에서 말씀한 예수의 복음은 전혀 없었다. 바울은 결과만 이야기하면 되었다. 재림과 심판만 맞으면 되는 것이었다. 그의 본분과 사명은 바로 이런 것이라는 확신에 있었다.

이런 바울의 서신들을 본 12사도들이나 복음서 기자들은 복음서를 내지 않을 수 없었다. 그러나 강하게 저주하는 바울 때문에 바울이 죽고 난 지 5,6년이 지난 다음에야 복음서를 낼 수 있었다. 맨 나중에 나온 요한복음서에서는 "사람이 내 말을 듣고 지키지 아니할지라도 내가 저를 심판하지 아니하노라 내가 온 것은 세상을 심판하려 함이 아니요 세상을 구원하려 함이로라 나를 저버리고 내 말을 받지 아니하는 자를 심판할 이가 있으니 곧 나의 한 그 말이 마지막 날에 저를 심판하리라"[403] 하였다. 이는 "하나님을 모르고 예수 그리스도의 복음을 복종하지 않는 자에게는… 영원한 형벌을 주신다"[404]는 바울의 말과는 전적으로 상반되는 말씀이다. 바울이 하나님을 모르고 예수 그리스도의 복음을 복종하지 않는 자들에게 영원한 형벌을 주기 위하여 재림을 하고 심판을 한다는 주장은 예수의 계시나 영감이나 감동이나 감화가 아니라, 전적으로 자기의 주관적(主觀的)인 신앙에 입각한 것일 뿐이었다.[405]

예수 그리스도에 대한 신앙이나 신학은 예수 그리스도의 말씀이나 복음을 근거하지 않으면 안 되는 것인데도 불구하고 바울은 구약이나 영지주의 차원에서 믿은 자기 신앙을 중심한 것이다.

297) 살후1:8

298) 고후2:12, 9:12, 빌1:27, 살전3:2

299) 롬1:1, 고후11:7, 살전2:2, 딤전1:11

300) 막1:14

301) 손병호, 복음과 신약, p. 91

302) 롬12:19-21

303) 손병호, op.cit., p. 191

304) 마5:43, 눅6:27

305) 손병호, op.cit., p. 192

306) 마5:38-42

307) 마18:21-22

308) 손병호, op.cit., p. 193

309) Paul Tillich, The Protestant Era, trans. by James Wther Adams (The University of Chicago), p. 160. 손병호, 복음신학 원론, p. 440. 재인용

310) 손병호, 복음신학 원론, p. 441

311) 손병호, op.cit., p. 441

312) 약 2:17

313) 요일 4:7-11

314) 요21:20, 21:2

315) Margaret, Pazdan, The Son of Man (The Liturgisal Press, 1991). p. 77

316) 요13:34, 35

317) 요14:21

318) 요15:12-17

319) 요21:15-19

320) 손병호, 복음신학 원론, p. 444

321) 신 6:5

322) 요4:24

323) 손병호, op.cit., p. 445

324) 마22:39

325) 마22:40

326) 손병호, op.cit., pp. 446-447

327) 요13:35

328) 요일 4:20-21

329) 손병호, op.cit., p. 447

330) Ibid., p. 447

331) 손병호, op.cit., p. 450

332) 눅10:30-36

333) 손병호, op.cit., p. 451

334) 마5:43, 눅6:27

335) 롬12:17-19

336) 엡2:13-19

337) 마5:43-45

338) 손병호, op.cit., p. 453

339) 마5:43, 눅6:27

340) 마18:21-22

341) 손병호, op.cit., 192

342) 손병호, op.cit., p. 454

343) 손병호, 복음과 신약, p. 23

344) 요5:39

345) 마24:35, 막13:31, 눅21:32

346) 손병호, op.cit., p. 26

347) 롬2:16, 16:25, 딤후2:8

348) 손병호, op.cit., p. 27.

349) 고전11:23-26

350) 고후3:3-6

351) 엡 2:12-13

352) 손병호, op.cit., p. 27

353) 막14:24, 마26:28

354) 눅 22:20

355) 눅 1:1-2

356) 요1:1-4

357) 요13:34

358) 요14:6

359) 손병호, 복음과 구약, p. 440

360) 요1:1

361) 손병호, op.cit., pp. 440-441

362) 손병호. op.cit., p. 441

363) Ibid., p. 442

364) 손병호, 복음과 신약, p. 55

365) 마6:12

366) 손병호, op.cit., p. 56

367) 눅 10:36-37

368) 마16:19

369) 요20:23

370) 손병호, 복음과 구약, p. 165

371) 손병호, 복음과 구약, p. 166

372) 롬2:16, 16:25, 딤후2:8

373) 고전1:21, 2:4

374) 막1:1

375) 손병호, 복음과 신약, p.46

376) 살후1:8

377) 고후2:12, 9:13, 빌 1:27

378) 롬1:1, 고후11:7, 살전2:2,8, 딤전1:11

379) 손병호, op.cit., pp. 47-48

380) 손병호, op.cit., p. 48

381) Ibid., p. 49

382) 갈1:1

383) 갈1:6-9

384) 롬1:1

385) 고전1:1

386) 16세기 독일인 개혁자 루터(Luther)는 제국적이며 율법적인 로마카톨릭 교회에 항거하며, 바울과 하박국과 아브라함으로 돌아간 믿음으로 오는 "이신득의"를 주장하였다

387) 최상열, op.cit., p. 149

388) 요19:30

389) 손병호, 복음과 구약, p. 136

390) 엡 3:1-6

391) 눅 24:11

392) 요20:1-10

393) 막16:9-11

394) 손병호, op.cit., p.137

395) 갈5:2, 고전6:8,26

396) 눅 17:20-21

397) 마24:36

398) 손병호, 복음과 구약, p. 138

399) 살전4:17

400) 손병호, op.cit., p. 138

401) Ibid., p. 139

402) A.N. Willson, Jesus: A Life(Fawsett, 1992), p. 76.

403) 요12:47-48

404) 살후1:8-9

405) 손병호, 복음과 구약, pp. 139-140.

제4장
"서로사랑"의 예수 그리스도의 복음

복음서는 신구약과는 달리 예수 그리스도께서 친히 말씀하신 예수 그리스도의 어록이다. 그러나 기독교와 교회는 예수 그리스도의 말씀보다 바울의 "나의 복음"에 있었다. 신약의 바울 서신 2,042절 가운데 '주께서 말씀하셨다'는 말이 3절이 나오지만, 복음서 3,170절 가운데 어느 곳에도 그런 말이 나오지 않는다. 이것은 바울이 예수 그리스도의 복음에 대하여 몰랐다는 것이다. 나아가 바울의 40년은 예수 그리스도와 그의 복음과는 직접적으로는 아무런 상관이 없는 시기였다. 말하자면 바울은 그리스도로부터 직접 부름을 받은 12사도와는 달리 예수를 직접 본 적이 없었으며 만난 적이 없었다. 그리고 베드로나 12사도로부터 예수 그리스도의 복음을 받거나 배우거나 얻은 적이 없었다. 그리고 무덤을 찾아간 여자 제자들이나 갈릴리 지역의 사람들로부터 예수의 복음을 수집한 적도 없는 다만 영적으로 체험한 것과 구약대로와 영지주의, 신비주의로 예수 그리스도에 대한 복음을 말하였는데 이것이 마치 12사도들이나 복음서 기자들이 말하는 예수의 복음과 동일한 것으로 40여 년 동안 오인(誤認)을 한 초기 기독교와 교회였다.[406]

바울이 쓴 초기 서신 중 재림과 심판을 말하는 데살로니가전서와 후서였다. 그러나 이는 예수 그리스도의 복음을 전하거나 증거하는 것이 아니라 장사한 지 사흘 만에 죽은 자 가운데서 다시 사신 그리스도가 하늘에 오르사 전능하신 하나님 우편에 앉아 계시다가 저리로서 산 자와 죽은 자를 심판하신다는 말로 유대교-기독교인들(Jewish- Christians)을 현혹한 것이다.

이런 가운데 예수 그리스도의 12제자들이나 복음서 기자들이 복음서를 내지 않을 수 없었으나 그들에게는 글을 쓸 만한 사도가 없었으며 반박할 논리를 세워 바울에 대항할 사람이 없었다. 복음서는 바울이 죽고 6, 7년이 지나서 나오기 시작한 것이다. 복음서 없이 예수 그리스도의 재림을 기다리고 있던 초기 기독교와 교회에 "예수 그리스도 복음의 시작"이라는 마가복음서가 나오게 된 것이다.

현재 기독교와 교회는 예수 그리스도에 의해 시작된 것인데 돌연 바울이 나타나 구약과 접목한 바울의 기독교와 교회를 만들어 버린 것이다. 이런 바울이 구원 신학과 성서 신학의 축을 이루어 왔다는 것은 잘못된 일이다. 이는 기독교와 교회의 성경인 구약과 신약의 경전(經典) 자체가 그런 차원에서 기록이 되어 있고 보유가 되어서 명을 내리고 추진을 하게끔 하고 있어 그런 성경을 성서로 읽으면 읽을수록 마치 끈끈이에서 벗어나지 못하는 곤충들과 같이 헤어나지 못한 상태에 있다.

오늘의 기독교는 예수 그리스도를 머리로 하였으나 "예수 그리스도의 복음"은 전적으로 바울의 것으로 대치되었고, 바울의 것을 바꾸어 개축이나 리모델링(Remodeling)한 것에 지나지 않는 기독교와 교회였다. 16세기에 종교 개혁을 한 개혁교회(Reformed Church)가 오직 성서(Sola Seriptura)를 말하며 "항상 개혁하는 교회"(ecclesia reformata sed semper reformanda, The church reformed but always to be reformed)로 개혁을 마감하였으나 개혁교회 역시 불과 얼마 후 다시 구교회로 되돌아간 유사한 상태가 아니면 반개혁적인 교회에 있다.[407] 기독교나 교회가 예수 그리스도의 복음을 근간으로 하지 않는 구약이나 신약으로 정통주의나 근본주의나 보수주의나 복음주의를 말하기보다 예수 그리스도의 복음을 통한 "서로 사랑"을 말하고 실천하여 예수 그리스도가 말씀하신 하나님 나라를 이루어 나가야 한다.

바울이 말하는 구속사적인 "새 언약"으로 인하여 "새 계명"의 "서로 사랑"이나 원수 사랑은 묻혀 버렸다. 나아가 유대주의와 영지주의와 신비주의에 젖은 바울 때문에 예수 그리스도가 말씀하신 "하나님 사랑"과 "이웃 사랑"과 "원수 사랑"에 이어 "새 계명"인 "서로 사랑"은 단지 구호에 지나지 않는다. 그러나 구약의 율법으로나 이신칭의로 구원을 받을 수 없다. 바울이 말하는 하나님의 은혜로 구원을 받으면 누가 열심을 낼 것이며, 누가 구원을 받는다는 말인가? 그런데도 누구하나 잘못됨을 말하는 사람이 없었다.

초기교회는 이미 구약과 바울의 서신들로 이미 기초를 다 놓고 출발한 지 20년에서 40년이 지난 즈음에 복음서가 나오기 시작하였다. 복음서 중 가장 빨리 나온 마가복음서가 주후 69년에서 70년 초에 나왔으니까 그 이전에는 바울의 복음이었고 바울의 교회였던 것이다. 바울은 예수 그리스도를 본 적도 없고 만난 적도 없고 들은 적도 없고 체험한 적도 없는 율법주의자였다. 그런 바울의 서신을 통하여 사랑이 없는 율법주의에서 벗어나 예수 그리스도의 "서로 사랑"을 알게 하기 위하여 복음서가 등장하였다.

복음서를 통하여 예수 그리스도가 친히 말씀하시고 실천하신 "하나님 사랑"과 "이웃 사랑"과 "원수 사랑"을 포함한 "서로 사랑"을 논하고자 한다.

제1절_ 마가복음서의 사랑

복음서의 가장 먼저 나온 마가복음 1:1에서의 첫 마디는 "하나님의 아들 예수 그리스도의 복음의 시작"이다. 마가가 말한 "시작"(αρκη)은 창세기 1:1의 태초(In the beginning)라는 말과 동일한 말로서 하나님의 우주 창조와 섭리와 구원의 시작과 같은 새로운 시작을 말하였다.[408] 이는 예수 그리스도의 복음으로 다시 시작하는 인류와 세계 구원의 제2의 창세기나 다름없는 복음서를 말한다. 그러나 바울에게서는 이런 예수 그리스도의 복음의 시작이 없고, 구약의 연장선에 있는 대속이나 구속의 완성을 위하여 오신 예수를 말하며 우리의 죄를 위하여 십자가를 져 주시고자 오신 마지막 희생양이나 대속 물로 밖에 언급하지 못하였다.[409]

마가가 말한 예수 그리스도의 복음의 시작은 먼저 구약이나 유대교나 제사종교나 율법종교나 성전종교나 회당종교가 막을 내리게 되고 다시 시작하는 큰 전환을 말하는 동시에 구약에 준하는 바울의 신약적인 구축에 대하여 새로운 시작을 말한다.

마가는 바울의 수종자로서[410] 1차 선교 여행에 가담하였으나 선교 여행 중 이탈하였고, 베드로의 아들로서[411] 바울의 복음 선교가 예수 그리스도의 복음과 일치하지 않는 것을 보고 마가복음을 기록하였다. 즉 12사도가 아닌 마가가 처음으로 "예수 그리스도의 복음"을 써 놓은 책으로 바울이 보지도 듣지도 못한 "예수 그리스도에 대한 복음"을 의식해 쓴 것이다. 마가는 바울처럼 논쟁적이거나 투쟁적이지 않았으며, 변증적이지 않았다. 저주나 증오나 매도나 중상을 하지도 않았다. 객관적으로 오로지 예수 그리스도의 복음을 기록하였다. 그런 마가는 바울보다 베드로의 영향을 많이 받은 사람으로 베드로를 근거로 쓴 것이지만 베드로를 격상시키기보다는 "예수 그리스도의 복음"을 위해 쓴 것이다. 즉 "예수 그리스도의 복음"이 교리적인 복음이나 신학적인 "예수 그리스도에 대한 복음"이 아니라 하나님 자신으로부터 내려온 창조적이며, 태초적인 구원의 "기쁜 소식"을 말하고자 하였다. 그러면서 구약이나 바울 서신에서 가장 많이 언급된 율법과 계시와 은혜를 단 한 마디도 언급하지 않았다.

마가는 구약이나 바울 서신에서는 전혀 언급이 없는 "잃어버린 복음"(Lost Gospel)과 "잊어버린 복음"(Forgotten Gospel), "왜곡된 복음"(Misunderstanding)을 되찾아 복음서에 기록한 것이다. 예수 그리스도의 "유앙게리온"을 말하며, 바울이 주장한 율법보다 "하나님 사랑", "이웃 사랑"을 말한다. 이는 바울에게서 없는 역사성과 실제성을 담고 있어 갈릴리의 목가적인 "예수 그리스도", 나사렛의 예수, 동정녀 탄생과 성육신을 통한 하나님의 사랑, 십자가의 고난과 죽음을 통한 하나님의 끝없는 사랑을 말한다. 마가는 바울이 말한 규제와 제제와 규범에 따른 성전과 회당의 인습을 답습하고, 하나님의 교회는 법이나 법규나 법도대로 오는 구원이 아니라 예수의 복음과 교회는 "서로 사랑"하고 "용서"함으로 오는 구원을 말한다.

예수 그리스도가 "네 마음을 다하고 목숨을 다하고 뜻을 다하고 힘을 다하여 주 너의 하나님을 사랑하라 하신 것이요 둘째는 이것이니 네 이웃을 네 몸과 같이 사랑하라 하신 것이라 이에서 더 큰 계명이 없느니라"[412] 하셨다. 예수 그리스도가 말씀하신 가장 큰 계명은 "하나님 사랑"과 "이웃 사랑"이다.

1. 예수 그리스도의 원복음

"예수 그리스도의 복음"은 구약이나 신약에 하속이나 종속이나 예속이나 연결을 하는데 그 목적이 있지 않다. "예수 그리스도의 복음"은 하나님의 성육신(成肉身)으로서 여러 시대, 여러 선지자들로 말씀하시던 하나님이 직접 오셔서 율법을 마침내 구약이 되게 하신 말씀이며, 서신을 신약으로 하신 최종적이며, 종말적이며, 절대적이며, 궁극적인 말씀을 하신 것이다. 이는 예수 그리스도가 모든 성서와 기독교와 교회와 신학과 신앙의 기본임을 말한다.[413]

맨 처음 나온 복음서는 마가복음서이다. 마가복음서는 원래 "마가에 의한 예수 그리스도의 복음"(The Gospel According to Mark)이라는 말이다.

바울은 서신을 쓰며 "예수 그리스도에 대한 자기 복음"을 말하였으나 마가는 복음서를 쓰며 "예수 그리스도의 복음"을 말한다. 마가는 구약이나 신약을 위한 복음서를 쓴 것이 아니라 당시의 교회나 기독교가 잃어버리거나 잊어버리고 있는 "예수 그리스도의 복음의 시작"을 다시 알게 하기 위하여 마가복음 1:1에서 말하였다. 물론 1:1에는 "하나님의 아들

예수 그리스도의 복음"을 말하고 있으나 "하나님의 아들"이라는 말은
역시 4, 5세기에 와서 덧붙여진 것이다. 그리고 마가복음 16:9-20 역시 4,
5세기경에 덧붙여진 것이다.[414]

1) 베드로의 아들(Son of Peter) 마가

마가복음서의 저자는 요한 마가라 한다. 요한은 유대 이름이고 마가
는 헬라와 로마식 이름이다. 이는 마가 다락방의 마가의 아들 마가가 아
닌가 한다. 마가는 바울의 수종자[415]인 동시에 베드로의 아들[416]이었다.

마가는 바나바와 바울과 함께 1차 선교 여행(A.D. 46-49)을 떠난 선교
동역자였다. 예루살렘에 사는 상당한 부와 지위를 가진 마리아의 아들로
서[417] 바나바가 그의 삼촌이었다.[418] 그러나 2차 선교 여행(A.D. 50-52)
때부터는 바울과는 결별을 하고 구브로로 바나바와 같이 선교를 하며,
바울과 멀어진 사이가 되었다.[419] 그후 12년이 지나서야 바울이 처형 전
마가를 보고자 하여 바울과 마가는 화해를 하러[420] 바울을 만나러 간 적
이 있었다.[421]

마가는 멀리서 예수를 본 적이 있었겠으나 생전의 예수 그리스도를
직접 만나 대화를 나눈 적이 없었다. 마가는 주님 당시에는 십대 정도였
을 것이며, 그는 부유한 출신으로서 헬라어나 로마어를 배운 자로 바울
과 베드로와 바나바와 깊은 관계를 가졌던 사이였다.[422]

그러나 마가는 12사도 중의 수사도인 베드로와는 보통 사이가 아니었
다. 베드로는 마가를 아들이라 할만큼 부자지간같은 사이였고, 자기의
헬라어 통역인(通譯人)으로 하였고, 협력자였다. 물론 육신의 아들이라
기보다는 신앙적인 아들로 본다. 바울이 디모데를 믿음의 아들이라 하였
듯이 베드로도 마가를 믿음의 아들로 여긴 것이다. 이렇게 마가는 당시
의 가장 크고 유명한 바울과 베드로와 밀접한 관계에 있었다.

마가는 마가복음서를 쓸 때 바울이나 베드로 중 어느 누구의 영향을
받아서 기록한 것이 아니라 "예수 그리스도의 복음"을 말하고자 하였으
며, "예수 그리스도의 복음"을 서두에 말한 것은 "예수 그리스도에 대한

복음"을 말하는 바울 서신을 의식한 것을 말한다. 물론 바울보다는 베드로의 영향을 많이 받았다.

이런 근거는 초기 5대 교부[423] 중의 한 사람인 파피아스가 12사도가 아닌 마가가 마가복음서를 낸 데 있어서는 베드로가 쓴 복음서나 다름이 없다는 언급을 하였다. 그리고 마가가 아람어(Aramic)로 말한 베드로의 설교를 헬라어로나 라틴어로 통역을 한 것은 두말 할 것 없으며, 베드로를 대신하여 마가가 통역 이상으로 직접 설교를 하기도 하였다.[424]

2) 마가복음서는 베드로의 복음서인가?

마가는 바울과 베드로 아래서 함께 선교를 한 자로서 모두의 영향을 다 받은 자였다. 그러나 그는 바울과 베드로의 절충형으로 복음서를 쓴 것이 아니었다. 마가는 바울의 서신과 같은 형태나 내용의 서신으로 복음서를 쓰지 않는다는 것을 그의 복음서에서 분명히 하여 주고 있다. 마가가 "예수 그리스도의 복음"이라 한 것은 "예수 그리스도에 대한 복음"을 배제하는 말이다.

마가복음서의 이런 기본 자료나 근거는 3년 여 동안 육적으로 부름을 받고, 교육을 받고, 주님과 희로애락을 같이 하며 예수의 파트너가 된 사도 베드로를 통하여 나온 것을 말하며 베드로의 구전이나 자료로 인하여 쓴 것이며 베드로가 고안한 내용을 그대로 옮겨 쓴 것으로서 터툴리안(Tertullian, 170~220)도 마가복음서를 "베드로 복음서"라고 하였다.

마가가 베드로의 아들이라는 것은 바로 예수 그리스도 때문이며, "예수 그리스도의 복음" 때문이었다. 다른 관계로 그들이 부자지간이 될 이유가 없는 것이다. 이렇게 마가복음서는 구약과 바울 서신으로 시작된 당시의 기독교와 교회 앞에 빠지고 없어진 그리고 없어서는 안 될 가장 중요하고도 근본적인 "예수 그리스도의 복음"을 되찾아 주기 위하여 내어 놓은 것이다. 이는 "예수 그리스도의 복음"의 새 역사가 더 늦기 전에 초기교회에서 다시 회복되어 시작하게 하는데 그 목적이 있었기 때문이다.

예수 그리스도의 사랑학 개론

3) 마가가 말한 예수 그리스도의 복음

마가는 반 바울적인 복음서를 쓴 것이 아니다. 그렇다고 베드로를 격상하는 복음서를 쓴 것도 아니다. 마태는 베드로를 바울 이상으로 격상하는 복음서를 쓴 반면 마가에서는 그런 것이 전혀 없다. 마가는 오직 "하나님의 아들 예수 그리스도 복음의 시작"을 위하여 기록한 것이다. 여기서 '시작'은 마치 하나님께서 천지를 창조하신 창세기의 시작과 같은 단어 "알케"($\alpha\rho\chi\eta$)를 쓰고 있다. 이는 "예수 그리스도의 복음"이 교리적인 복음이나 신학적인 "예수 그리스도에 대한 복음"이 아니라 하나님 자신으로부터 내려온 창조적이며 태초적인 구원의 "기쁜 소식"을 말하고자 하였다.[425]

그러면서 마가는 구약이나 바울 서신에서 가장 많이 언급하고 있는 율법(Law)은 단 한마디도 언급하지 않았다. 다만 서기관들의 교훈을 들어 율법을 21회나 신랄하게 비판한다. 마태는 율법을 옹호하거나 서기관들을 변호하였으나 마가는 전혀 그렇지 않다. 그리고 바울이 즐겨 사용한 "은혜"(Grace, 160여 회)나 계시(Revelation)라는 말을 전혀 사용하지 않았다. 마가는 베드로를 통하여 자기에게 전수된 오로지 "예수 그리스도의 복음"만을 말하였다. 그리고 마가복음은 마가가 설명(Narrative)을 하면서 쓴 복음서이다.[426] 마가는 구약이나 바울 서신에서는 전혀 언급도 없는 "잃어버린 복음"(Lost Gospel)과 "잊어버린 복음"(Forgotten Gospel)과 "왜곡된 복음"(Misunderstanding)을 되찾아 그의 복음서에 기록한 것이다.

당시 예수 그리스도의 복음은 날이 갈수록 점점 잊혀지고 있었다. 이는 바울의 복음 때문이기도 하였다. 유대인-기독교인들은 예수 그리스도의 복음보다는 바울의 복음이 더 이해하기 쉬웠다. 물론 예수 그리스도의 복음을 전해주는 사람이 없었기 때문에 구체적으로 무엇이 무언인지를 몰랐다. 바울 이외에는 자유롭게 선교하는 자가 없었다. 그리고 유대교는 더욱 기독교를 박해하고 있었다.

그러나 주후 69~70년의 예루살렘의 위기는 복음서를 내어 놓을 좋은 기회였다. 당시 예루살렘 주변은 66년부터 전란으로 유대의 처참한 종말이 먹구름으로 뒤덮고 있었다. 마침내 로마는 예루살렘을 2천여 년 간이나 유대인 손으로 되돌아가지 못하게 하는 멸망을 주고 있었다. 예수 그리스도의 교회를 가장 유협하던 유대교가 망하는 것이었다. 그리고 개심을 하였어도 예수의 복음이 아니라 독자적으로 자기의 복음을 말하며, "다른 복음은 저주를 받을지어다"라는 바울도 가고 없는 다음이었다.

마가는 베드로도 아니요 바울도 아닌 "예수 그리스도의 복음"을 내어놓으며 이제는 예수 그리스도의 복음이 세계성(Globalization)을 띨 수 있는 기회가 온 것이다.

2. 예수 그리스도의 "하나님의 나라"

예수보다 먼저 온 세례 요한은 회개운동과 천국운동을 구약선상에서 연장되는 갱신운동과 개혁운동을 하였다. 금욕주의자요 경건파인 그는 예언대로 오실 왕국의 도래를 말하였다. 그러나 요한의 천국운동은 예수 그리스도가 말한 하나님의 나라와 같은 운동이 아니었다. 예수는 어떤 신비나 영지나 이변으로 오는 하나님의 나라를 말씀하지 않으셨다. 다만 사람들이 하나님을 향하여 바로 사는 내적, 외적 변화와 전환의 삶을 말씀하셨다.

예수 그리스도의 하나님의 나라는 물론 바울이 말하는 하나님의 나라와도 달랐다. 왕국적으로나 종교적으로나 성령으로나 은혜나 은사로 오는 하나님의 나라가 아니었다. 예수 그리스도의 하나님의 나라는 죄의 회개보다는 우선 비정상적인 사람들의 삶이 정상적으로 돌아오는 것에 역점을 두셨다. 그리고 서로 돕고 사랑하고 용서하며 하나님의 뜻을 이루어 나가는 삶을 말씀하셨다.[427]

예수 그리스도가 말씀하신 "때가 찼고 하나님의 나라가 가까웠으니 회개하고 복음을 믿으라"[428]는 말씀은 하나님 나라를 위한 기본적인 선포였다. "때가 찼다"는 말씀은 구약의 유대교나 왕국이나 율법이나 성전이나 회당의 종말적 현상이 다 찼다는 것이었다. 그리고 동시에 그런 종말적인 현상 앞에 "하나님의 나라가 가까이 왔다"는 말씀이셨다. 이는 일부 예언서에서 말하는 개벽이나 이변이나 도래의 신국이나 왕국이나 천국을 말씀하신 것이 아니었다.

예수 그리스도의 하나님 나라는 태초부터 이미 하나님과 더불어 존재한 우주에서 사람들이 이루어내며 들어가는 하나님의 나라였는데 그것이 잘못된 길에서 종말적 현상에 있자 예수 그리스도가 오셔서 새로운 시작을 말씀하시며 바로 종말적 현상 곁에 있는 하나님의 나라를 말씀하신 것이다. 그러므로 예수 그리스도는 "회개하라"는 말씀이셨다. 이는 때가 다된 유다왕국과 유대교 앞에 다가온 하나님의 나라를 위하여 마음을 바꾸고 생각을 바꾸고 사상을 바꾸며 신앙을 바꾸고 종교를 바꾸라는 말씀이셨다.[429]

그리고 예수 그리스도는 복음을 믿으라 하셨다. 예수 그리스도의 입에서 직접 "복음"이라는 말씀은 여기서 처음으로 언급되었다. 이는 구약이나 율법이나 "미쉬나"나 "쉐마", "미드라쉬"를 말씀하신 것이 아니었다. 신약적인 교리나 신학이나 신조나 사상이나 교훈을 말씀하신 것이 아니었으며 바울의 대속을 말씀하신 것도 아니었다. 이는 자기가 말하는 하나님의 마지막이며, 최종적인 구원의 복음을 말씀하신 것이며, 이런 복음을 얻으라는 것이다.

예수 그리스도가 말씀하신 하나님의 나라는 가장 작은 씨앗 중의 하나인 겨자씨 비유와 같다. 예수 그리스도의 하나님의 나라는 구약이 말하는 것 같이 거대한 왕국으로 내려와 쳐부수고 짓밟는 왕국이 아니었으며, 바울이 말하는 것같이 대속을 믿는다 하여 공중으로 들려 올라가 영원히 사는 신비적인 천국이 아니라, 땅에서 사는 사람들이 가장 작은 씨앗 중의 하나인 겨자씨와 같이 미약하지만 "서로 사랑"하며 "용서"하며 도움을 주고 힘을 얻으며 뿌리와 나무와 가지와 잎과 열매가 있는 나무가 되어 새들이 깃들 수 있는 것[430]이다.

1) 치유를 통한 "하나님의 나라"

예수(*Ιησου*)라는 이름은 유대말로는 "여호수아"이며 이는 "구원자"라는 말이다. 여호수아가 헬라어로 번역이 되며 "예수"가 된다. "그리스도"도 히브리말로는 "메시야"인데 헬라어로 "크리스토스"(*Χριστς*)라 하게 된 것이다. 그리스도는 정치나 종교나 사회를 구원하는 왕이나 제사장이나 선지자와 같은 자이다.[431]

이를 유대인들은 구약이 말하는 다윗 왕과 같이 오는 "메시야"로 여기며 그렇지 못한 예수에 대하여 실망과 증오로 죽이기까지 하였다. 그들은 이방이나 열방을 진멸하고 원수들을 무찌르며 그들의 왕국을 회복하여 영원무궁한 불멸의 제국을 이루어주는 그리스도를 바랐다. 그러나 오신 그리스도는 그들이 바라는 대로의 왕국보다는 정치적으로나 종교적으로나 사회적으로 가난하고 병들고 약하고 못살고 힘없고 소외된 자들이 없는 나라와 정신적으로 영적으로 사상적으로 고질적인 병폐와 폐습이 없는 나라, 종교적으로 신앙적으로 병들지 않는 나라가 정치적으로 사회적으로 종교적으로 일취월장하는 세상과 세계를 말한다. 이런 일은 하늘에서 내려오는 것도 아니요, 공중으로 들려 올라가는 것도 아니라 사람들이 땅에서 서로 사랑하며 함께 이루어내는 것이다.

그러니까 예수 그리스도의 하나님의 나라는 과거도 미래도 아닌 현재에서 천하를 주고도 바꿀 수 없는 사람들의 생명과 인명과 인권을 중시하는 세상과 세계[432]가 곧 하나님의 나라이다. 이를 위하여 예수는 먼저 모든 병자와 많은 귀신들린 자들을 고치시고 내어 쫓는 일을 하시는 것이었다. 이는 유대인들이 병자나 장애자나 죄인들을 하나님으로부터 죄를 받거나 벌 받은 것으로 여기며, 별거하거나 격리하며 제외하는 자들의 사고방식을 전적으로 달리하기를 바라시는 이론(異論)이 아닐 수 없었다. 예수 그리스도는 많은 귀신들린 자들을 고치셨다. 원어로 보면 "깨끗지 못한 정신 상태"(Unclean spirit)를 말씀하신 것으로써 영육의 병든 상태나 비정상적인 상태를 말씀하신 것이다. 이를 우리말에서 귀신이라 한 것은 의인화나 인격화를 한 것이다.[433]

예수 그리스도는 문둥병자들은 물론 각색 병든 자와 귀신들린 자들을 다 고치시며, 그들도 다 하나님이 사랑하는 한 가족이며 민족이며 인류라는 말씀이셨다. 그러나 예수 그리스도는 문둥병자를 깨끗하게 하시고는 삼가 "아무에게 아무 말도 하지 말고 가서 네 몸을 제사장에게 보이고 네 깨끗케 됨을 인하여 모세의 명한 것을 드려 저희에게 증거하라"[434] 하셨다. 이는 조용히 가족과 공동체로 돌아가야 할 것을 말씀하신다.

그리고 예수 그리스도는 지붕을 뚫고 내린 중풍병자를 고치셨다. 친구들의 우정과 중풍병자의 믿음을 보시고 "죄 사함을 받았느니라"[435] 하셨다. 예수 그리스도는 죄 때문에 중풍병이 온 것으로 믿는 이들에게는 "죄사함"을 말씀하셨다. 그리고 예수 그리스도는 그에게 "일어나 네 상을 가지고 집으로 가라."[436] 죄 때문에 온 중풍이 온 것으로 믿고 있는 자에게 죄 사함을 받은 것으로 믿을 때 그는 스스로 일어나 상을 가지고 집으로 가는 것이었다. 육적 병이든 영적 병이든 모든 병은 다 죄 때문에 오는 것으로 믿으며 하나님의 저주를 받거나 벌을 받아서 오는 것으로 믿는 신앙이 문제였다. 이에 예수 그리스도는 병은 하나님의 벌이나 저주가 아니며 장애나 사고나 귀신들린 것도 본인의 죄 때문이거나 부모의 죄 때문이 아니라 다 하나님의 일이라는 말씀이셨다.[437] 그러나 아무도 이런 예수의 말씀을 믿지 않았다. 지금도 대부분의 신앙인들은 죄 때문에 그런 일이 오는 것으로 믿고 있다.

2) 섬김을 통한 사랑의 교훈

예수 그리스도는 제자들이 서로 누가 크냐는 논쟁을 할 때 "열두 제자를 불러 이르시되 누구든지 첫째가 되고자 하면 뭇 사람의 끝이 되며 뭇 사람을 섬기는 자가 되어야 하리라"[438] 하셨다. 이런 언급은 모든 사람들이 해야 할 이치와 사리와 순리와 도리를 말씀하신 것이다.

누구나 으뜸이 되기를 좋아하고 첫째가 되기를 원하며 일등이 되고자 노력하며 수단과 방법을 가리지 않고 승리하기 위해 투쟁한다. 예수 그리스도의 열두 제자도 마찬가지였다. 천국에서 누가 크냐는 논쟁 속에 어린 아이 하나를 데려다가 그들 가운데 세우시고 안으시며 제자들에게 이르시되 "누구든지 내 이름으로 이런 어린 아이 하나를 영접하면 곧 나를 영접함이요 누구든지 나를 영접하면 나를 영접함이 아니요 나를 보내신 이를 영접함이니라"[439] 하시며 어린 아이와 같아야 들어 갈 수 있는 하나님의 나라를 말씀하셨다. 이는 어린 아이가 완전무결하다거나 거룩하다거나 의인이라는 언급이 아니다. 어린 아이들은 어른들보다 덜 악할 뿐이다. 예수 그리스도는 온전한 자나 완전한 자가 들어가는 하나님의 나라를 말씀하신 적이 없다.

또한 세베대의 아들 야고보와 요한이 주께 나아와 무엇이든지 우리가 구하는 것을 달라고 하면서 "주의 영광 중에서 우리를 하나는 주의 우편에, 하나는 좌편에 앉게 하여 달라"[440]는 그들에게 "너희 중에 그렇지 아니하니 너희 중에 누구든지 크고자 하는 자는 너희를 섬기는 자가 되고 너희 중에 누구든지 으뜸이 되고자 하는 자는 모든 사람의 종이 되어야 하리라"[441] 하셨다. 나아가 "인자의 온 것은 섬김을 받으려 함이 아니라 도리어 섬기려 하고…"[442]라고 말씀하셨다.

하나님의 나라는 크고 섬김을 받는 데서 얻어지는 것이 아니라 겸손히 섬기고 낮아지는 자가 얻을 수 있다는 것이다. 즉 사랑의 실천을 말씀하신다.

3) 결단을 통해 이루어지는 "하나님의 나라"

예수 그리스도는 때때로 과격한 말씀을 하셨다. 불구자나 절뚝발이로 영생에 들어가는 것이 두 손을 가지고 지옥 곧 꺼지지 않는 불에 들어가는 것보다 낫다고 하셨다. 이는 담대한 각오와 결단을 말한다. 아무리 택함받은 아브라함의 후손들이라 할지라도 하나님의 나라를 위한 결단없이는 그들 스스로가 쌓은 아성에 갇혀서 나올 수가 없으며 거기서 스스로 자승자박을 할 수밖에 없기 때문이었다.[443]

하나님의 나라는 사람들의 나라나 왕국이나 제국이 아니라 하나님의 뜻을 따르는 사람들로 이루어지는 나라이다. 예수 그리스도는 "누구든

예수 그리스도의 사랑학 개론

지 나를 믿는 이 소자 중 하나를 실족(失足)케 하면 차라리 연자 맷돌을 그 목에 달리우고 바다에 던지움이 나으리라. 만일 네 손이 너를 범죄케 하거든 찍어 버리라 불구자로 영생에 들어가는 것이 두 손을 가지고 지옥 꺼지지 않는 불에 들어가는 것보다 나으니라"[444] 하셨다. 하나님을 믿는 것은 정치적으로나 사회적으로 다른 사람을 실족케 하는 것과는 다르다. 열매맺지 아니하는 나무마다 찍어 불에 던지우리라 하신 예수 그리스도시다. 이는 엄한 경고의 말씀으로 스스로 결단하여 버리지 아니하면 하나님의 나라를 이룰 수 없다.

마가복음에서는 한 사람으로, 마태복음에서는 부자 청년으로, 누가복음에서는 어떤 관원으로 언급된 어느 한 사람이 예수에게 나아와 영생을 얻는 방법에 대한 질문을 하였다. 그는 하나님을 믿으며 계명을 어려서부터 다 지킨 자였다. 예수 그리스도는 그를 사랑하사 "네게 오히려 한 가지 부족한 것이 있으니 가서 네 있는 것을 다 팔아 가난한 자들을 주라 그리하면 하늘에서 보화가 네게 있으리라 그리고 와서 나를 좇으라"[445] 하셨다. 그러자 그 사람은 재물이 많은 고로 이 말씀으로 인하여 슬픈 기색을 띠고 근심하여 갔다. 예수가 말씀하신 이 사람은 종교생활은 하였어도 구원의 삶은 살지 못한 것으로 보인다. 지금 자기의 것을 가난한 사람들에게 나눠 주지 않으면 "오늘의 구원"(Salvation Today)이 있을 수 없다. 나아가 네 이웃을 네 몸과 같이 사랑하므로 오는 하나님의 나라의 구원과 영생을 말씀하신 것이다.

유대인들은 제사나 드리고 10계명이나 지키면 지은 죄는 다 사함받고, 모두 구원이나 영생에 있게 되는 줄로 믿었다. 기독교인들도 거기에다 바울이 말한 예수의 대속을 믿으면 자동으로 구원이나 영생하는 줄 믿었으나 예수 그리스도는 "서로 사랑"하지 않으면 들어갈 수 없는 하나님의 나라를 말씀하신 것이다.

청년과의 대화 후 베드로가 예수에게 "보소서 우리가 모든 것을 버리고 주를 따랐나이다"[446] 하였다. 이에 예수 그리스도는 베드로를 위시한 제자들에게 복과 구원과 영생의 비결과 보증을 말씀하셨다. "나와 및 복음을 위하여 집이나 형제나 자매나 어미나 아비나 자식이나 전토를 버린 자는 금세에 있어 집과 형제와 자매와 모친과 자식과 전토를 백 배나 받되 핍박을 겸하여 받고 내세에 영생을 받지 못할 자가 없느니라"[447] 하셨다. 물론 예수는 어떤 수치의 복이나 영생을 말씀하신 것이 아니었다. 그리고 구약이나 신약이나 유대교나 바울이 말하는 복이나 영생이 아니었다. 예수의 죽음이나 영광이나 영생은 아브라함이나 다윗의 축복이 아니었다. "죽으면 죽으리라" 이거나 "죽어도 살리라"는 자들에게 오는 복을 말씀하셨다.[448]

예수 그리스도는 "먼저 된 자로서 나중 되고 나중 된 자로서 먼저 될 자가 많으리라"[449] 하셨다. 이는 하나님의 섭리나 예정을 말하는 것이 아니라 사람들이 준비하고 마음먹기에 따라 얻어지는 복과 영생과 이치를 말씀한 것이다.

4) 준비를 통해 이루어지는 하나님의 나라

세베대의 아들 야고보와 요한이 "선생님이여 무엇이든지 우리의 구하는 바를 우리에게 하여 주시기를 원하옵나이다"[450]라고 하였다. 그러나 3년이나 예수 그리스도를 좇으며 함께한 야고보와 요한이 그런 말을 했다는 것은 예수 그리스도의 뜻을 아직도 깨닫지 못하고 있었음을 드러내 준다. 이에 반하여 막달라 마리아를 포함한 여러 여인들이 예수 그리스도와 12제자들을 도왔다.[451] 물론 이들은 어떤 공이나 자리를 원하지 않았다. 그런데 야고보와 요한 혹은 그의 어머니가 한 자리를 원하는 대가성을 가지고 있었다는 것은 큰 잘못이다.

예수 그리스도는 "너희가 구하는 것을 너희가 아직 알지 못하는도다"[452] 하셨다. "아직도 알지 못한다"는 말씀에는 예수 그리스도가 여러 차례 비추어 주었으나 알지 못하는 것을 못마땅해 하는 언급이 아닐 수 없다. 그러면서 예수 그리스도는 "너희가 나의 마시는 잔을 마시며 나의 받는 세례를 받을 수 있느냐"[453] 하셨다. 여기서 마시는 잔은 고배의 잔이요, 패배의 잔을 말하며 쓰고 독하고 추한 반대와 거역의 잔이나 다름이 없는 잔을 비유로 말씀하신 것이다. 또한 "내가 받는 세례" 역시 지금 내가 받고 있는 비난과 원망과 조롱의 세례를 말씀하신 것이다.

여기에 야고보와 요한이 "할 수 있다"는 장담에 예수 그리스도는 "너희가 나의 마시는 잔을 마시며 나의 받는 세례를 받으려니와 내 좌우편에 앉는 것은 나의 줄 것이 아니라 누구를 위하여 예비 되었든지 그들이 얻을 것이니라."[454] 그들이 비록 예수 그리스도와 같은 핍박과 수난과 죽음을 당한다 하더라도 하나님의 나라의 좌우편의 문제는 "내가 줄 것이 아니라 너희 각자가 준비된 대로 주어지는 것"을 말씀하셨다.

예수 그리스도의 "하나님의 나라는 볼 수 있게 임하는 것이 아니요 또 여기 있다 저기 있다고도 못하리니 하나님의 나라는 너희 안에 있느니라"[455] 하셨다. 이런 하나님의 나라에 좌가 어디 있고, 우가 어디 있으며, 상좌와 하좌가 어디 있다는 것인가? 교회도 마찬가지다. 교회는 왕국도 제국도 아니다. 교회 안에서는 상좌도 하좌도 없다. 예수 그리스도가 말씀하신 하나님의 나라는 각자가 준비된 대로 얻는 것이며, 주어지는 것이지 우편이나 좌편이나 상좌나 하좌를 받거나 그리로 올라가 앉는 것이 아니다.

3. 예수 그리스도의 사랑의 결실

예수 그리스도의 인간을 향한 사랑의 이치는 구약과 율법을 떠나 인간을 위해 성육신하신 그리고 고난당하시고 십자가를 지신 사랑의 극치를 보여주고 있다. 이 사랑을 통하여 하나님의 사랑을 보여주고 있으며, 죄악으로 인해 영원히 죽을 수밖에 없는 인간을 구원하러 오신 예수 그리스도의 사랑을 말씀하고 있다. 인간의 몸을 입으신 하나님께서 친히 육성으로 인간이 살아가야 할 참 생명의 길과 진리를 말씀하시고 이를 위하여 죽기까지 하신 사랑으로 복음이 완성된 것이다.

1) 안식일의 의미와 사랑

안식일에 예수 그리스도께서 밀밭 사이로 지나가실 때에 그의 제자들이 이삭을 자른 일을 놓고 바리새인들이 비난하였다. 바리새인들은 안식일이면 어떤 일도 하지 않아야 하는 날로 여기며, 안식을 지키는 것을 하나님의 명령으로 알아 거룩하게 지켰다. 그들은 심판과 정죄는 알았으나 자비와 긍휼을 몰랐다. "선악과를 따 먹는 날에는 정녕 죽으리라"[456]는 기억하면서 아담과 하와를 죽이지 않으신 하나님의 사랑은 모르는 사람들이었다. 그리고 동생을 죽이므로 벌을 받아 마땅한 가인을 죽이지 않으신 하나님의 구원도 모르는 사람들이었다.[457]

예수 그리스도는 그들에게 "다윗이 자기와 함께한 자들이 핍절되어 시장할 때에 한 일을 읽지 못하였느냐 그가 아비아달 대제사장 때에 하나님의 전에 들어가서 제사장 외에는 먹지 못하는 진설병을 먹고 함께한 자들에게도 주지 아니하였느냐"[458]는 언급을 하시며 제도나 법보다 우선인 사람 살아가는 이치 속에서의 구원을 말씀하셨다.

안식일을 범하였음을 비난하는 바리새인들에게 "안식일은 사람을 위하여 있는 것이요, 사람이 안식일을 위하여 있는 것이 아니니 이러므로 인자는 안식일에도 주인이니라"[459] 하셨다. 이는 유대인들의 안식일에 대한 교리 자체를 바꾸는 말씀이다. 그러면서 예수 그리스도는 "인자는 안식일에도 주인이라" 하셨다. 이는 곧 자신이 다른 날은 물론 안식일에도 주인이라는 말씀이셨다. 즉 하나님을 위한 안식일이 아니라 사람을 위한 안식과 다른 날로 말씀하신 것이다.[460]

오늘날 "주의 날"이나 주일(主日, Lord's Day)을 유대교의 안식일과 같이 되돌리거나 종속을 시키는 이들이 있다. 원래 주일이나 주의 날이라는 말은 이방적인 말이다. 로마가 주간 첫 날을 라틴말로 Dominica (the Lord's)라 하였으며, 여기에 Sol(sun)을 붙인 것이다. 히브리어로는 Baal(Lord)이라는 말이다. 중동의 시리아 지역에서 숭배하는 식물의 Adonis 신에서 온 말이다. 이를 유대인들이 바벨론 포로 이후에 "야훼"(Yahweh) 신명을 대신해서 쓴 my Lord로 적용하기도 하여 구약이나 신약이나 복음서에도 파급이 된 것이다. 헬라에서는 Adonis 신을 "잘생긴 젊은 남자"(A hansome young man) 신으로도 불렀다.[461]

예수 그리스도의 사랑학 개론

우리가 말하는 주일은 예수 그리스도의 부활의 날을 로마시대에 적용한 것으로서 안식일과 구별되는 날인데도 불구하고 주일과 안식일을 구분할 줄 모르는 기독교와 교회의 신앙인들이 적지 않다. 안식일은 여호와의 날로서 쉬어야 한다. 하지만 주일은 주님을 위한 주님을 기쁘시게 하는 날로서 자유와 해방과 부활의 소망을 감사하며, 속박 속에 사는 것이 아니라 자유 속에 감사와 찬미의 삶을 사는 날이다.

안식일에 대한 논쟁을 하신 예수 그리스도가 다시 회당으로 들어가서 손마른 사람을 회복시켜 주셨다.[462] 예수는 안식일에 대한 문제를 더욱 확실하게 하셨다. 그것은 그들에게 안식일에 대한 바른 이해를 촉구하기 위하여 예수 그리스도는 한 걸음 더 내디디신 것이다. 이는 안식일에는 아무 일도 하지 않아야 한다는 고정 관념을 깨뜨리는 것이며, 안식일에 해야 할 일이 있다는 말씀이셨다. 이는 구약의 안식일의 개념과 다른 새로운 개념이다.

이에 바리새인들은 예수 그리스도를 어떻게 죽일까 의논을 하게 되지만 예수 그리스도의 병 고치는 소문이 사방에 퍼지자, 갈릴리에서 많은 무리가 따랐으며 유대와 예루살렘과 이두매와 요단 강 건너편에 두로와 시돈 근처에서도 많은 무리가 예수 앞에 나아왔으며 귀신과 많은 무리가 "하나님의 아들"임을 고백하며 영광을 돌리게 되었다.

2) 죄인을 부르러 오신 예수 그리스도의 사랑

예수 그리스도는 바리새인들과 서기관들이 예수에 대한 모의를 하는 것을 알면서도 죄인을 찾아 가셨다. "알패오의 아들 레위가 세관에 앉아 있는 것을 보시고 그에게 이르시되 나를 좇으라 하시니 레위가 일어나 따랐다"[463]고 하였다. 그리고 그의 집에서 함께 먹고 마셨다. 죄인들과는 상종하지 말며 그들과 구별되는 의인으로 자처하던 바리새인들에게 예수 그리스도는 새로운 말씀을 하고 있다.

예수 그리스도는 바리새인들도 그들이 말하는 죄인들과 조금도 다를 바가 없는 것을 말씀하시며, 바리새인들이나 사두개인들이나 장로들이나 서기관들이 세리나 창기보다 더 낫지 않다고 말씀하셨다.[464] 나아가 예수 그리스도는 "건강한 자에게는 의원이 쓸데 없고 병든 자에게라야 쓸데 있느니라. 내가 의인을 부르러 온 것이 아니요 죄인을 부르러 왔노라"[465] 하셨다. 이는 구약이나 신약이 말하는 메시야나 그들이 기대하는 그리스도와는 다른 그리스도였으며, 이는 전통적인 유대종교나 유대주의나 유다왕국에서 말하는 메시야 사상을 뒤엎는 언급이셨다.

세례 요한도 아브라함의 자손은 다 의인으로 여기는 독선에 "하나님이 능히 이 돌들로도 아브라함의 자손이 되게 하시리라"[466] 하였다. 예수 그리스도에게는 정해진 그 어떤 의인이나 선인이 따로 없다. 바울과 같이 만세전에 미리 택정함이나 예정에 의한 의인이나 선인이 없었다. 누구든지 "죄를 범하는 자마다 죄의 종이라"[467] 하셨다. 죄에서 특권을 가질 수는 없다.

예수 그리스도는 의인이라고 자처하는 유대인들에게 너희는 의인이 아니며 죄악 가운데 있는 죄의 종이라는 것이다. 그러나 그 죄의 짐을 짊어진 그들을 위해 용서하시고 구원하기 위하여 오셨다. 나아가 "너희가 뉘 죄든지 사하면 사하여 질 것이요 그대로 두면 그대로 있으리라"[468] 하시며, 예수가 죄를 용서하고 그 죄인을 부르러 왔듯이 너희도 서로 용서하고 "서로 사랑" 하라고 하셨다.

3) 예수 그리스도의 형제요 자매라는 사랑

예수 그리스도의 하나님 나라 운동은 전통적인 유대교나 성전종교나 회당종교를 말씀하신 것이 아니라 전혀 다른 상관이 없는 자연복귀의 하나님의 나라를 말씀하셨다.

예수 그리스도는 나이 서른이 되자 사생활을 접고 공생애로 나서서 가르치기 시작하셨다.[469] 그러나 전도운동과 복음운동을 대대적으로 펴시거나 하나님의 나라의 캠페인을 대대적으로 벌이시지 않으셨다. 가는 곳마다 열심을 다하고 뜻을 다하고 정성을 다하여 하나님을 섬기거나 이웃을 사랑하며 원수를 사랑하라고 하시며 목숨까지 내어 놓으라고 하셨다.

예수 그리스도가 사셨던 나사렛에서 뒷동산에 오르면 북쪽으로는 헬몬산을 볼 수 있었고 좌측으로는 지중해가 보였으며 우측으로는 족장들부터 사사들이나 왕들이 활거한 족장들의 산들이 보였다. 30여 년 동안을 하나님 나라의 일을 생각하신 예수가 갈릴리로 오셔서 호수와 주변을 돌며 제자들과 하나님의 나라 이야기를 계속하셨다. 인간적으로 보면 장남인 예수는 부모를 부양할 의무가 있었으나 혼자 집을 나와 버렸다. 이런 예수를 가버나움으로 어머니와 동생들이 찾아와 만나게 되었다. 많은 사람들이 모친과 형제와 자매가 왔다는 말에 예수 그리스도는 박절하다시피 "누가 내 모친이며 동생들이냐 하시고 둘러앉은 자들을 둘러보시며 가라사대 내 모친과 내 동생들을 보라 누구든지 하나님의 뜻대로 하는 자는 내 형제요 자매요 모친이니라"[470] 하셨다. 혈육적으로나 가정적으로 보면 매우 몰인정하고 불효한 언급이 아닐 수 없으나 하나님 나라를 이루기 위한 과정 가운데서는 더 이상 연연할 수 없는 일이다. 예수 그리스도는 어떤 상황이든지 하나님 나라에 모든 사람이 살 수 있기를 바라면서 말씀하셨다. 이를 가장 방해하는 것이 유대주의와 혈연과 민족적 집단의식이었다. 예수는 이것을 타파하신 것이다.

그러면서 아버지의 뜻을 따르는 부모와 형제와 자매들의 대가족을 말씀하셨다. 이는 이스라엘이나 유다왕국과는 아무런 관계도 없는 하나님의 나라를 말씀하신 것이며 누구나 아버지의 뜻을 이룸으로 하나님의 자녀가 됨을 말씀하신 사랑의 언약이었다.

4) 이방 여인의 딸 구원은 사랑

유대인들의 관점에서 보면 자신들만 구원을 받았고 고침받고 구원받은 선민이라고 생각하셨다. 어느 날 헬라인이요 수로보니게 족의 한 이방 여인이 자기의 딸이 귀신에 걸려 있었는데, 예수께 와서 이를 쫓아내어 달라는 간청을 들어 주었다.[471]

예수는 국경이나 이방이나 본방이나 택한 백성이나 구원받은 백성이나 의인이나 악인을 개의치 않으셨는데 여기서는 상당히 비하하는 말로 "예수께서 이르시되 자녀로 먼저 배불리 먹게 할지니 자녀의 떡을 취하여 개들에게 던짐이 마땅치 아니하니라" 하셨다. 이는 마치 이스라엘이나 유다에게 올 하나님의 구원이나 메시야 구원에 대한 자기의 태도를 밝힌 것 같이 보이지만 본론이나 결론은 그런 것이 아니었다.

"주여 옳소이다마는 상아래 개들도 아이들이 먹던 부스러기를 먹나이다. 예수께서 가라사대 이 말을 하였으니 돌아가라 귀신이 네 딸에게서 나갔느니라 하시매 여자가 집에 돌아가 본즉 아이가 침상에 누웠고 귀신이 나갔더라" 하였다. 이방 여인은 이미 예수 그리스도의 구원에 있었다. 이스라엘과 유다는 이방 여인과 같은 사고방식이나 신앙방식에 있지 않았다. 이방 여인이 유대인들보다 더 예수와 가까운 구원관에 있었다. 자신이 택한 백성이 아니라 할지라도 부스러기를 주워 먹고라도 구원받을 수 있다는 사상과 누구에게나 이런 고백을 통하여 구원을 받을 수 있다는 구원관을 보여 준 것은 인간 모두에게 주시는 하나님의 사랑의 은총이요, 능력이요, 권능인 것이다. 이것이 하나님의 사랑인 것이다.

5) 십자가의 구원은 사랑

기독교와 교회도 유대인이나 이스라엘이 즐겨 말한 것같이 선택을 받아야 구원을 얻는다는 구약적이며 신약적인 구원관을 버리지 못하고 있다. 그러나 이는 예수 그리스도의 복음이나 말씀이 아니다. 바울은 "새 이스라엘"을 유대인들이나 이스라엘에 붙거나 양자가 된 구원을 말하였으며[472] 그래야 아브라함의 유업을 받는다는 구원론을 말하였으나[473] 예수 그리스도에게는 그런 구원이 없다. 예수는 그런 독선적인 구원론에 있는 유대인들이나 이스라엘에게 온 인류의 구원을 말씀하시다가 죽게 된 것이다.[474]

예수에게는 구약이나 신약과 같은 선민사상이 없다. 예수의 복음은 인류를 다 사랑하시며 모두를 구원하시는 하나님의 사랑으로 오는 구원을 말씀하신다. 또한 "아무든지 나를 따라오려거든 자기를 부인하고 자기 십자가를 지고 나를 좇을 것이니라"는 삶에서 오는 구원을 말씀하셨다. 자기 십자가를 진다는 말은 하나님의 나라가 땅에서도 이루어지게 하는 하나님의 구원을 이루어내는 신앙인들의 기본자세를 말씀하신 것이다. 이는 겸손을 말씀하신 것이 아니라 매사에 먼저 자기의 생각이나 사고를 부정하며 남에게 자기 십자가를 지우거나 전가하지 않는 것을 말하며 자기의 삶을 자기가 스스로 책임지며 사는 삶을 말씀하신 것이다.

구약이나 신약에서의 구원은 하나님이 다 하여 주시는 구원인데 비하여 예수의 구원은 "믿는 십자가"가 아니라 "지는 십자가"를 말씀하신 것이다. 자기 십자가를 자기가 진다는 것은 사람이 주체적으로 하나님의 나라를 땅에서도 이루어지게 하는 자구적인 구원이나 자율적이며 능동적인 구원에 있는 것이다.

예수는 이어서 "누구든지 나와 복음을 위하여 제 목숨을 잃으면 구원하리라" 하셨다. 여기서도 예수 그리스도는 "구원하리라"는 자동사(自動詞)로 말씀하셨다. 예수와 복음을 위하여 목숨을 잃으면 자동으로 오는 구원을 말한다. 이를 보시고 하나님이나 예수가 아니라 자기가 곧 하나님의 구원에 있는 비결을 말씀하신 것이다.[475]

마가복음에서는 "나와 복음"으로 오는 구원과 "나와 및 복음"으로 오는 구원을 말씀하셨다. 이것을 마태복음에서는 "나를 위하여"[476]로, "내 이름을 위하여"[477] 오는 구원을 말하였다. 바울 서신에서도 예수의 복음이나 12사도들의 복음보다 자기의 복음을 말하며, 다만 예수를 신앙의 대상으로 삼아 믿게 하여 오는 구원을 말한 이유가 그것이 아닌가 하는 착각을 한다. 구약적인 하나님 신앙이나 성전적이거나 회당적이거나 왕국적이거나 율법적인 구원에서는 예수 그리스도의 복음이 오히려 필요가 없으며, 예수의 복음을 적용하면 할수록 교회는 도리어 와해가 되는 것을 이미 보아 왔다. 이것을 아는 바울이 예수가 우리를 위하여 하시는 일은 전혀 없이 다만 하나님 우편에 앉아 계시며 우리를 위하여 간구하시는 것 밖에 없게 하였다.[478] 그리고 예수 그리스도의 복음 대신에 모든 것을 성령이 다 하시는 것으로 하였으며 그리스도로 말미암아 오는 구원을 말하였다.

이런 구원에는 예수의 역할이 필요없는 것이다. 믿음으로 이루어지거나 얻어지는 구원과 성령의 인도로 얻어지는 구원이 아니라 예수 그리스도의 십자가의 사랑으로 구원을 받게 되는 것이다. 그러므로 예수는 지는 십자가를 말씀하고 계신다. 예수의 사랑을 입은 자가 그 사랑 안에 거하면 구원을 얻게 되는 것이다.

6) 예수 그리스도의 대속은 사랑의 완성

마가복음에서 대속물(代贖物, λυτρον, Ransom)이라는 언급은 이 곳 한 곳 뿐이다. 이를 마태복음에서만 그대로 인용하였다. 여기서도 본문은 예수가 갑자기 3인칭 단수로 하는 간접화법으로 말씀하셨다. "인자가 온 것은 섬김을 받으려 함이 아니라 도리어 섬기려 하고 자기 목숨을 많은 사람의 대속물로 주려 함이니라."[479] 그리고 이 한 마디가 마치 기독교와 교회의 생사를 건 말씀이나 다름이 없는 비중을 차지하였다. 왜냐하면 바울과 그의 구약적인 교회에서 이를 곧 신약으로 하였기 때문이다. 바울의 모든 신학과 신앙이 바로 예수의 십자가의 은혜의 대속을 믿음으로 말미암아 오는 구원을 말하므로 오늘도 이를 철칙으로 하는 기독교와 교회이다.

누가복음과 요한복음에는 대속물이라는 언급이 전혀 없다. 대속은 구약부터 속량이나 구속이나 속전(贖錢)을 말하는데서 유래되었다. 여기서 "섬김을 받으려 함이 아니라 도리어 섬기려 하며, 자기 목숨을 많은 사람들의 대속물"이나 제물로나 희생물로 주려 하심이라 하였는데 이는 인간을 섬기는 것이 아니라 하나님을 섬기는 것을 말하며, 여기서의 섬김은 서로 이루어지는 봉사로 이해되어야 한다. 대속물은 유대교적 용어이며, 구약적인 제사의 제물을 말한다. 구약이나 유대교에서는 사람의 구원이 하나님으로부터 오는데 반드시 하나님으로부터 죄사함을 받아야 하는 것을 말하며, 이를 위하여 죄인인 사람들이 자기가 지은 죄를 사함받기 위하여 자기 대신에 짐승을 잡아 제물을 드려야 하였고, 그래야 하나님 앞에 설 수 있으며, 그렇게 하여야 구원을 받는다는 것이었다.

하지만 예수 그리스도는 제사가 아닌 예배(Worship)를 말씀하셨다.[480] 예배와 제사는 다른 말이다. 예배는 일정한 장소나 시간에 제물을 드리는 성전종교와 같은 제례가 아니라 언제 어디서든 신령과 진정으로 마음을 드리는 예배를 말씀하셨다. 그러나 바울이 예수의 죽음과 십자가의 죽음을 구약적으로 온 대속의 제물로 말하며, 예수가 십자가의 제물로 피를 흘림으로 죄에서 용서함 받는 속죄론으로 인한 대속을 말한 것이다.

복음서에서는 구약이나 신약에서 말한 구속(救贖, Redemption)을 말하지 아니하며 구원(救援, Salvation)을 말하였다. 구속은 죄사함을 위한 제사에서 사함이나 속함을 구약적으로 말하는 것이나 구원은 사람의 생사나 역경이나 도탄이나 기아나 질병이나 전쟁이나 죽음이나 죽임에서 살리거나 구하거나 구출하거나 건져내는 것을 말하였다. 예수는 제사나 제물이나 제례로 오는 구약적이거나 신약적인 구속이나 대속으로 오는 구원을 말씀하시지 않았다.[481]

구약에서도 "순종이 제사보다 낫고 듣는 것이 수양의 기름보다 나으니라"[482] 하였으며, "주께서 제사와 예물을 기뻐 아니하시며 번제와 속죄제를 요구치 아니하시며"[483]라고 하였고, "하나님의 구하시는 제사는 상한 심령이라"[484] 하였는데 이를 인용하여 "내가 긍휼을 원하고 제사는 원치 아니하노라 하신 뜻이 무엇인지 배우라"[485] 하셨고, "나는 자비를 원하고 제사를 원치 아니하노라 하신 뜻을 너희가 알았더면 무죄한 자를 정죄치 아니하였으리라"[486] 하셨다. 제사나 대속이나 속죄를 놓고 무죄한 자를 정죄하는 일이 없어야 하는 것이다.

복음서가 나올 때는 온통 예수 그리스도가 대속하시기 위하여 오셨다는 바울의 구속론이 초기 기독교와 교회를 압도하고 있는 중이었다. 이에 마가와 마태는 유대인-기독교인들에게는 필수적인 대속론을 예수 그리스도로 종결이 온 것을 말하였다. 이는 구약적인 신앙인들에게는 이해가 되고 납득이 될 이야기이나 예수로부터 시작하는 신앙인들에게는 금

시초문의 아주 생소한 것으로서 이를 소급하거나 회귀나 역행을 하여서라도 제사론이나 속죄론으로 돌아갈 필요가 없는 것이다.[487]

예수 그리스도의 구원의 사건은 구약적이거나 신약적인 대속이 아닌 죄로 인하여 죽을 수밖에 없는 인간들을 향한 예수 그리스도의 섬김과 사랑의 완성이다.

제2절__마태복음서의 사랑

마태복음은 마가복음이 나온 지 10여 년이 지나 나온 책으로 마가복음 90%와 Q자료를 첨가하였다. 일반적으로 마태복음의 저자는 마태로 알고 있다. 마태가 복음서를 썼다면 자기가 직접 목격하고 들은 예수 그리스도의 말씀은 어디에 두고, 자기보다 직접성이 적은 마가의 마가복음서를 90%나 인용한 마태복음서를 내어 놓았는가? 마가복음을 전적으로 의존을 하였다는 것은 베드로의 영향을 받은 마가를 의존하였다기보다는 마태가 직접 저술을 한 자료를 가지고 마태 공동체에서 주후 80년대 엮은 것이 아닌가 한다.[488]

그러면서 마태복음은 마가복음과는 달리 베드로를 앞에 내세웠다. 이에 마태복음을 "베드로의 복음서"라 하는 자들도 있다. 마가복음서를 "베드로의 복음서"로 보는 것과 다름이 없다는 견해들이었다. 그러나 마태복음의 유대인-기독교인들은 예수의 복음을 위주로 하는 신앙생활이나 일상생활보다는 그들의 역사와 전통과 유전에 맞는 구약을 더 선호하는 상태에서, 마태는 마가복음에서 언급된 복음이라는 말을 삭제하거나 수정을 하지 않을 수 없었다. 잘못하면 예수 당시나 다름이 없는 대립과 대결과 대적이 교회 안에 있을 것 같았기 때문이었다. 그러나 마태는 그러면서도 유대인-기독교인들에게 예수의 복음으로 하나님의 나라를 땅에서도 이루어지게 하여야 한다는 데는 변함이 없었다. 마태복음은 예수 그리스도의 교회는 과거의 구약교회나 현재의 바울의 하나님의 교회가 아니라 영원무궁한 "예수 그리스도의 교회"를 말한다.

마태복음은 도덕적이나 윤리적인 종교생활이나 신앙생활보다 일상생활과 사회생활을 위한 하나님 나라를 말한다. 하나님의 나라는 시간적이나 공간적으로 존재하는 것을 말하거나 잘 믿는 자들이나 의로운 자들이 공중에 들려 올라가는 것이 아니라, 땅에서도 사랑할 줄 알고 용서할 줄 아는 사람이 이루는 세계가 곧 하나님 나라라는 말씀이었다. 예수 그리스도가 가르쳐 주신 기도를 보자.

> 그러므로 너희는 이렇게 기도하라 하늘에 계신 우리 아버지여 이름이 거룩히 여김을 받으시오며 나라이 임하옵시며 뜻이 하늘에서 이룬 것같이 땅에서도 이루어지이다 오늘날 우리에게 일용할 양식을 주옵시고 우리가 우리에게 죄지은 자를 사하여 준 것같이 우리 죄를 사하여 주옵시고 우리를 시험에 들게 하지 마옵시고 다만 악에서 구하옵소서(나라와 권세와 영광이 아버지께 영원히 있사옵나이다 아멘) 너희가 사람의 과실을 용서하면 너희 천부께서도 너희 과실을 용서하시려니와 너희가 사람의 과실을 용서하지 아니하면 너희 아버지께서도 너희 과실을 용서하지 아니하시리라[489]

마태복음은 "하나님 사랑"과 "이웃 사랑"과 "원수 사랑"을 하나님 나라의 열쇠로 온 인류와 전 세계를 구원할 수 있으며, 이것을 통하여 화해와 공존을 말하고 있다. 예수 그리스도의 대 계명과 명령은 선교가 아닌 "하나님 사랑"과 "이웃 사랑"이다. 이것이 율법서와 선지서의 대강령이며 예수 그리스도의 최종적인 구원의 길이요 진리요 생명이라 하셨다. 여기에 임마누엘의 역사가 있고 하나님의 구원의 역사가 있다.

1. "하나님의 교회"보다 "예수 그리스도의 교회"

바울로 인하여 예수 그리스도의 교회보다 "하나님의 교회"[490]로 보급이 되고 있는 초기교회에서 12사도 쪽에서는 마태만이 "예수 그리스도의 교회"를 처음으로 말하였다. 그러나 마태는 과거형이나 현재형의 교회를 지향(地響)하고 미래형의 교회(I will build my Church)로 지향하였다. 이는 예수의 교회가 어느덧 바울의 "하나님의 교회"로 회귀하고 만 것에 대하여 예수 그리스도가 말씀하신 교회는 "하나님의 교회"가 아니라 "예수 그리스도의 교회"이다.

"하나님의 교회"는 아브라함의 교회에서부터 족장들의 교회나 열두 지파의 교회, 사사들의 교회나 왕들의 교회, 성전교회나 회당교회나 사두개와 바리새인들의 교회와 바울의 교회는 물론 초대교회나 중세교회나 개혁교회나 오늘의 교회까지 다 포함하는 교회를 말하나 "예수 그리스도의 교회"는 오로지 예수 그리스도가 말씀하시며 사도들과 사람들과 함께 이룬 교회만을 말한다.[491]

마태복음에서는 교회를 뜻하는 에크레시아($\epsilon\kappa\kappa\lambda\eta\sigma\iota\alpha$)라는 말이 나온다. 그러나 유대인들의 교회는 아브라함이 갈대아 우르를 떠나 가나안으로 부르심을 받아 나올 때부터 있었다. 이를 히브리말로는 "카할"(Kahal)이라 하였다.[492] "카할"은 족장시대에는 부족 공동체였고, 출애굽 시에는 민족 공동체였다.[493] 그리고 사사시대나 왕국시대에는 국가 공동체나 다름이 없었다.[494]

그러나 예수 그리스도와 12사도들과 제자들과 사람들과 함께 이룬 교회는 그야말로 가장 작은 무리나 모임의 공동체에 불과하였다. 유대인들의 교회와 비교하면 아주 작은 소규모였다. 12사도들과 제자들의 예수의 교회는 불과 열둘이었고, 여기에 몇몇 여성들이 가담하여 있을 뿐이었다. 70인이나 120여 문도의 교인들은 다 후에 증가된 수였다. 예수는 "두세 사람이 모이는 교회"[495]부터 말씀하셨다.

바울이 말한 교회는 유대인 디아스포라(흩어져 사는 유대인)들이 가담하므로 날로 증가를 하여 예수 그리스도의 교회보다는 훨씬 규모가 컸다. 예수 그리스도의 교회는 유대인들의 교회나 하나님의 교회에서 떠나고 나온 "에크레시아"를 말하였으므로 유대인들이 믿기에 쉬운 교회는 아니었다. 4복음서에는 마태복음에서만 에크레시아를 말할 정도로 예수 그리스도의 교회는 아주 열악했으며, 하나님의 교회 안에 포함되는 교회였다.[496] 그러나 예수 그리스도의 교회는 원교회(元敎會)로 말하는 것이었다.

바울의 교회는 유대인들의 회당(Synagogue) 중심으로 모였으나 12사도들의 교회는 아직도 일정한 건물이 없었다. 사도들이 예수처럼 나서서 10여 명의 제자를 데리고 이 마을 저 마을로 다닐 수도 없었다. 중세에 와서야 프란시스파가 그렇게 한 적이 있었으나 도미니크파처럼 크게 성공적이지 못했다.[497]

마태가 말한 에크레시아는 구약이나 바울이 말하는 회당과 같은 교회가 아니라 예수 그리스도가 말씀한 "하나님의 나라"를 땅에서도 이루어지게 하는 "에크레시아"를 말하였으나 아직 이런 교회의 구체성을 살릴수가 없었다. 마태는 교회라는 말을 3회 밖에 언급치 않은 반면 "하나님의 나라"는 57회나 언급하였다(막20회, 눅46회, 요5회). 이는 "하나님의 교회"와는 달리 교회를 위한 하나님의 나라가 아니라 하나님의 나라를 위한 교회를 말하였다.

복음서 기자들은 모두가 다 구약이 말하거나 바울이 말하는 "하나님의 교회"와 "하나님의 복음"[498]과는 달리 "예수 그리스도의 교회"와 "예수 그리스도의 복음"을 말하는 복음서를 낸 것이다. 예수 그리스도가 "하나님의 교회"나 "하나님의 복음"을 말씀하시지 않았기 때문이다.[499] 그리고 "하나님의 교회"나 "하나님의 복음"에서는 "예수 그리스도의 교회"나 "예수 그리스도의 복음"이 수용되지 않았다. 이는 예수 그리스도가 직접 말씀하신 것을 말하였으나 아브라함이나 모세나 다윗이나 세례 요한이나 바울이 말하는 것은 해당이 되지 않는 것을 말씀하신 것이다. 하지만 오늘까지 "예수 그리스도의 복음"이나 "예수 그리스도의 교회"가 구약이나 신약 속에 묻히고, 덮히고, 가려지게 되었다. 그리고 "예수 그리스도의 교회"는 "하나님의 교회"나 "하나님의 복음"에 종속이 되거나 하속되어, 하나님이 직접 오셔서 최종적으로 종말적으로 궁극적으로 말씀하신 복음과 교회는 전혀 다른 데 있게 되고, 성서와 하나님의 말씀

이라는 명제 앞에 평준화(平準化)가 되고만 것이다.[500]

이는 예수 그리스도의 성육신이나 임마누엘로 주신 복음의 말씀과는 거리가 먼 것이다. 구약이나 바울이 말한 것은 다 예비요 준비며 그림자이며, 예수 그리스도만이 알파와 오메가며 처음과 나중이 시작과 끝이나, 바울의 "하나님의 교회"는 예수 그리스도의 말씀이나 예수 그리스도의 교회나 예수의 사도들과 예수의 하나님의 나라까지 다 지배를 하는 것이었다.[501]

초기교회가 비록 "하나님의 교회"라는 성전과 회당과 다른 용어를 사용하였어도 실은 "성전"과 "회당"과 다툼이 없는 구약교회에서 벗어나지 못하였다. 그럼에도 기독교와 교회는 성전과 회당이 예수 그리스도의 교회와 어떻게 다른지를 구별하지 않았다. 성전은 제사장들이나 레위인들이 국가적으로 민족적으로 절기를 정하여 제사를 지내는 제의적인 구속이나 대속 종교의 중심지였고, 회당은 온 가족이 안식일마다 모여서 하나님께 예배하고 친교와 교육과 봉사로 조정을 한 것이다. 하지만 야외에서 이 마을 저 마을로 다니시며 말씀하신 예수 그리스도의 교회와는 거리가 먼 교회였다.

예수 그리스도의 교회는 그들의 성전이나 회당에서 떠나고 나온 무리들로서 구별되고 거룩한 종교적인 생활로 오는 왕국이 아니라 세상생활이나 일상생활에서 이루어내는 하나님의 나라의 전위대(前衛隊, Task Force)인 것이다. 또 다른 성전이나 회당처럼 절충하여 일정한 장소나 시간대에 모여서 의식을 갖는 새 종교가 아니라 자연과 더불어 일상생활을 하여 사람들이 "서로 사랑"하고 용서하고 돌보고 위하며 도와주고 구출하는 구원의 삶의 현장인 것이다.

2. 교회를 교훈하기 위한 사랑의 복음

마태의 공동체인 마태교회에서 가장 심각하게 생각하고 있던 문제는 유대 종교에서 개종한 유대인-기독교인들의 교육과 교훈 문제였다. 이

예수 그리스도의 사랑학 개론

들은 성전종교나 회당종교에 수백 년 이상 주입식 교육과 암기식 교훈으로 세뇌를 입은 자들로서 그들이 비록 마태의 교회로 모이기는 했으나 율법주의나 유대주의를 쉽게 버리지 못하는 신앙인들이었다.[502] 이에 유대교에서처럼 아침부터 저녁까지 혹은 1년 내내 읽을 교훈집이 필요하게 되었다.

이에 마태는 유대주의와 율법주의에서 벗어나게 하기 위하여 "예수 그리스도의 복음"이 어떤 것인지를 알게 하는데 주력을 두었을 뿐 아니라 바울의 영지적이며 신비적인 교회론에서 떠나게 하지 않으면 안 되는 이유로 "예수 그리스도의 교회"와 "복음"을 말하는데 역점을 두었다.[503]

마태는 모세의 5경[504]을 잘 알고 있었다. 유대인들은 5경을 절대시 하는 사람들이었다. 그러나 마태는 5경을 절대시하기보다는 당시 초기교회가 지켜 오는 5대 명절에 교인들이 율법서와 대조적으로 읽을 수 있는 교훈집으로 편집을 하였다. 이는 구약의 답습이 아니라 유대인-기독교인들이 그동안 지켜온 "기독교회의 달력"에 맞추어서 복음서를 편집하였다.[505]

마태복음서를 모세의 5경과 같이 편집한 것으로 본 것은 베이컨 (B.W. Bacon, 1931)이었다.[506] 오늘도 베이컨의 주장을 철칙으로 하고 있는 신학인들이 적지 않다. 그러나 마태복음은 구약을 답습하고자 하거나 복원고자, 회복하고자 하거나 모델을 삼고자 한 것이 아니다. 1954년 오스틴 펠레러(Austin Farrer)는 5경보다는 6경으로 "여호수아"까지를 연결을 시켜서 "새 모세"와 "새 여호수아"론을 말하였다. 펠레러는 1장을 창세기로, 5-7장을 출애굽기로, 12장을 레위기 10장으로, 13장을 민수기로, 18장을 신명기로 하며, 유월절 기사를 "새 여호수아"(예수)가 약속의 가나안 땅으로 들어간 것 같은 입성으로 말하였다.[507]

그후 펠레러의 제자 미카엘 골도(Michael Goulder)는 1974년에 그들의 주장과는 전혀 다른 주장을 하였다. 마태는 모세의 5경보다는 5대 명절을 지키는 유대인-기독교인들에게 읽게 하기 위하여 편집한 것이라 말하였다. 골더와 뜻을 같이하는 존 스퐁(John Spong)이 1996년에 「복음서들 해방」(Liberation The Goapels)을 내며, 마태복음의 5대 분류는 모세의 5경이나 6경을 근거하기 보다는 유대인-기독교인들이 주일과 5대 명절을 지키며 읽게 하기 위한 복음서라 말하였다.[508] 크게 다섯 부분으로 구분되어 있는 마태복음은 그 시작에서는 반드시 "예수께서 말씀하여 이르시기"로 하며 마칠 때는 "말씀을 마치시매"로 하였다.[509] 이 다섯 부분이 바로 5대 명절을 놓고 편집하였다.

유대인들의 8대 명절 중에서 유대인-기독교인들이 지키는 5대 명절은 애통절과 속죄절과 부림절을 제외하고 오순절(Pentecost)와 신년절(New Year)와 장막절(Tabernacle)과 봉헌절(Dedication)과 유월절(Passover)이었다. 유대인들이 구약성경을 읽듯이 기독교인들도 "예수 그리스도의 복음"을 읽을 수 있도록 다섯 부분으로 편집을 하였다.[510] 복음서와 신약이 공적으로 정경화한 것은 그 후 3백여 년이 지나서였다.

마태복음에서도 마가복음과 마찬가지로 예수 그리스도는 유월절을 지키려고 예루살렘에 단 한 번 올라간 것으로 기록하고 있다. 그렇다면 예수 그리스도의 목회는 단 1년간이 되고 만다. 앞에서 말하였지만 복음서는 예수의 자서전적인 복음서로서의 생애와 사상을 기록한 것이 아니라 예수 그리스도가 말씀하신 복음이 무엇이며, 어떤 것인지를 알게 하고자 하여 1년간 읽을 자료로 기록하며 편집한 것이다.[511] 요한복음서는 유월절만 세 번[512] 올라가시고 초막절[513]과 수전절[514]에 각각 한 번씩 올라가신 것으로 기록하고 있다.

마태복음에서의 기록은 율법적이며 계명적인 말씀으로서의 구약적인 기록이 아니다. 예수 그리스도의 삶의 현장과 사랑의 어록을 기록한 것으로 읽고 교훈을 삼아 바른 신앙을 갖게 하고자 한 것이다.

3. 예수 그리스도의 사랑은 "십자가를 지는 교회"

유대인들에게 예수의 복음론이나 구원론은 가히 혁명적(革命的)인 언급이 아닐 수 없었다. 구원이라는 구원은 전부 다 하나님으로부터 오는

예수 그리스도의 사랑학 개론

것으로 믿고 있는 유대인-기독교인들에게 마태는 전혀 그렇지 않은 예수 그리스도의 자구적(自救的)인 구원의 복음을 말하였다. 예수의 구원은 성전종교나 회당종교에서 말하는 구원과는 전혀 다른 언급이었으며, 바울이 말하는 십자가의 대속을 믿는 신앙에서 오는 구원과도 다른 말씀이었다.

바울은 십자가의 대속의 은혜를 믿음으로 말미암아 오는 구원을 말하여 선풍적인 인기에 있었으나 마태는 십자가를 짐으로 오는 예수의 구원을 말하여 모이는 사람들이 벅차게 여기지 않는데 있었다.

> 아무든지 나를 따라오려거든 자기를 부인하고 자기 십자가를 지고 나를 좇을 것이니라 누구든지 제 목숨을 구원코자 하면 잃을 것이요 누구든지 나를 위하여 제 목숨을 잃으면 찾으리라 사람이 만일 온 천하를 얻고도 제 목숨을 잃으면 무엇이 유익하리요 사람이 무엇을 주고 제 목숨을 바꾸겠느냐[515]

바울은 "십자가의 대속의 은혜를 믿음으로 오는 구원"[516]을 말하였으나, 마태는 "누구든지 자기를 부인하고 자기 십자가를 짐으로 오는 구원"을 말하였다.[517] 어느 누가 바울의 믿음으로 오는 구원보다 예수의 십자가를 지는 구원을 더 선호하겠는가? 그러니까 마태복음이 나왔어도 예수 그리스도의 십자가를 지는 구원을 말하는 마태의 교회보다 바울의 십자가를 믿는 교회로 몰려가는 것이었다.

그러나 예수 그리스도가 십자가를 지심으로 인류의 죄의 짐을 짊어짐으로 구원의 길을 열어 놓았으며 그 십자가를 짐으로 구원에 이룰 수 있는 길을 열어 둔 것이다. 현재 교회는 이런 십자가를 지는 사랑의 실천이 필요한 것이며 예수 그리스도께서 몸소 친히 보여준 것이다.

4. 임마누엘의 "하나님 나라"

마태복음에는 "하나님의 나라"의 비유가 가장 많이 언급되고 있다.

이런 비유의 목적이 바로 하나님의 나라가 땅에서도 이루어지게 하는데 있다. 이는 구약이나 신약이 말하는 하나님의 나라와는 아주 다른 양상의 하나님의 나라이다. 구약의 하나님의 나라는 하늘에서 내려오는 하나님의 나라였으며, 신약의 하나님의 나라는 공중으로 들려 올라가는 하나님의 나라였으나 예수 그리스도의 하나님의 나라는 땅에서 이루어지는 나라이다.

마태는 다른 복음서와는 달리 먼저 유대나라와 유대민족에게 오는 구원에 역점을 두었다. 그러나 나라와 민족에게 머물지 아니하고 범세계적이며 전 인류가 다 들어가는 하나님의 나라의 구원을 말하며, "하나님이 우리와 함께 계시는 임마누엘"[518]을 말하였다. 그리고 마지막 장절에서도 "내가 너희와 세상 끝날까지 항상 함께 있으리라"[519]라고 임마누엘의 종지부를 찍었다. 그리고 마태는 "내가 너희에게 분부한 모든 것을 가르쳐 지키게 하라 내가 세상 끝날까지 너희와 항상 함께 있으리라"하신 말씀에 역점을 두었다.

그리고 마가가 말한 13장과 같은 종말론을 마태복음 24장에 그대로 인용하여 역시 "이 세대가 지나기 전에 다 이루어지리라"[520]고 말씀하였다. 그러므로 마태 역시 종말론이나 승천론이나 재림론이나 심판론을 별도로 말할 필요가 없었다. 물론 마태복음은 복음서 가운데 가장 구약을 많이 인용한 복음서이지만 다윗 왕국의 회복에 역점을 두지 않았으며, 유대인들의 역사와 전통을 존중하며 구약을 한껏 인용을 하면서도 땅에서 하나님을 사랑하고 이웃을 사랑하여 원수를 사랑하므로 오는 하나님의 나라에 역점을 두었다.[521] 그러면서 구약의 성취요 율법의 완성자로 오신 예수 그리스도를 말하였다. 마태복음은 마가복음과 같이 "비유가 아니고는 아무 말씀도 하시지 않으셨다"는 예수의 하나님의 나라의 비유를 23회나 언급하였다. 이는 사람들의 일상생활과 사회생활과 공동생활을 말하며, 하나님의 나라가 땅에서 이루어지는 이치를 말하였다. 마태는 하나님의 나라가 유다왕국처럼 일정한 공간에서 한시적인 시간대에 존재하는 것을 말하지 않았으며, 잘 믿는 자들이나 의로운 자들이라 하여 별천지로 들어가거나 공중에 들려 올라가는 천국으로 말하지 않았다.

마태복음은 하나님의 나라를 사람들이 스스로 이루어내는 비결로써 예수 그리스도가 말씀하신 음행(淫行)보다 음욕(淫慾)을 말하며, 살인(殺人)보가 살기(殺氣)를 말하였다.[522] 이는 보다 근본적인 것을 말한 마태였다. 이런 교훈을 위하여 마태는 "예수 그리스도의 복음"을 5, 6, 7장으로 별도로 편집하였다. 전통적인 유대종교의 계율과 예수 그리스도의 복음이 어떻게 다른지를 대조적으로 엮었다. 그리고 8, 9, 10장에서는 예수 그리스도의 복음의 하나님의 나라가 어떤 나라인지를 말하였다.

마태복음은 다른 복음서보다 새 포도주는 새 부대에 넣어야 한다는 원리를 말하면서 그렇게 해야 포도주도 부대도 상하지 않는다는 설명을 하며 새 천으로 낡은 천에 깁지 않아야 둘 다 공존하는 보존론을 말하기도 하였다.[523] 이방이나 열방은 죽어야 하고 벌을 받아야 마땅하다는 것으로 여기는 초기교회에 마태는 예수 그리스도의 복음만이 피차가 서로 공존하며 공멸하지 않고 영원히 공생하는 하나님의 나라를 땅에서도 이룰 수 있는 자구적(自救的)인 구원을 말하였다.[524]

이런 입지에 있는 마태는 유대인-기독교인들이 구약이나 바울 서신을 읽을 것이 아니라 복음서를 읽게 하기 위하여 마태복음서를 내어 마태는 구약도 좋고 신약도 좋으며 복음도 좋으니 골라서 읽거나 보라는 것이 아니었다. 마태는 "수고하고 무거운 짐진 자들아 다 내게로 오라 내가 너희를 쉬게 하리라"[525] 하신 예수의 복음을 읽게 하고자 하였다. 마태복음에는 구약이나 신약대로 하나님을 믿기만 하면 구원이 온다는 말씀이 없다. 마태는 "나의 멍에를 메고 내게 배우라 그리하면 너희 마음이 쉼을 얻으리라" 하셨다. 이는 하나님이나 예수를 믿으면 멍에가 다 없어진다는 말씀이 아니었다. "내 멍에는 쉽고 내 짐은 가벼움이라" 하셨다. 이 점이 구약이나 신약이 말하는 하나님의 구원이나 능력과 다른 점이었다. 그러니까 마태는 "믿는 십자가"로 "믿음으로 오는 구원"을 말하지 않고, "지는 십자가"를 통하여 "사랑으로 오는 구원"을 말하며 그래도

구약이나 신약보다는 "가벼운 십자가"를 말하였다. 이는 예수 그리스도
의 "서로 사랑"을 말하며, 영원한 하나님의 임마누엘의 사랑을 말한 것
이다.

5. 사랑의 대 계명(大誡命)과 지상명령(至上命令)

마태복음 마지막 장에서는 기독교와 교회에서 자주 말하는 "대 계명"
(The Great Commandment)과 "지상 명령"(The Great Commission)이
들어 있다. 이는 유대종교에서 개종을 한 기독교인들이 복음화보다는 율
법화를 하므로 주님 당시의 바리새와 사두개와 서기관들과 있었던 주님
과의 교훈을 다시 회상시켜 그들에게 대 계명과 대 명령을 말한다.[526]

바울과 함께 출발한 초기 교회가 종말을 기다리고 있는데 대하여 마
태는 "예수 그리스도의 복음"으로 세상 끝 날까지 주님의 명령을 이행
할 것을 말하고 있다. 이것은 "모든 민족"을 제자로 삼아 아버지와 아들
과 성령의 이름으로 세례를 주며 내가 분부한 모든 것을 가르쳐 지키게
하라"는 것이다.

마태는 초반부에서는 율법과 복음을 대칭적으로 비교해 주었고, 중반
부에서는 하나님의 나라의 비유를 말해 주었으며, 종반부에서는 이런 하
나님의 나라를 땅에서도 이루어지게 하려면 십자가를 져야 한다고 하며,
모든 민족에게 복음을 가르쳐 지키게 하라 하신 분부를 말해 주고 있다.
그리고 비록 예루살렘과 온 유다가 멸망에 임하였지만 이는 마치 다니엘
서의 종말과 같은 현상이었으나 이제부터 가서 "모든 민족에게 예수 그
리스도의 복음"을 전하고 가르쳐 지키게 하여야 한다는 말씀이었다.

이는 유대교회에서 예수 그리스도의 교회로, 팔레스타인에서 세계화
를 하는 역사의 전환을 말하며, 뜻이 하늘에서 이루어진 것 같이 땅에서
도 이루어지는 하나님의 나라를 말하여 준다. 마태는 율법과 선지서의
대강령을 발췌하신 "예수 그리스도의 복음"을 말하였고, 이런 사명의 최
대의 걸림돌은 바리새와 사두개와 제사장과 장로와 서기관들의 전통과

유전임을 전제하며, 율법의 성취가 곧 복음인 것을 마태복음에서 11번, 마가복음에서 10번, 누가복음에서 9번을 말하였다.

지금까지의 기독교나 교회는 선교를 지상명령[527]으로 말하며, 하나님 사랑과 이웃 사랑의 대강령[528]을 등한히 하는 경향에 있었다. 거기다가 이미 지난 다니엘서적인 종말론을 다시 덧붙여 놓고 마치 그런 종말 때문에 믿어야 하고, 사랑하여야 하며, 선교하여야 하는 것으로 말하였다. 그러니까 교회는 오늘도 예수 그리스도의 "서로 사랑"보다 선교에 더 큰 사명을 두고 있다. 이는 기독교나 교회가 지금도 "예수 그리스도의 복음"보다는 바울의 복음이나 이신득의에 있기 때문이다. 이신득의는 자기나 잘 믿어서 의롭다함을 받는 신앙으로서 이는 주님이 말씀한 첫째(First)가고 으뜸(Great)가는 "하나님 사랑"과 "이웃 사랑"을 망각하거나 외면을 하는 것에 지나지 않는다.

예수 그리스도의 대 계명과 대 명령은 선교가 아니며, 바울이 말하는 재림과 심판으로 오는 하나님의 구원을 위하여 대비하거나 준비하는 것이 아니라 사람들이 땅에서 "하나님 사랑"과 "이웃 사랑"하며 원수까지 사랑하는 것을 말한다. 이것이 율법서와 선지서의 대강령이며, 예수 그리스도의 최종적인 구원의 길이요 진리요 생명이다.

제3절_누가복음서의 사랑

누가복음은 마가복음과 마태복음과는 또 다른 관점에서 "예수 그리스도의 복음"을 기록하였다. 누가복음은 마태복음과는 달리 예수 그리스도의 족보를 아브라함보다 태초로 올라가 아담부터 시작한다. 또한 예루살렘이 아닌 세계의 중심지 로마를 의식하여 기록하였다. 그러면서 예루살렘과 온 유다와 사마리아와 땅 끝까지의 복음화를 말하였다.

누가는 유대인이 아닌 이방인으로서 유일하게 성서를 기록한 의사였다. 물론 그는 바울의 선교 동역자였다.[529] 누가는 바울과 깊은 교분을 유지하면서 바울의 영향을 적지 않게 받았으나, 누가복음에서는 바울 서신과는 사뭇 다른 내용의 복음서를 내어 놓았다.[530]

누가도 예수 그리스도를 목격한 자는 아니었다. 그러나 누가는 복음서를 기록하여 바울과 같은 계시나 감동이나 영감이나 성령으로 복음서를 쓰지 않았다. 바울의 이방 선교에 대한 선교 동역자였다. 그럼에도 불구하고 누가는 바울과는 다른 "예수 그리스도에 대한 복음"보다 "예수 그리스도의 복음"을 기록하였다.

바울이 육적인 것을 경히 여기며 오로지 이신득의로 오는 구원을 하는데 비하여 누가는 바울에 조금도 연연치 않고 어느 복음서보다도 가장 인간적인 인간미 넘치는 예수의 복음을 기록하며, 가난하고 불쌍하고 소외되고 병든 사람들의 구원을 증거하였다. 나아가 누가는 "잃은 자를 찾아 구원하시는 인자의 사랑"을 말한다. 이방인과 가난한 자들과 죄인들과 약자들과 세리와의 이야기며, 선한 사마리아인 비유와 감사를 잊지 않는 문둥병 환자 이야기와 탕자의 비유, 삭개오의 비유 등이 그렇다. 이런 비유의 복음이 곧 "새 신명기"이다. 그러면서 누가는 새 신명기의 절정을 "원수 사랑"에 두었다. 이것은 모든 인간을 사랑하시는 예수 그리스도의 복음의 유일성이며, 특성인 동시에 세계성을 말한다. "예수 그리스도의 복음"은 하나님의 구원의 원리와 원칙이나 법칙을 온 세계와 온 우주에 충만케 하는 사랑의 섭리를 말한다. 그러면서 모든 이방인이 다 포함된 복음을 말하며, 예수의 피 없이도 하나님으로부터 의롭다함이 없이도 원수까지 사랑하는 "서로 사랑"으로 오는 하나님 나라를 증거하고 있다.

1. 인류를 사랑한 "예수 그리스도의 복음"

마가복음과 마태복음이 유대인-기독교인들을 위한 복음서였다면 누가복음은 온 인류를 향한 하나님의 사랑의 복음서이다. 유대인의 선민사상과 그들만을 위한 율법과 구원에서 그동안 소외되고 멸시받고 천대받

예수 그리스도의 사랑학 개론

고 인간으로 구원받지 못할 자라고 여겼던 모든 인간들에게도 구원이 있음을 증거하고 있다. 그러니까 누가복음은 하나님의 구원이 곧 인간들의 구원이며, 인간들의 구원이 곧 하나님의 구원임을 말하는 유대교와 예수 그리스도의 복음이 무엇이 다른가를 보여주고 있다.

1) 인류 사랑을 전한 메신저

누가복음서의 저자는 사도행전의 저자이며 헬라인 의사로서 바울에 의해 개종하고 바울 선교에 동참하여 바울과 같이 운명을 같이 한 동역자였다.[531] 사도행전을 쓴 누가는 예수를 만난 적이 없었으며, 물론 12사도들도 만난 적이 없었고, 나사렛이나 갈릴리로 간 적도 없었다. 사도행전은 몰라도 누가복음을 쓰기에는 헬라인이 아닌 유대인이어야 가능했을 것이다. 세례 요한의 어머니나 예수의 어머니를 만나지 않고는 쓸 수 없는 내용이 있다.

> 우리 중에 이루어진 사실에 대하여 처음부터 목격자와 말씀의 일꾼된 자들이 전하여 준 그대로 내력을 저술하려고 붓을 든 사람들이 많은지라 그 모든 일을 근원부터 자세히 미루어 살핀 나도 데오빌로 각하에게 차례대로 써 보내는 것이 좋은 줄 알았노니 이는 각하가 알고 있는 바를 더 확실하게 하려 함이로라[532]

원문대로 다시 풀어보면 "우리 중에 일어났던 일에 대하여 처음부터 목격한 자들이 말씀의 사역을 하며 우리에게 전하여 준대로, 나도 처음부터 모든 것을 주의깊게 조사하여 연관성 있게 하나님을 더욱 사랑하는 그대에게 써 보내는 것이 적절할 것으로 여기는 바이다." 이는 목격성 대신에 영감이나 감동이나 계시를 받아서 쓴 바울 서신들과는 다른 점을 말한 것이다. 또한 나도 목격자 중의 한 사람으로서 보다 주의 깊게 조사하여 연관성 있게 "하나님을 더 사랑하는 여러분에게" 쓴다는 것을 말한다.[533]

헬라인이요 의사요 바울로 말미암아 개종한 누가가 과연 누가복음서의 저자나 편자나 기자가 될 수 있는가? 누가가 복음서 서두에 데오빌로 각하에게라는 말을 하였는데, 이는 각하가 아닌 "하나님을 사랑하는 여자"를 말한다. 즉 누가공동체에서 "하나님을 더 사랑하는 여성"을 말한다는 것이다. 그동안 믿고 이미 하나님을 사랑하고 있는 자들에게 바울 서신과는 아주 다른 예수 그리스도가 말씀한 예수 그리스도의 복음을 사실대로 주의깊게 쓴 복음서를 제공한 것이다.

어느 복음서나 저자를 명백히 밝힌 복음서는 없다. 다만 은연 중에 아주 완곡하게 한 두 마디를 비췬 것을 가지고 어림잡아 저자로 짐작할 뿐이다. 그러나 누가복음서만은 그런 암시와는 전혀 다른 이방인 의사 누가를 저자로 하는데 요지부동이다. 하지만 누가복음을 보면 남자보다는 여자가 목격자임을 말하고 있다. 특히 여성에 대한 관심도가 다른 복음서보다 압도적으로 더 높다.

예수 탄생의 비밀을 가장 먼저 마리아에게 알린 사실이나[534] 여자 주인공들의 많은 등장, 임신한 마리아의 내적 상태를 말하고 있다든지[535] 마리아와 엘리사벳과의 관계라든지[536] 일곱 귀신이 나간 막달라 마리아의 이야기와 많은 여자들이 예수와 함께 자기들의 소유로 저희를 섬겼다[537]라는 말은 여성이 아니면 기록하기 힘든 내용이다.

누가복음 8:3절과 24:10절에 언급된 "저희와 함께 한 다른 여자들 중"의 한 여자를 원저자로 보기도 한다.[538]

2) 모세의 율법이 아닌 사랑의 복음

누가복음서는 다른 복음서와는 달리 구약의 답습이나 바울 서신의 연장이나 반복이 아닌 새 창세기와 새 출애굽기와 새 레위기와 새 민수기와 새 신명기로서의 누가복음을 말하였다. 즉 구약과 상반된 예수 그리스도의 복음을 말하고 있다.

누가는 마태복음 1:1~4:11절을 1:5~4:13절에 인용하여 "새 창세기"의 복음으로 하였고, 마가복음 1:21~3:19절을 4:14~6:10에 인용하여 "새 출애굽기"로 하였으며, 마태복음에 있는 논쟁들을 6:20~8:25절에 인용하여

"새 레위기"로 하였고, 마가복음 4~9장까지를 8:26~9:50절에 이용하여 "새 민수기"로 하였으며, 9:51~18:14절까지는 누가만의 자료로 하여 다른 복음서 기자들이나 바울의 복음과는 전적으로 구분되는 "새 신명기"로 한 예수 그리스도의 복음을 언급하였다. 이를 보면 누가복음서의 기자는 어느 복음서 기자보다도 구약에 대하여 조예가 깊은 자였으며, 바울 신학에 대해서도 충분히 아는 자였다.[539]

누가가 주의 성찬에서 비록 바울이 말하는 "새 언약"과 같은 말을 하였으나 누가가 말하는 "새 언약"은 바울이 말하는 신약이 아니라 예수 그리스도가 말씀한 "예수 그리스도의 복음"을 그대로 인용하여서 이를 새 언약으로 말한 것이다. 마가복음은 신약도 구약도 아닌 언약[540] 자체를 말하므로 이를 원약(Original Testament)이라 할 수 있으며, 누가는 새 언약[541]이라는 말을 하였으나 바울과는 다른 예수 그리스도의 사랑을 말하고 있다.

3) 온 인류를 향한 "원수 사랑"

누가복음서에는 다른 복음서에는 없는 누가만의 자료로 언급된 예수의 복음이 많다. 그 공통점에는 "잃은 자를 찾아 구원하시는 인자(人子)의 사랑"을 말하고 있다. 이방인과 가난한 자들과 죄인들과 약자들과 세리와의 이야기며, 선한 사마리아인 비유와 감사를 잊지 않는 문둥병 환자 이야기와 탕자의 비유와 삭개오 비유 등에 잘 나타나 있다. 이는 예수의 구원이 모든 사람들의 "전인 구원"(全人救援, Holistic Salvation)을 말하며, 그 절정을 "원수 사랑"에 두신 예수 그리스도의 복음이다.

"원수 사랑"을 구체적으로 언급한 복음은 마태와 누가복음이며, 마가나 요한복음에서는 "원수 사랑"이라는 말이 없다. 도마복음서에도 "원수 사랑"이 없으나 Q복음서에는 있다.[542] 그러나 "사랑"이나 "서로 사랑"이나 "원수 사랑"이나 "이웃 사랑"은 같은 맥락의 복음이다. 특히 누가복음에서 "원수 사랑"이 없이는 다른 나라와 민족과 종교와 세계화는 불가능한 것을 말하고 있다.[543]

이것이 모든 사람을 사랑하시는 예수 그리스도의 복음의 유일성(唯一性)이며, 특성인 동시에 세계성임을 말하고 있다. 대부분의 모든 종교는 도덕적으로나 윤리적인 차원이나 아니면 신비주의나 치병주의나 환상주의나 무속적인 차원의 교리나 신조나 신앙을 말하나 "예수 그리스도의 복음"은 하나님의 구원의 원리나 원칙이나 법칙을 온 세계와 온 우주에 충만케 하는 사랑의 섭리이다.

그러나 유대인들이나 바울 중심의 신앙인들에게는 "서로 사랑"으로 오는 구원이 중요한 것이 아니었다. 그들은 다만 기도를 드리고 제사를 드리며 예배하며 십자가의 대속을 믿기만 하면 구원을 받는다는 것이었다. 율법을 지키거나 종교생활이나 신앙생활을 하면 의롭다함을 얻고 이신득의가 되는 것으로써 다른 여운이 없었다. 그러나 누가는 "원수 사랑"을 하는데서 오는 예수의 구원을 말하였다.

누가복음은 어느 복음서보다 율법과 복음의 구별을 대조적으로 하여 그 분수령을 예수의 "원수 사랑"으로 하였다. "너희 원수를 사랑하며 너희를 미워하는 자를 선대하며 너희를 저주하는 자를 위하여 축복하며 너희를 모욕하는 자를 위하여 기도하라."[544] 그러나 아직도 기독교와 교회는 "원수 사랑"을 절정으로 하거나 종말적으로 하는 종교에 이르지 못하고 있다.

4) 강도 만난 자와 사마리아인의 사랑

구약에서 유대인의 이웃의 한계는 동족은 이웃이요 타민족은 마음대로 부려도 되는 대상이었다. 이스라엘을 위한 모든 법이 모세에 의하여 주어지고 그 대강령을 십계명으로 하달하는 절대적인 국법(國法)이나 신법(神法)을 말하며, "너희는 그들을 너희 후손에게 기업으로 주어 소유가 되게 할 것이라 이방인 중에서는 너희가 영원한 종을 삼으려니와 너희 동족 이스라엘 자손은 너희 피차 엄하게 부리지 말찌니라"[545]라고 하면서 동족과 이방을 구분하였다. 또한 동족에게는 "네 동족 히브리 남자나 히브리 여자가 네게 팔렸다 하자 만일 육 년을 너를 섬겼거든 제 칠

년에 너는 그를 놓아 자유하게 할 것이요"[546]라고 하였다.

신약에서의 바울은 이웃의 한계를 "형제들아 내 마음에 원하는 바와 하나님께 구하는 바는 이스라엘을 동족을 위함이니 곧 저희로 구원을 얻게 함이라"[547]한 것처럼 믿는 자와 이스라엘 동족을 말하며, 나의 복음이 아닌 다른 복음을 전하는 자는 저주를 받을 것이라 하였으며, 복음에 복종치 않는 자는 심판을 받을 자라 하였다. 바울에게 이웃은 이스라엘 민족과 "나의 복음"을 믿는 자라고 한다.

그러나 누가복음에서는 이웃에 대한 새로운 기준과 표준을 예수와 율법사와의 대화에서 제시하고 있다.[548] "내 이웃이 누구오니이까?" 이때 예수는 강도 만난 자를 살린 선한 사마리아인 이야기를 비유로 말씀하셨다. 사마리아인은 같은 동족이었으나 유대인들이 개와 같이 취급하는 사람들이었다. 북 이스라엘이 주전 722년에 앗시리아에 망하고, 혼혈정책에 혈통이 더럽혀지자 이들을 구출하기보다 그들의 망함을 좋아하고 비난하는 남왕국이었다. 남왕국이 동족에게 취한 태도는 피차 끝없는 적대에 있게까지 하였다. 그 후 유대인들은 사마리아 쪽으로 들어가지도 않고 돌아서 다녔다. 그러나 예수는 사마리아 수가성으로 들어가 남편이 다섯인 여자와 대화를 하시며, 그리심산도 예루살렘도 아니라 언제 어디서도 예배하는 것을 말씀하신 것[549]이다.

예루살렘에서 여리고로 가다가 강도들이 그 사람의 옷을 벗기고 때려 거반 죽게 된 것을 버리고 갔는데 제사장도 레위인도 그를 보고 피하여 지나갔으나 어떤 사마리아인이 여행 중에 그를 보고 불쌍히 여겨 가까이 가서 기름과 포도주를 바르고 붓고 싸매고 자기 짐승에 태워 주막으로 데려 가서 돌보아 주고 이튿날에 데나리온 둘을 내어 주막 주인에게 주며 비용이 더 들면 돌아올 때 갚으리라 하는 이야기다. 예수는 율법사에게 "네 의견에는 이 세 사람 중에 누가 강도만난 자의 이웃이 되겠느냐" 하셨다. 그는 자비를 베푼 자라 하였다. 예수께서 이르시되 "가서 너도 이와 같이 하라"[550] 하셨다. 예수는 율법적이거나 교리적이거나 신학적이거나 영적이거나 신앙적으로 오는 구원을 말씀하시지 않았다. 예수의 구원이나 영생은 강도만난 자가 구출되는 실제적인 삶의 구원이었다. 강도만난 자의 구원이나 영생은 기도나 성령이나 은혜나 제사나 율법이나 대속으로 오는 것이 아니었다.

예수가 말씀한 비유 중에서 강도만난 자를 구원한 사마리아인을 제사장이나 레위인들이나 가족들이 문제를 삼아 재판에 회부할 수 있다. 그들은 안식일에 병을 고치신 예수를 이미 문제시 하였고, 그의 제자들이 밀밭에서 이삭을 비빈 것에 대하여 문제를 삼았다. 선한 사마리아인의 자비와 구출을 문제시하고 월권이라거나 침해라거나 모독이라 생각한다면 이웃 사랑이나 이웃 선행이나 구제나 구원은 할 수 없게 될 것이다.

강도만난 자를 외면하고 피하는 제사장들과 레위인들이 교회에 있다면 어찌 되겠는가? 누가 강도만난 자의 이웃이 되겠는가? 하나님의 뜻을 이룬다고 하는 제사장도, 율법을 지키며 성전에서 종사하는 레위인도 죽어가는 이웃을 보고 사랑의 실천을 이루지 못하였다. 그러나 모두에게 멸시받고 천대받던 사마리아인의 사랑의 실천을 통하여, 이런 "이웃 사랑"의 실천을 명하고 계신 것이다. 이제 진정한 이웃이 누구인가를 체험적으로 생각해야 하는 것이 교회와 신앙이어야 한다.

2. 예수 그리스도의 사랑과 용서

누가복음에서는 다른 복음에서는 말하지 않는 예수의 사랑 즉, 이방인들과 버림받은 자와 소외된 자를 사랑하시고, 병들고 고통받는 자를 사랑하시는 사랑을 말하고 있다. 그러면서 이 땅에서 이루어야 할 사랑과 영원한 세계로 이어질 사랑을 말씀하고 있다. 회개 없이는 구원을 받을 수 없는 율법에서 예수는 무한한 용서를 말씀하고 있고, 집나간 아들을 기다리는 심정으로 죄악 가운데 빠져든 인간을 향한 아버지 하나님의 사랑이 나타나고 있다. 이것을 누가는 "예수 그리스도의 복음"이요 "예수 그리스도의 사랑"으로 말하고 있다.

1) 하나님의 무한한 사랑

누가복음에는 탕자의 비유가 있다. 탕자 비유에서 아버지는 이때나 저때나 문 밖에 나가 나간 자식이 돌아오기만을 기다린다는 비유다. 마침내 방탕한 아들이 거지가 되어 돌아오자 아버지는 아들이 회개가 없었는데도 크게 기뻐하고 기뻐하며 좋은 옷을 입히고 손에 가락지를 끼우고 잃었던 아들을 찾았다며 모든 사람들 앞에서 큰 잔치를 열었다.

율법이나 서신에서는 회개가 있어야 용서가 되고 제사나 신앙이나 믿음을 바쳐야 사랑을 받고 구원이 되는 것을 말하였으나 예수 그리스도는 회개 없이도 사랑의 하나님 아버지는 집나간 아들이나 집 안에 있는 아들이나 다 사랑하시는 아버지를 말씀하셨다. 결국 아들의 구원은 아들 자신에게 달린 것을 말하였다. 하나님이 감동을 주시거나 성령이 역사하여서가 아니라 아들 스스로가 뉘우치고 아버지 슬하로 돌아오는 것이다.[551]

구약적으로나 신약적으로는 벌을 받아야 할 아들이었지만 아버지는 아들을 사랑하므로 기뻐하였고 잃었던 아들을 되찾은 데 대하여 기뻐하시는 하나님의 구원을 말씀한 것이다.

구약에서는 완악하고 패역한 자녀들은 성읍의 장로들에게 고하여 돌로 쳐 죽이는 벌과 저주를 말하였으나[552] 탕자의 비유를 통하여 아버지의 무한하신 사랑과 용서를 말하는 누가복음이다. 이는 창조주 하나님은 모든 피조물과 인류를 다 사랑하시며 구원하시는 하나님을 말씀하신 것이다.

구약에서는 징계하시는 하나님으로, 심판하시는 하나님으로, 공의로우신 하나님으로, 통치자와 판관의 하나님으로 언급하였고 그 명령을 지켜 도를 행하며 그를 경외할 것이라 하였으나,[553] 누가복음에서는 아버지 하나님의 무한하신 사랑을 말하였다.[554]

마태복음에서 "하늘에 계신 우리 아버지"를 말하였으나, 누가복음에서는 "하늘에 계시는"을 빼어 버리고 바로 "우리 아버지"를 말하였다. "하늘에 계신 우리 아버지"는 멀리 있거나 위에 있는 아버지이나 "우리

아버지"는 우리에게 일상적으로 가장 가까이 함께 계시는 사랑의 아버지를 말하였다.

구약이나 신약은 언제나 인간을 의나 악이나 죄나 선이나 충성이나 업적이나 실적이나 상벌로 대하시며 제사를 드려야 하고 율법을 지켜야 축복을 주시는 하나님을 말하였으나 누가는 전혀 달리 "너희 중에 누가 아들이 생선을 달라 하면 생선 대신에 뱀을 주며 알을 달라 하면 전갈을 주겠느냐"라고 반문한다. 신명기의 하나님이나 바울의 하나님은 공의의 하나님이시나 누가가 말한 예수 그리스도의 하나님은 사랑과 용서와 자비의 하나님이시다.

하나님의 무한한 사랑을 한 마리 잃은 양을 찾기 위하여 아흔아홉 마리를 들에 두고 그 잃은 것을 찾도록 찾아다는 목자로 비유하셨다.[555] 이와 같이 잃은 것을 찾을 때까지 찾고, 찾으면 즐거워 하는 것이 누가복음서의 하나님의 사랑이다.

2) 봉사와 희생으로 이어지는 사랑

예수는 "인자가 온 것은 섬김을 받으려 함이 아니라 도리어 섬기려 하고 자기 목숨을 많은 사람의 대속물로 주려 함이니라"[556] 하셨다. 그러나 구약에는 섬김과 봉사로 오는 구원이나 십자가를 짐으로 오는 하나님의 나라나 구원이 없다. 그들은 자기의 죄와 허물 대신에 짐승을 잡아 대속물(代贖物)로 삼아 신에게 바치며 나라와 민족이 영원히 구원되기를 바라는 신앙인이었다. 그들은 봉사하거나 섬기거나 희생하므로 오는 인류와 세계의 구원은 상상도 할 수 없는 일이다.[557]

율법에는 약속의 땅으로 들어간 자들이 십일조를 내고 고아와 과부를 돌보았으며, 법도를 지켰으며, 부정하지 않았고, 계명을 다 지켰으므로 하나님이 보살펴주시고 축복하신다[558]는 독선과 교만의 자화자찬이었다. 바울도 "내게 능력 주시는 자 안에서 내가 능치 못할 것이 없다"[559]는 말을 하였으나 이런 신앙인들은 하나님을 빙자하여 온갖 자기 독선적인 교만에 있었다. 사람이 자신감을 갖는 것은 중요하나 하나님이 함께 하신다면 남을 얕보거나 무시하거나 홀로 거룩한 체하는 신앙인은 안하무인인 것이다.

누가복음에서는 자기를 의롭다고 믿고, 다른 사람을 멸시하는 바리새인들에게 세리의 겸손한 기도를 말하며, 자책과 가책으로 자기를 낮추는 자는 높아지는 예수의 복음을 말하였다.[560] 바울도 하나님을 위하여 미친 상태를 정당시 하였으나[561] 예수께서는 그런 자들은 더 귀신들린 자로 책망하시며 치유하셨다.

그리고 구약이나 신약은 언제나 이겨야 하고 물리쳐야 하고 짓밟아야 하고 승리를 하여야 하는 신앙으로 지배적이었으나 예수는 "아무든지 나를 따라 오려거든 자기를 부인하고 날마다 제 십자가를 지고 나를 좇을 것이니라 누구든지 제 목숨을 구원코자 하면 잃을 것이요 누구든지 나를 위하여 제 목숨을 잃으면 구원하리라"[562] 하셨다.

3) 권선징악이 없는 하나님

구약에서는 현세적이며 현재적인 각종의 권선징악(勸善懲惡)을 말하나[563] 누가복음은 사람이 권선징악을 할 수 없다는 것을 말하였다.[564] 권선징악은 국가적으로나 사회적으로나 질서를 위해서는 가능하나 하나님의 나라나 교회는 율법이나 교회법이나 헌법이나 교리나 신조들로 권선징악을 하는 곳이 아니다.[565]

누가복음이 말하는 예수 그리스도의 하나님의 나라에서는 법으로 해결할 일이 없다. 만일 교회와 하나님의 나라에서도 하나님이 국법이나 민족법으로 살피시고 권선징악을 하신다면 그 앞에서는 살아남을 자는 단 한 사람도 없게 된다. 죄인 아닌 자가 없으며 의인은 하나도 없는데, 어느 누가 하나님 앞에서 권선징악을 모면할 수 없다. 믿는다고 하여, 교회 나간다고 하여, 신앙생활을 한다고 하여 의인이 되는 착각은 없어져야 한다.

예수 그리스도는 죄인인 인간들을 자기의 피 흘림으로 씻어 의롭게 하여 주신다거나 의인으로 만들어 주신다는 구원을 말씀하신 적이 없다.

다만 죄인들을 사랑하시는 하나님 아버지와 죄인일지라도 서로 사랑하고 용서하며 원수까지 사랑하는 데서 오는 하나님의 구원을 말씀하셨다.

구약에서는 "여호와께서 너희를 위하여 싸우시리니 너희는 가만히 있으라"[566] 하였고, 바울은 신명기를 인용하여 "너희가 친히 원수를 갚지 말고 노하심에 맡기라. 원수갚는 것이 내게 있으니 내가 갚으리라"[567] 하였다. 그러나 예수는 너희는 "원수를 사랑하며 너희를 미워하는 자를 선대하라"[568], "오직 너희는 원수를 사랑하고 선대하라"[569] 하셨다.

4) 사랑과 용서로 오는 자구적 구원

예수 그리스도의 복음에 구원은 한 길(The Way) 밖에 없으며, 자기의 미완성을 재림으로나 다른 그 누구나 그 무엇이 완성을 하여 주는 것을 말씀하지 않으셨다.

구약이나 신명기나 율법은 축복과 저주를 마구 쏟아 내는 양면성을 보여주고 있으나 누가복음은 하나님의 구원은 하나님 손에 달렸으므로 사람은 순종하고 복종해야 한다고 일관되게 말한다. 또한 정의나 공의로 심판하시는 하나님이 없으며, 오로지 하나님의 자비와 사랑과 용서로 오는 구원을 말하였다. 누가복음에는 모세의 신명기나 바울의 서신과는 달리 하나님의 저주나 형벌이 없다. 오히려 예수는 "너희를 저주하는 자를 위하여 축복하며, 너희를 모욕하는 자를 위하여 기도하라"[570] 하셨다. "아버지여 저희를 사하여 주옵소서 자기의 하는 것을 알지 못함이니이다."[571] 십자가에 못 박히신 예수의 마지막 용서를 말하였다. 원수를 삼아야 하고 분노하며 온갖 독설을 쏟아내어도 부족한 죽음의 현장이었다. 그러나 십자가에 못 박히신 예수는 십자가 위에서 자기를 십자가에 못 박은 자들을 향하여 먼저 용서하시는 하나님 아버지의 모습을 보여주셨다.

예수가 가르쳐 주신 기도에 "우리에게 죄 지은 자를 사하여 준 것 같이 우리의 죄를 사하여 주옵시고"라며 상대가 용서를 구하면 용서하는 조건부로 용서하시는 하나님을 말씀하시는 것 같으나 먼저 용서하면 용서되는 구원의 하나님 나라를 말하였다. 또한 형제가 죄를 범하거든 용서하라 하시고, "일흔 번씩 일곱 번"이라는 용서를 말하였다.

이렇게 사랑과 용서를 말씀하신 예수 그리스도의 복음이 바울의 복음으로 바뀌게 된 것이다. 천군천사를 대동하여 철장을 휘두르시며 하나님을 모르고 예수의 복음에 복종치 않는다 하여 천사장의 소리와 하나님의 나팔로 재림을 하여 심판하신다는 것은 전혀 맞지 않는 말이다.

다른 복음서에서는 무화과나무를 말라 버리라 저주하였으나[572] 누가복음에서는 3년이나 두고 본 후에 땅만 버리니 찍어 버리라 하셨다.[573] 이는 저주가 아닌 개간(開墾)과 개종(改宗)을 말한 비유이다. 하지만 누가는 새 모세인 예수 그리스도도 역시 모세와 같은 운명을 벗어나지 못하는 것을 말하였다. 즉 모세가 "약속의 땅"을 향하여 얼굴을 돌리고 한없이 눈물을 흘렸듯이 예수 그리스도는 예루살렘 성을 가까이 하시며 우신 것을 말하였다.[574] 그리고 모세가 비스가산에서 운명하였듯이 예수는 해골의 곳이라는 골고다에서 십자가로 처형을 당하신 그리스도를 말하였다.

누가복음은 인류가 서로 사랑하고 용서하고 서로 도와주며, 공생과 공영의 세계를 만들 것을 말하고 있다. 즉 사람들이 땅에서 "서로 사랑"하고 용서하므로 오는 하나님의 나라를 말하였다. 사람들의 구원은 하늘에서 내려오는 것이 아니라 사람들이 땅에서 스스로 이루어내는 것을 말하였다.

제4절_요한복음서의 사랑

요한복음은 "예수 그리스도의 복음"에 대한 총 결론이나 다름없는 복음서다. 예수 그리스도는 알파와 오메가요, 처음과 나중이시며 시작과 끝이다.[575] 요한복음은 창세기처럼 그 서두를 태초부터 시작한다. "태초에 말씀이 계시니라 이 말씀이 하나님과 함께 계셨으니 이 말씀이 곧 하나님이시니라."[576] 요한복음은 다른 3복음서와 달리 영원히 목마르지 않을 생명의 물과 진리의 영을 말하며, "서로 사랑"하는 세상과 세계와 우주를 말하며, 스스로 구원의 길과 진리와 생명에 있는 하나님의 자녀를 말하고 있다. 이것은 양자됨을 말하는 것이 아니라 아버지와 자녀들의 천륜의 관계를 말한다. 천륜과 인륜은 사람과 사람 사이에 "서로 사랑" 함을 의미한다. 이 "서로 사랑"이 요한복음에 43회나 있다는 것은 하나님과 인간과 온 우주만물의 구원의 기본 원리요, 원칙이며 척도요, 법칙임을 말한다.

요한복음에서 하나님이 사람으로 오신 것은 신으로서 사람들에게 신적인 권위나 신의 능력을 보여주시고자 함이 아니라 1:14절 "말씀이 육신이 되어 우리 가운데 거하시는"처럼 성육신을 말한다. 즉 하나님이 사람이 되신 것을 말하며 신이 인간이 되신 것이다. 그러면서 서로 사랑하는 사이는 나무와 가지 같은 사이를 말하며, 종이라 하지 않고 친구라 하는 사이의 사랑을 말씀하셨다.

요한복음서에는 로고스를 말한다. 이것은 "말씀"보다는 이성이나 사상이나 정신이나 이치를 말하는 뜻이 들어 있다. 로고스는 우주적인 하나님의 생명과 구원의 원리를 빛처럼, 물처럼, 별처럼 발하는 정기이다. 그러나 신앙을 말하지는 않는다. 로고스는 과학적인 것, 합리적인 것, 지성적인 것을 말하며 객관적인 것이다. 지금까지는 신앙 아래 이성이 있었으나 앞으로는 이성 아래 신앙이어야 한다.

요한복음서에는 예수 그리스도를 빛으로 하는 "하나님의 나라"와 "코스모스"를 말하는데, "하나님의 나라"는 하나님의 뜻이 임한 곳을 말한다. 우주적인 질서와 섭리와 경영의 원리가 말씀과 생명의 빛이신 예수 그리스도의 복음으로 복음화하는 것이다.

예수 그리스도는 아담의 원죄나 제사나 율법으로 오는 속죄나 대속을 말하지 않았다. 믿음으로 오는 구원이나 믿기만 하면 속죄되는 구원도 말씀하시지 않았다. 예수 그리스도는 구약이나 신약을 표준하시지 아니하시고 "자기가 하신 말씀"이었다. 그러나 "자기의 말"로 심판하고자 하지 않았다. 율법적으로 죄인이었던 문둥병자나 혈루증 앓는 여인, 나면서 소경 되었던 자의 죄를 말씀하시지 않았다. 간음한 여인도 정죄하지 않으셨다. 사마리아 여인과도 대화를 나누시며 영생을 주셨다. 모세의 율법에 표준을 두면 죽여야 마땅하고, 바울의 복음에 표준을 두면 죽음 아니면 베어버리거나 잘라버리거나 추방이나 절교를 해야 마땅하나 예수 그리스도에게는 그런 정죄와 심판이 없었다. 예수 그리스도는 정죄 없는 구원과 하나님의 사랑과 용서와 구원을 말씀하셨다.

예수 그리스도의 "서로 사랑"은 곧 "하나님 사랑"과 "이웃 사랑"과 "원수 사랑"이다. "서로 사랑"이나 "원수 사랑"은 하나님의 궁극적인 구원의 길과 진리와 생명이다라는 것이 "예수 그리스도의 복음"이다. 이를 통하여 온 인류가 스스로 "서로 사랑"하는 세계를 이루는 구원이며, 이로 인하여 멸망치 않고 영생을 얻는 길과 진리와 생명[577]을 말씀한 것이다.

1. 요한의 "예수 그리스도의 복음"

교회를 말할 때 바울 교회를 "성령의 교회"로 베드로 교회를 "주님의 교회"로 말하나 요한의 교회는 "사랑의 교회"이다. 이는 "예수 그리스도의 복음"이 요한의 교회에 있고, "예수 그리스도의 복음"을 가장 잘 기억하고 실천하는 교회가 요한의 교회였다. 초기 교회는 바울의 교회에 의하여 지배되고 있었고, 이에 상응할 만한 교회가 요한의 교회였다. 물론 베드로의 주님의 교회는 로마를 중심으로 세워졌으나 당시에는 미미한 정도였다. 이 세 교회 중에 진정 예수 그리스도의 사랑을 실천하며 예수의 복음으로 세워진 교회는 요한의 교회였다.

예수 그리스도는 빛으로 오셨다. 빛은 온 세상을 비추며 생명을 준다. 빛 없이는 온 세상의 만물이 살 수 없다. 창조주 하나님으로서 이 세상을 비추는 빛으로 오신 예수 그리스도는 어두운 세상을 비추기 위하여 스스로 녹아지고 낮아지고 십자가를 지신 것이었다. 이것이 복음이다.

예수 그리스도는 로고스(말씀)로 오셨다. 말씀이라는 말은 신앙인들이 Word 정도로 해석하였으나 큰 의미로는 성육신 하신 것을 말한다. 이를 성경에서 "하나님의 아들"로 말하는 것은 바울의 영지주의 사상이 깃들어 있기 때문이다. 영지주의에서는 아들 신이나 제2의 신으로 말한다. 그러나 성육신은 예수가 하나님이심을 말하며, 하나님이 인간의 몸으로 오심을 말하는 것이다. 이는 대단한 사건이며, 이 성육신의 사건을 통하여 오는 구원의 소식이 예수 그리스도의 복음이다.

예수 이후에 보혜사 성령을 보내주겠다는 말이 있다. 이를 우리말로는 위로자, 상담자, 보호자라는 뜻이다. 이는 인간의 보호자요, 도움을 주는 신이라는 말이다. 나아가 바울은 영지적 입장에서 가현적인 성령을 말하였으나 요한은 진리와 말씀과 복음에 입각한 성령을 말하였다. 이를 요한의 예수 그리스도의 복음으로 논하고자 한다.

1) 사랑의 요한 교회

일반적으로 초기 교회를 바울 노선의 교회와 베드로 노선의 교회로 나누었으나 요한 노선의 교회도 있었다. 요한계시록의 일곱 교회는 바울의 교회나 베드로의 교회가 아니라 요한이 이들보다 늦게 세운 교회를 말한다. 그러나 다들 베드로의 교회가 아니면 바울의 교회로 2분만 하였었다. 그러니까 요한의 "사랑의 교회"보다는 바울의 "성령의 교회" 아니면 베드로의 "주님의 교회"로만 알게 된 것이다.[578]

요한복음의 저자에 대해서는 "그의 사랑하는 자가 예수의 품에 의지하여 누웠더라"[579]에서부터 그의 "사랑하시는 제자와 예수의 사랑하시는 그 제자"[580]가 바로 사도 요한이라는데 별다른 이의를 가지지 않았다. 그러나 그 제자가 요한이 아닌 "막달라 마리아"라는 이야기가 적지 않았다. 요한복음의 기자 역시 예수를 가장 가까이서 따른 제자이며, 십자가 형장에도 있었고 무덤도 먼저 찾아갔으며 부활의 주님도 12사도들보다 먼저 만난 제자라 할 때 "막달라 마리아" 이상으로 예수의 일거수일투족을 자세히 알 수 있는 제자가 아닐 수 없다.[581] 요한 서신에서는 "우리가 들은 바요 눈으로 본 바요 주목하고 손으로 만진 바라"[582]하여 요한서신은 물론 요한복음이나 계시록이 다 공동의 작품임을 말하였다. 이는 원 저자가 있는 것과 보완을 한 것과 서신과 계시록을 쓴 자들이 따로 있다는 것으로 요한 공동체에서 바울 교회와 쌍벽을 이룬 교회와 성서를 말하는 것으로 볼 수 있다.

요한복음은 마가나 마태나 누가복음이 말하는 언약이나 새 언약에 비하여 예수의 "서로 사랑"을 "새 계명"으로 하는 복음서를 내었다는데 그 특징이 있다. 이는 바울이나 베드로에 비하여 요한은 예수 그리스도의 사랑의 복음을 말하며, 요한 1서, 2서, 3서까지 이를 뒷받침하고 있다. 물론 요한복음의 기자가 요한이 아니면 요한 그룹이나 요한 공동체(Johannine Community)에서 요한복음을 낼 수 있다. 요한복음을 누가 내었던 예수 그리스도와 하나님 아버지는 믿음도 소망도 은혜도 제사도 성령도 심판도 재림도 아닌 "서로 사랑"으로 멸망치 않고 영생하는 인류와 세상을 말씀하신 것이다.[583]

초기 교회는 바울의 교회가 지배적이었고 이에 상응할 정도로 세워진 교회는 사도 요한의 교회였다. 베드로의 교회는 후에 로마교회와 직결되었으나 이렇다 할 흔적이 있는 교회는 아니었다. 요한의 교회는 요한계시록에서 예수 그리스도가 곧 "알파와 오메가요 처음과 나중이며 시작과 끝이라"[584]는 말을 하였다. 이는 예수 그리스도의 복음이나 예수 그리스도의 교회나 예수 그리스도의 말씀 모두가 구약이나 신약의 교회나 그들이 옹립하거나 주도하는 것을 말하지 않는다.

요한복음은 바울 서신들과 다른 복음서들이 다 나온 다음에 마지막으로 나온 복음서이며, 복음서뿐 아니라 모든 성서의 마지막이며, 결론이나 다름없는 예수 그리스도의 복음을 말하였고, 그 복음을 증거하는 것이었다. 요한복음이 맨 나중에 나왔어도 태초부터 계신 하나님의 말씀이 성육신을 하시어 말씀하시다가 말씀을 다 마치신 것(It is Finished)을 말하였다.

그러니까 "요한계시록"도 계시록으로 보다는 "묵시록"(默示錄,

Apocalypse)이라 하는 것이 더 적절하다. 요한복음에서 다 끝을 내신 예수 그리스도의 계시나 말씀이나 복음을 바울 뿐 아니라 요한마저 다시 "계시"로 말하는 것은 예수 그리스도가 직접 마지막으로 말씀하신 육성의 계시를 무색하거나 또 다른 계시를 제공하는 모순과 자가당착을 하는 역행에 있기 때문이다.

요한복음이나 요한의 교회는 예수 그리스도가 주신 "새 계명을 너희에게 주노니 너희는 서로 사랑하라 내가 너희를 사랑한 것 같이 너희도 서로 사랑하라"[585] 하신 "새 계명"의 말씀을 뒤로 하고 또 다른 계시를 받거나 첨가한 것은 이율배반에 있을 뿐이다. 예수 그리스도로 다 끝내신 말씀이나 복음이나 계시를 12사도들이 증거하는 것은 당연한 이치에 속하나 이에 대한 복음이나 말씀이나 신약이나 계시를 예수가 하신 말씀이나 복음이나 계시쯤으로 말하는 것은 옥석을 가리지 못한 밭과 같다.

2) 빛의 비유

요한복음은 말씀 다음에 빛으로 오신 예수 그리스도를 말하였다. 그리고 물, 떡, 나무, 문, 양 등도 다 비유로 말하였다.[586]

예수는 "나는 세상의 빛이니 나를 따르는 자는 어두움에 다니지 아니하고 생명의 빛을 얻으리라"[587] 하셨다. 예수가 빛으로 오셨다거나 빛이라는 것은 다 비유이다. 빛과 같이 모든 생명과 관계를 가지고 광명을 주며 생명을 주고 힘과 능력이 되는 구원을 말씀한 것이다.

이는 어떤 초능력의 이적이나 기적으로 오는 구원을 말한 것이 아니라 해 아래 있는 만물들이 해로 말미암는 자연의 이치와 사리와 순리와 법칙대로 돌아가는 구원을 말한다.

빛에는 광명만이 아니라 볕(熱, Energy)이 있어 모든 생명을 나게 하고 자라게 하며 지게도 하여 창조와 신진대사를 이루는 힘과 능력의 에너지가 있는 것을 말하고, 우주적인 질서(秩序)와 법칙(法則)을 세우는 측정의 단위가 되는 것처럼 예수가 바로 그런 하나님과 같은 존재라는 것이다.[588]

예수를 로고스나 빛이라 언급한 요한복음은 비유 중에서 가장 큰 비유로 말한 것이다. 세상을 지은 빛으로 증거하고 있다.[589] 예수는 "나는 세상의 빛이라"[590] 하셨다. 창세기의 창조주 하나님은 태초에 빛으로 우주를 창조하시고 빛으로 질서를 삼으시며 빛으로 섭리하신 것을 말한다. 빛으로의 섭리는 과거에도 지금도 계속이 되며 미래에도 영원무궁한 우주의 질서를 유지하고 있다는 비유였다.

빛이라는 말을 마태는 7회, 마가는 1회, 누가는 7회를 말하였으나 요한은 23회나 언급하였다.[591] 빛과 같은 예수의 말씀이라는 비유이다. 이는 예수의 복음을 말씀한 것이지 성령을 말씀한 것이 아니다. 빛은 가장 짧은 전자기파라 한다. 그리고 자외선과 적외선을 포함하며 1초에 30만 Km를 달리는 입자로 광선(光線)이라고도 한다. 그러나 빛은 또한 파동도 하므로 광파(光波)라고도 한다. 광파는 색을 주는 단광파와 복합파가 있다. 그리고 빛의 전파와 빛의 양과 사각(斜角) 그리고 빛의 방출과 간섭성 그리고 입자설과 파동설 등은 우주생성과 유지와 섭리의 결정적인 비중을 차지하는 요소를 말한다. 이런 빛과 같은 예수 그리스도의 말씀이 세상과 세계와 우주를 비춰거나 섭리하거나 인도하신다는 것이 요한복음이다.[592]

그러나 성서를 기록할 때에는 빛에 관한 오늘과 같은 광학(光學)은 없었고 다만 광명(光明)을 주는 정도로만 이해하였다. 그때는 그렇게 알아도 되었으나 지금은 빛을 광명으로만 알지 아니한다. 빛은 우주만물의 질서와 생명과 생동을 주는 가장 큰 우주적인 에너지를 말한다. 사람이 아무리 강한 에너지를 만든다 하더라도 우주에 떠도는 열에너지는 그 수천 억조를 넘는다. 이런 예수의 빛과 같은 말씀의 힘과 능력이 사람들과 가정과 교회와 세상과 세계와 우주에 충만함으로 멸망치 않고 영생하는 하나님의 궁극적인 구원이라는 것을 말하는 요한복음서이다.[593]

빛에 관한 연구들은 날로 늘어나고 있다. 빛은 수증기를 만들어 대기를 형성하고 암석의 온화작용을 하며, 염류를 녹여 바닷물을 내고 인류의 병을 치료하기도 하고 생명을 존재케 하며, 다시 광합성을 통해 생명의 일용할 양식을 제공한다. 그리고 빛과 생명은 직결되어 빛이 없으면 생물이 존재하지 못한다. 빛이 없으면 생물이 나지 못하고 자라지도 못한다. 빛이 없으면 진화는 못하며 퇴화만 한다. 빛은 온기의 볕을 열량으로 제공하여 만물의 정지 상태를 벗어나게 한다.

빛은 1광년에 9조4천6백억Km를 달리는 속도를 우주 운행의 표준으로 삼고 있다. 모든 우주는 이 빛의 속도를 따라 나고 자라고 생성이 되었고 운행되고 있다. 빛이 없으면 정지 상태나 다름이 없게 된다. 과거나 현재나 미래도 없게 된다. 원래 우주는 무한이나 무궁을 말하나 빛이 미치는 곳까지로 유한하다. 빛 때문에 무한의 세계에서 유한의 세계로 가시화 되는 세계이다. 어떤 존재도 빛이 없으면 보이지 않는다. 빛이 없으면 암흑의 세계일 뿐이며, 아무리 아름다움이 있어도 볼 수 없게 된다.

빛에서 전기(電氣)가 나온다. 전기가 없으면 과학시대나 우주시대를 전혀 알 수 없다. 전기가 없이는 우주로 날 수 없다. 20세기 이후는 빛이나 전기가 없이는 살 수 없는 세상이 되었다. 전기가 없으면 자동차가 달리지 못하고 TV나 컴퓨터나 비행기나 모든 전기기기나 무기나 인터넷을 사용할 수 없다.

근래에 와서 뇌 속의 밝음과 어두움을 감지하는 송과샘이라는 제3의 눈이 있다는 연구가 나왔다. 송과샘은 빛과 어두움을 통해 낮과 밤의 주기를 감지하고 24시간 단위의 생체 리듬을 만들어 낸다고 한다. 빛을 많이 쐬지 않으면 우울증에 있게 되며 멜로토닌의 분비와도 밀접한 관계가 있다.[594]

그러나 모든 빛은 다 있어도 어두움의 빛만은 없다. 즉, 흑광(黑鑛)은 없다. 빛이 없는 자체가 어두움이며 암흑이기 때문에 굳이 흑암의 빛이 따로 존재할 필요가 없다. 선과 악이나 의와 불의도 마찬가지이다. 선이 없으니까 악이 오는 것이며 의가 없으니까 불의가 오는 것이지 흑광이나 마귀나 악이나 불의가 따로 존재하는 것이 아니다. 지구의 어두움은 태양이 없는 상태와 가려진 상태를 말한다.

예수가 빛이라는 말은 마치 태양과 같이 태양계에 들어 있는 모든 위성들이 스스로 공존(公轉)과 자전(自轉)을 하며 돌아가게 하는 것과 같은 것이며, 제각기 위성들이 세계와 세상을 유지하는 것을 말한 것이다. 그러나 태양만이 하는 일이 따로 있으며, 나머지는 위성들 자체에 따라서 스스로 운행하는 것이다. "예수 그리스도는 하나님의 태양"(Jesus Christ Sun of God)이라는 말과 같다.[595]

　이상과 같은 요한복음의 비유를 다 언급을 할 지면은 없다. 물이나 공기의 중요성이 날로 더하는 즈음에 그 중요성을 알면 물과 같고 공기와 같은 예수의 복음의 중요성을 알 수 있게 된다는 것으로 비유의 관한 언급을 생략한다.

3) 말씀과 성육신

　요한복음에서는 비유(比喩)가 없다는 사람들이 여전하다. 그리고 그렇게 계속 오도하는 사람들이 적지 않다. 그러나 요한복음에는 공관복음과는 아주 다른 차원의 많은 비유들이 들어 있다. 말씀과 빛과 어두움과 공기와 물과 나무와 떡과 잔과 양의 문 등의 언급들은 다 비유의 말씀이다. 이런 비유는 다 자연(自然)의 세계와 같은 비유이다.

　요한복음 자체에 "예수께서 이 비유로 그들에게 말씀하셨으나 그들은 그가 하신 말씀이 무엇인지를 알지 못하니라"[596] 하였다. 그리고 "이 것을 비유로 너희에게 일렀거니와 때가 이르면 다시는 비유로 너희에게 이르지 않고 아버지에 대한 것을 밝히 이르리라"[597] 하셨다. 또한 "제자들이 말하되 지금은 밝히 말씀하시고 아무 비유라도 하지 아니하시니"[598]라 하였다. 이럼에도 요한복음에는 비유가 없다는 것은 말이 되지 않는다.

　요한복음은 다른 복음서와는 달리 서두를 창세기처럼 "태초에 말씀이 계시니라 이 말씀이 하나님과 함께 계셨으니 이 말씀이 곧 하나님이시니라"[599] 하셨다. 여기서 말한 "말씀"은 구약이나 바울 서신에서 말한 말씀과는 아주 다른 말씀이다. 요한복음이 말하는 말씀은 헬라어로는 로고스(λοϒος)를 말하는데, 이는 단순히 언어의 말(Sayings)이나 말씀

(Speaking)을 말하는 것이 아니라 언어 이전의 이성과 이기(理氣)와 이치와 논리와 기능과 역동과 정신과 사상과 도리 등을 말한다. 또한 "로고스"는 동양사상의 기(氣)와 서양사상의 이(理)를 말하며, 물론 영과 지(知)와 혼까지 다 포함한다.[600]

그러나 이를 말씀으로 번역한 기독교와 교회는 하나님의 우주적인 창조와 섭리와 구원의 과학적인 큰 이치를 잘 몰랐던 까닭이다. 요한이 요한복음을 쓰며 태초부터 하나님과 함께 존재한 말씀이라 한 것은 단순 언어가 아닌 하나님의 로고스를 말하였으나 이런 이해를 하지 못한 신앙인들이 말씀 정도로 밖에 번역을 못하였다. 아직도 하나님 앞에서는 이성이나 이치나 이기나 사리나 순리를 죽여야 한다거나 없이 하여야 하나님 신앙을 잘하는 줄 아는 종교인들이 적지 않다. 이들은 하나님과 우주가 얼마나 장대무비한 것을 모르고, 다만 보이는 시계적(視界的)인 천지밖에 모르는 자기 신앙으로 창조주 하나님과 그의 섭리와 구원을 본 것이다.

요한은 이를 "말씀이 육신이 되어 우리 가운데 거하시매 우리가 그의 영광을 보니 아버지의 독생자의 영광이요 은혜와 진리(도)가 충만하더라"[601] 하였다. 이는 "로고스"가 육신이 되어 우리 가운데 거하시는 것을 말한다. 이 "로고스"가 무엇을 말하는가? 이를 성육신이라 하는 데는 일치하고 있다. 이를 도성인신(道成人身)으로도 한다. 초기 우리말 번역에서 요한복음 1:1을 "太初에 道가(혹은 言이라) 유하니 道가 上帝와 同再하매 道는 즉 上帝시라" 하였다. 그리고 1:14에서는 "道가 肉身이 成하야" 하였다.[602] 말씀보다 도가 한층 더 적절한 것 같다. 하지만 "로고스"는 그 이상의 하나님의 이(理)와 기(氣)와 의(義)와 애(愛)와 정(情)과 의(意)와 지(知)와 영(靈)과 정신(精神)과 사상(思想)과 정력(精力)까지 다 포함되는 것을 말한다. 다만 노(怒)나 분(忿)이나 악(惡)이나 증오(憎惡) 등은 포함되지 않은 것을 요한복음에서 볼 수 있게 된다.

이를 언(言)이나 말씀으로 국한하여 하나님의 육화나 성육으로 보는 것은 지극히 작은 한 부분에 지나지 않는다. 물론 성육신도 도성인신도

예수 그리스도의 사랑학 개론

다 비유이며 의인화(擬人化)이며 신앙적인 해석과 해설이다. 하나님의 아들이라는 신자(Son of God)나 사람의 아들이라는 인자라는 말도 다 비유의 말이다. 실제로는 불가한 말이다. 하나님은 아들을 낳을 수 없으며, 사람이 아들을 낳으려면 어머니가 있어야 하고 시험관이나 줄기 세포가 있어야 한다.

예수 그리스도는 사람들을 시편 82:6대로 "너희를 신이라 하였노라 하지 않았느냐 성경은 폐하지 못하나니 하나님의 말씀을 받은 사람들을 신이라 하였거든 하물며 아버지께서 거룩하게 하사 세상에 보내신 자가 나는 하나님의 아들이라 하는 것으로 너희가 어찌 참람하다 하느냐"[603] 하셨다. 이런 언급은 인간에게 신성이 있으며 신과 같을 수도 있다는 비유이나 인간이 신이라는 말은 아니다.

성육신을 말한 요한복음이 예수 그리스도를 "하나님의 아들"로 말한 것은 영지주의의 아들 신이나 제2의 신에서 나온 신론으로 하는 말이다. 바울 서신에는 영지사상이 대단히 많다. 파젤스(Elaine Pagels)는 「영지주의자 바울」(The Gnostic Paul)에서 바울 서신에 나타난 영지사상을 각 서신 전부 다 주해하였다. 그리고 팔메이어(J. N. Pallmeyer)의 「영지적인 복음서」(The Gnostic Gospels)와 펨(Pelkins Pehem)의 「영지주의와 신약서」(The Gnosticism and New Testament) 등이 신약에 언급된 영지주의를 논하였다.[604]

그러나 요한복음이 말씀이 육신이 되신 성육신을 말한 것은 예수 그리스도가 곧 하나님이심을 말한 것으로서 하나님의 아들인 성육신보다는 하나님 아버지의 성육신을 말한 것이다. 이는 영지주의와 다른 성육신의 신론이다. 물론 바울 서신에서는 이런 신론이 없다. 따라서 바울과 요한이 서로 다른 영지주의를 말한 것으로 보게 된다.

우리말 빌립보서 2:6에서 바울이 "그는 근본 하나님의 본체"로 언급한 것으로 되어 있으나 원문에는 본체라기보다는 형체($\mu o \phi \eta$)나 형상(Form)이나 영상(Shadow)을 말한 것을 번역을 본체라 하였다. 그리고 바울은 "그는 하나님의 형상이시오 모든 피조물보다 먼저 나신 자니"

(First Born)[605]라 하였는데, 그렇다면 예수 그리스도는 가장 먼저 창조된 피조물로서 아담과 하와 이전에 피조된 것을 말하며 해와 달과 별보다 먼저 피조된 자를 말하는 것인가. 그때 피조된 예수의 육신이나 존재가 어떻게 어디 계시다가 수십억 살의 예수가 마리아에게서 어떻게 다시 태어나셨는지 알 수 없는 언급을 한 바울이다. 바울에게는 하나님의 성육신이 없다.[606]

요한복음은 영지주의를 말하면서 예수를 아들 신으로 보는 영지주의적인 신관보다 하나님의 성육신의 예수 그리스도를 말하였다. 구약에서는 하나님의 아들 신이 아닌 사람의 아들, 인자(Son of God)를 말하였는데 이것을 바울이 영지주의의 "제2의 신"이나 "작은 신"으로 "아들 신"으로 종속시킨 것이다.[607]

4) 보혜사와 진리의 영

사후(死後)든 사전(死前)이든 14장부터는 "하나님과 예수와 사도들의 영원한 일체와 유대"를 말씀하시던 예수 그리스도는 자기가 사도들을 떠난 후를 위하여 이를 도와줄 "보혜사 성령"과 "진리의 영"을 말씀하셨다. "내가 아버지께 구하겠으니 그가 또 다른 보혜사를 너희에게 주사 영원토록 너희와 함께 하리니 그는 진리의 영이라 세상은 능히 그를 받지 못하나니 이는 그를 보지도 못하고 알지도 못함이라 그러나 너희는 그를 아나니 그는 너희와 함께 거하심이요 또 너희 속에 계시겠음이라"[608] 하셨다.

이는 예수 그리스도가 하나님께 간청하여 또 다른 보혜사와 진리의 영을 마치 물건이나 물체같이 말하며 주고받는 것으로 말하였다. 물론 의인화이며 비유였으나, 비유가 없는 것으로 알고 있는 신앙인들에게는 지금도 생소한 언급이 아닐 수 없다. 보혜사에 대한 설왕설래들이 많다. 보혜사가 무엇인가? 위로자나 보호자, 상담자 등의 역할을 하는 것을 언급하였다. 그리고 "곧 아버지께로 나오시는 진리의 영"[609]을 보혜사라 하였다.

예수 그리스도의 사랑학 개론

이런 언급이 14장부터 나온 것은 13장까지의 말씀과는 거리가 있는 말씀이다. 14장부터 17장까지는 요한복음서 기자가 강조하고픈 언급을 예수 그리스도의 십자가사건 이후 70여 년이 지나 해설적 차원으로 언급하는 것으로 이해를 하지 않으면 안 된다. 물론 요한은 바울과 같은 차원에서 성령이나 진리의 영이나 보혜사를 말하지 않았다는 것을 감안하지 않으면 안 된다. 바울은 영지적이거나 가현적인 성령을 말하였다면 요한은 진리와 말씀과 복음에 입각한 성령을 말하였다. 요한복음에서 진리라는 말이 48회나 언급되었다.[610] 물론 진리도 비유로 말씀하신 것이다.

예수 그리스도는 빌라도 법정에서 유대인들이나 로마인들이나 헬라인들이 말하는 진리를 말씀하시지 않았다. 만일 성령이나 진리의 영이나 보혜사 성령을 말씀과 복음과 동일시하지 않고 구분을 하면 다영(多靈)과 다신(多神)에 있게 된다. 예수가 중시하신 복음이나 말씀을 신격화하면 로마교회의 4위1체(성부, 성모, 성자, 성신) 이상의 다위일체(多位一體)를 말하게 되고 다영론으로 돌아가게 된다는 것이다.

바울이 말한 "하나님의 영"이나 "사람의 영"이나 "성결의 영"이나 "육신의 영"이나 "양자의 영"이나 "나의 영"이나 "아들의 영"이나 "주의 영"이나 "사단의 영" 등을 방치하며 다영론에 있을 뿐이다. 바울은 영이라는 말을 아무데나 사용하여서 여간 큰 혼란을 주고 있다. 바울에게는 영이 아닌 것이 없다. 그러나 요한복음에서 성령을 굳이 "보혜사 성령"이라거나 "진리의 영"을 말한 것도 바울이 말하는 영지적인 성령과 다영과 구별하기 위함이었다.[611] 바울은 성령을 의인화나 인격화를 하였으나, 요한복음은 예수의 로고스(말씀)와 영을 비유로 말하며 공관복음서의 복음과 동일한 말씀으로 말하였다.

"보혜사 성령"이나 "진리의 영"을 말씀하신 예수는 "사람이 나를 사랑하면 내 말을 지키리니 내 아버지께서 저를 사랑하실 것이요……너희의 듣는 말은 내 말이 아니요 나를 보내신 아버지의 말씀이니라."[612] 곧 하나님의 말씀과 동일한 것을 말씀하셨다. 그리고 이런 말씀의 세상이나 세계가 곧 하나님과 거처를 함께 하는 비유이다.

그리고 예수 그리스도는

내가 갔다가 너희에게로 온다 하는 말을 너희가 들었나니 나를 사랑하였
더면 나의 아버지께로 감을 기뻐하였으리라 아버지는 나보다 크심이니
라 이제 일이 이루기 전에 너희에게 말한 것은 일이 이룰 때에 너희로 믿
게 하려 함이라 이후에는 내가 너희와 말을 많이 하지 아니하리니 이 세
상 임금이 오겠음이라 그러나 저는 내게 관계할 것이 없으니 오직 내가
아버지를 사랑하는 것과 아버지의 명하신 대로 행하는 것을 세상으로 알
게 하려 함이로라 일어나라 여기를 떠나자 하시니라[613]

하셨다. 예수 그리스도는 "내가 갔다가 너희에게로 온다 하는 말을 너희
가 들었으나" 내가 하고자 하는 말은 그런데 있지 않고 장차 "일이 일어
날 때 너희가 나를 믿게 하려 함이라" 하셨다. 이를 가지고 바울과 같은
재림론을 펴는 것은 맞지 않는 말이다.

그러니까 요한복음 14장과 15장과 16장과 17장은 이를 위하여 하시는
말씀으로서 "이후에 내가 너희와 말을 많이 하지 아니하리니"라는 말씀
도, "이제는 내가 너희와 말을 많이 할 일이 없어진다"는 말씀이었다. 그
리고 앞으로는 세상의 군왕들이 와서 왈가왈부를 하여도 그들은 내가 관
계 할 것이 없다는 말씀이었다. 말씀을 마치신 후에 예수는 "일어나라 여
기를 떠나자" 하시며 유월절 만찬을 하시던 말씀이 일단 막을 내린 것이
다.

그러나 15장부터는 요한복음서의 기자가 14장에서 다시 연장을 시켜
서 예수 그리스도의 사후와 예수와 사도들과 교회와 교인들의 유대적 결
속을 말하였다. 겟세마네에 가서는 이런 이야기를 할 분위기가 아니었으
며 그럴만한 시간이 요한복음에는 전혀 없었다. 그리고 다른 사도들이나
제자들은 다 도망을 친 다음이었다. 이를 겟세마네 동산에 가서 하신 기
도로 하여 "중보기도"라 하나 "중보기도" 보다는 요한복음서 기자가 하
나님과 예수 그리스도와 사도들의 일체와 결속과 유대를 언급한 것으로
보아야 한다는 것이다. 주후 100년대에 이른 요한의 교회는 물론 초기

교회가 당면한 문제가 이런 데 있었기 때문이었다. 물론 다른 복음서에는 전혀 없는 언급이다.

2. 예수 그리스도의 사랑과 구원

예수 그리스도의 마지막 분부 혹은 지상명령을 기독교와 교회는 "너희는 가서 모든 족속으로 제자를 삼아 아버지와 아들과 성령의 이름으로 세례를 주고 내가 너희에게 분부한 모든 것을 가르쳐 지키게 하라"[614]로 알고 있었다. 그러나 복음서의 결론이라고 할 수 있는 요한복음서에서는 "새 계명"을 너희에게 주노니 "서로 사랑"하라 하셨다. 위로는 하나님을 사랑하고, 아래로는 온 우주를 사랑하고 세상을 사랑하고, 나라와 민족을 사랑하고 이웃과 가정을 사랑하라 하신 것이다.

이 사랑으로 예수 그리스도는 죄의 표준을 달리하셨고 기준을 달리하셨다. 십자가를 위해 가는 예수 그리스도를 부인하고 저주하고 도망한 베드로를 찾아가 "네가 나를 사랑하느냐"며 용서하고 "내 양을 치라"는 사명을 주신 예수 그리스도이며, 간음한 여인을 "나도 너를 정죄하지 아니하노니 가서 다시는 죄를 범치 말라" 하셨다. 이런 사랑으로 이루어지는 구원을 말씀하셨다.

1) 절대적인 구원에서 상대적인 구원으로

우리는 마태복음 마지막 장절에서 "예수 그리스도의 지상명령"[615]을 "선교"로 보는데 대하여 "하나님을 사랑"하고 "이웃을 사랑"하여야[616] 하는 것과 "원수 사랑"까지 포함한 부분[617]까지 가르쳐 지키게 하라는 것이 예수 그리스도의 지상명령이라고 말하였다.

요한복음에 와서 우리는 "서로 사랑"의 "새 계명"[618]을 보며, "서로 사랑"은 곧 "하나님 사랑"과 "이웃 사랑"과 "원수 사랑"까지 포함되지 않으면 안 되는 것을 보게 되었고, 요한복음의 "서로 사랑"은 곧 수직적이며 수평적인 사랑으로 알게 한다는 것이다. 다른 복음에 없는 친구라는 표현이 요한복음에만 있다. "너희가 나의 명하는 대로 행하면 곧 나의 좋은 친구라 이제부터는 너희를 종이라 하지 아니하리니 좋은 주인의 하는 것을 알지 못함이라 너희를 친구라 하였노니 내가 내 아버지께 들은 것을 다 너희에게 알게 하였느니라."[619] 절대적이며 수직적이며 피동적이며 타동적이며 수동적인 하나님의 구원이 예수 그리스도로 말미암아 상대적이며 수평적이며 능동적이며 자동적이며 자구적인 구원의 사랑임을 알게 한다.

요한복음에도 구약이나 바울 서신에서 말하는 "이신득의"로 오는 구원이나 예수 그리스도의 대속으로 오는 구원은 없다. 요한복음은 "서로 사랑"으로 오는 구원의 말씀이 곧 구원의 "길이요 진리요 생명이라"는 것을 말하였다. 주인과 하인이나 상전과 종으로서의 사랑이 아니라 친구와 같은 "서로 사랑"으로 말씀하신 것으로 볼 수 있다. 이런 "서로 사랑"에서 모든 사람들이 멸망치 않고 스스로 영생하는 구원의 길과 진리와 생명이 있다.[620]

이를 마무리하기 위하여 요한복음은 예수 그리스도와 겟세마네 동산 이후 한동안 행방이 묘연하던 사도 베드로를 다시 등장을 시켜 그의 예수 그리스도에 대한 장담이나 부인이나 배반이나 도망이나 기피와는 상관없이 "서로 사랑"하는 친구처럼, 베드로에게 어떤 문책이나 각성을 말씀하실 필요 없이 "네가 이들보다 나를 더 사랑하느냐"를 세 번씩 물으셨고 이에 베드로가 "내가 주를 사랑하는 줄 주님이 아십니다"라는 다짐을 세 번씩이나 답하자 "내 어린 양을 먹일 것"과 "내 양을 칠 것", "내 양을 먹일 것"을 당부받는 것으로 사도의 본분과 사명을 재확인[621]하는 요한복음서이다.

이것이 요한복음이 말하는 예수 그리스도의 최후(最後)의 명령이며 마지막 분부(吩咐)이다. 이것은 마태복음의 지상명령이나 다름이 없는 최후명령(Final Commandment)이라 할 수 있다.

예수 그리스도의 사랑학 개론

2) 죄의 표준을 달리하신 예수

요한복음에서 가장 많이 언급된 부분이 죄 문제이다. 예수 그리스도는 죄에서의 구원을 전제하시고, 먼저 죄의 개념이나 관념이나 정의부터 구약이나 신약과는 전혀 다른 언급을 하셨다. 예수 그리스도는 죄의 표준과 기준을 달리하셨다. 그러나 기독교와 교회는 예수 그리스도의 말씀을 표준으로나 기준으로 하지 아니하고, 구약과 신약으로 되돌아간 죄의 표준과 기준으로 삼아 도리어 죄 속으로 들어가 헤매는 역행에 있다.

예수 그리스도는 먼저 죄의 어떤 전제나 선재의 덫이나 사슬이나 끈끈이나 수렁을 치워버리셨다. 그리고 새로운 표준을 놓으시고 시작과 출발을 달리하셨다. 예수 그리스도가 죄인들을 사랑하시며 죄인들을 친구로 하신 것부터가 죄의 표준을 달리 하신 까닭이다. 예수 그리스도나 복음서는 바울과 같은 원죄(原罪)가 없다. 원죄라는 말은 바울이 아담으로부터 사망이 온 것으로 말하였고, 이를 생명으로 인도한 예수 그리스도를 말한 것에서 유추된 신앙적인 죄론일 뿐 하나님이나 예수 그리스도에게는 없는 죄론이다.[622] 예수 그리스도는 원죄론 대신에 누구든지 "죄를 범하는 자마다 죄의 종이라"[623] 하셨다. 이 말씀에는 원죄는 물론 그 어떤 죄의 특권이나 우선이나 혜택이 없는 것을 말씀하신 것이다. 그가 누구이든지 죄를 범하면 다 죄인이며 죄를 범하지 않으면 다 의인이라는 말씀이셨다.

예수 그리스도는 제사를 드리거나 율법을 지킴으로 오는 속죄나 대속을 말하지 않았다. 그렇다고 예배나 세례나 성찬으로 오는 구속이나 구원을 말씀하시지도 않았다. 요한복음에는 대속론이나 구속론 자체가 없다. 구약이나 바울은 대속으로 오는 구속을 말하며 믿음으로 오는 구원을 말하며 믿기만 하면 속죄가 되는 속량을 말하였으나 복음서에서는 그런 구속적인 구원은 언급조차 없다. 죄인아닌 자가 없는 것을 전제하신 다음이었다. 대속물이라는 언급이 마가복음과 마태복음에서만 있으나[624] 이는 유대인-기독교인들이 구약적이며 신약적인 신앙에서 필요로 하는 해설이었지 이로 말미암아 오는 구원을 예수 그리스도가 말씀하시지 않았다.

초기 기독교와 교회의 구약적이며 신약적인 유대인-기독교인들의 신앙이 구약화나 신약화 하며 점차 로마교회화 하여 제례적인 미사(Misa)를 행하였으며 마침내 대속의 은혜에 감사하는 면죄부(免罪符)까지 발행한 로마교회였으며, 개혁교회도 예배를 제사로 취급하여 각종 의식에서 헌금이나 헌물로 점차 속죄부를 발부한 지 오래이다.[625] 이는 다 돈을 필요로 하는 속전적인 유대교와 구약의 산물이었지 예수 그리스도가 말씀하신 하나님의 사랑이나 명령이나 구원의 말씀은 아니었다. 속죄부 역시 기독교의 경영적인 차원에서 교직자들이 교인들에게 씌우는 보증의 수단이며 멍에와 같은 부담을 하나님이나 예수 그리스도나 성령의 이름으로 계속되고 있다.

유대인들은 아담 때부터 죄 때문에 모든 불행과 액운과 어려움과 역경과 장애와 불행과 실패와 사망이 오는 것으로 믿었다. 로마교회에서도 사람들의 속죄를 종교 지도자들이 독점하여 좌우를 하는 횡포에 있었다. 고해성사(告解聖事)도 하나님과는 무관한 일이다. 개혁교회가 만인사제설(萬人司祭設)을 말하였어도[626] 사랑과 용서로 오는 사죄나 사함이 아니라 헌금을 하고 헌신을 해야 속죄에 있는 것은 다름이 없다.

마태와 누가복음서는 "우리가 우리에게 죄 지은 자를 사하여 준 것 같이 우리 죄를 사하여 주시는"[627] 하나님을 말하였으며 "너희가 사람의 과실을 용서하면 너희 천부께서도 너희 과실을 용서하시려니와 너희가 사람의 과실을 용서하지 아니하면 너희 아버지께서도 너희 과실을 용서하지 아니하시리라"[628] 하였으나 요한복음에서는 "너희가 뉘 죄든지 사하면 사하여 질 것이요 뉘 죄든지 그대로 두면 그대로 있으리라"[629] 하였다. 이런 언급의 요한복음은 이제는 죄 사함이나 속죄나 죄 용서가 하나님에게 있기보다 사람에게 다 넘어 온 것을 말한다. 3복음서에는 사람이 하는 데 따라서 하나님이 하시는 용서였으나 요한복음으로 와서는 전적으로 사람들이 좌우하며 사람들 손에 달린 죄 사함을 말씀하신 것이다. 이는 고해성사를 말씀한 것이 아니다.

요한복음에서 예수 그리스도는 "내가 와서 저희에게 말하지 아니하였더면 죄가 없었으려니와 지금은 그 죄를 핑계할 수 없느니라"[630] 하셨다. 예수 그리스도는 구약의 죄나 신약의 죄를 말씀하시지 않았다. "내가 한 말"을 죄의 표준으로 하셨다. 그러나 예수 그리스도는 자기의 말로 누구를 정죄하시려 표준을 달리하신 것이 아니며 모든 사람들이 죄에서의 구원을 위하여 없어도 되는 정죄와 지지 않아도 되는 죄, 사함받지 않아도 되는 죄를 말씀하신 것이다. 이는 구약에서 말하는 제물로나 속죄물로나 대속물로 드려지는 제사를 통하여 오는 죄 사함의 구원을 말씀하신 것이 아니며, 십자가의 대속의 은혜로 오는 구원을 말씀하시지 않았다. 예수 그리스도의 죄에서의 구원은 죄를 짓는 자들이 스스로 용서하고 사하는 데서 오는 구원을 말씀하셨다. 하나님의 구원이나 죄 사함이 필요한 자들은 하나님을 먼저 찾지 말고 제물이나 예물을 단 앞에 두고 가서 화해나 용서의 사함을 먼저 하는 것이다.[631]

예수 그리스도는 죄의 표준을 구약의 종교적인 구원인 "의와 진리와 거룩"에서 일상적인 구원의 "길과 진리와 생명"으로 달리 놓으셨다. 무슨 권위와 자격으로 그런 언행을 하는가는 유대인들에게 하나님으로부터 오는 권위를 비치시거나 신성모독죄로 죽임을 당한 것이다. 예수 그리스도는 죄의 표준과 구원의 기준은 물론 속죄론과 구속론과 영생론의 기준도 달리하신다.

"사람이 내 말을 듣고 지키지 아니할지라도 내가 저를 심판하지 아니하노라. 내가 온 것은 세상을 심판하려 함이 아니요 세상을 구원하려 함이로라. 나를 저버리고 내 말을 받지 아니하는 자를 심판할 이가 있으니 곧 나의 한 말이 마지막 날에 저를 심판하리라."[632] 이는 예수 그리스도가 하신 말씀대로 심판하신다는 말씀이 아니라 내가 한 말대로면 심판이 없다는 말이나 다름이 없는 말씀이시다. "내가 온 것은 세상을 심판하려 함이 아니요 세상을 구원하려 함이로라" 하신 말씀대로 심판하시지 아니하신다는 말씀을 하신 것이다. 공관복음에서 예수 그리스도는 "천지는 없어지겠으나 내 말은 없어지지 아니하리라" 하셨다. 하나님이 세상과 자기 자녀들을 사랑하시면서 심판하신다는 것은 자기모순인 것이다.

3) 정죄가 아닌 사함의 예수 사랑

예수 그리스도는 유대인들처럼 죄를 중시하지 않았다. 그렇다고 죄를 즐기시거나 재판을 벌이시거나 죄의 축제를 열지도 않았다. 다만 죄인들일지라도 사람대접을 하시며 잔치를 열고 인생을 기쁘게 살며 즐거워하는 사람들의 삶을 말씀하셨다. 죄인 아닌 자가 한 사람도 없는데 도토리 키재기 하듯이 죄 타령이나 하거나 죄를 전가하거나 죄를 원망이나 하는 것은 도리어 죄의 사슬에서 자유와 해방을 저버리는 일로 죄로 들어가 헤매는 것이다. 죄의 표준과 규명을 달리하셨으며 죄의 정의와 개념 또한 달리하셨다. 그리고 죄에서 자유와 구원을 말씀하시며 비록 죄 가운데 있을지라도 정죄하지 아니하면 죄에서 구원되는 것이다.

간음 중에 잡힌 여인의 경우[633] 서기관들과 바리새인들이 여인을 현장에서 잡아끌고 와서 예수를 시험하였다. 모세의 법대로는 즉결 처분을 하여야 하는데 "서로 사랑하라"는 예수 그리스도의 태도는 어떤 것인지를 시험하고자 하였다. "너희 중에 죄 없는 자가 먼저 돌로 쳐라." 이는 누구나 다 간음할 수 있는 사람들이라는 말씀이셨다. 예수 그리스도는 이 여자를 어떻게 하면 구원할 수 있을 것인가를 말씀하신 것이다.[634] 돌을 들고 당장 그 자리에서 칠 것 같던 그들이 양심에 가책을 받아 하나씩 하나씩 다 물러 가버리고 간음한 여자만 남게 되었다. 예수는 "너를 고발한 그들이 어디 있느냐?" 하셨다. 여자는 "주여 없나이다" 하였다. 예수 그리스도는 "나도 너를 정죄하지 아니한다" 하셨다. 여자를 죽이려던 자들도 정죄를 거두었으니 나도 너를 정죄하지 아니한다 하신 것이며 하나님도 물론 정죄를 하시지 아니하신 것을 말씀하신다. 그리고 예수 그리스도는 여자에게 "가서 다시는 죄를 범치 말라" 하셨다. 다시 그런 죄를 지으면 다시 죽음을 맞게 되는 것을 말씀하신 것이다. 간음에서 자유하고 해방하는 구원의 길을 말씀하시며 죄인이 죽지 않고 살 수 있는 구원을 말씀하신 것이다. 그것은 정죄하지 않는 일이며 죄를 삼지 않으면 죄에서 구원되며 다시 죄를 범하지 않으면 언제나 구원의 삶이 가능한 것을 말씀하신 것이다. 이런 구원은 제사나 율법으로 오는 것이 아니며 복음으로만 가능한 것이다.

3. 예수 그리스도의 영원한 사랑

예수 그리스도의 영원한 사랑은 구약의 제사와 바울의 구속과 속제이기 보다 예배를 통한 하나님과의 만남이다. 유대교나 카톨릭이나 회교나 기독교 모두가 제사를 통한 하나님과의 만남을 말하였다. 구약적이며 신약적인 제사를 말하였다. 그러나 예수 그리스도는 영이시니 제사가 아닌 예배를 말씀하셨다. 예루살렘도 아니며 그리심산도 아니며 피의 제사가 아닌 "산령과 진정으로 오는 예배"를 말씀하셨다. 또한 어느 곳에서든지 하나님을 만날 수 있는 길을 열어 놓으신 것이다. 이것이 영원한 예수 그리스도의 사랑의 완성이다.

그동안 기독교와 교회는 제의적인 제사를 통한 구원에서 벗어나고자 하여 바울의 대속과 속죄의 구원을 말하였다. 그러나 예수 그리스도는 십자가상에서 "다 이루었다"고 말씀하셨다. 인간이 해결할 수 없는 죄의 문제, 구원의 문제를 해결하신 것이다. 이것은 예수 그리스도의 "서로 사랑" 안에서 이루어진다.

만약에 요한복음 21장에서의 예수 그리스도와 베드로의 만남이 없었다면 기독교와 교회는 어찌 되었을까? 베드로는 영원한 죄인이 되었어야 하며, 예수 그리스도의 사도들은 사도 직분을 이루지 못하였을 것이다. 예수 그리스도를 부인하고 저주하고 떠난 제자들과 베드로를 예수 그리스도는 친히 찾아 가서서 그들을 만나시고, 베드로에게 "사랑"을 확정하신 다음에 "내 양을 먹이라"는 사도직을 명하였다. 이것은 지난 죄를 묻지 않으시며 용서하시며 "서로 사랑"하라고 하신 예수 그리스도의 사랑의 완성을 보여준 것이다. 이것을 논하고자 한다.

1) 신령과 진리의 예배로의 전환

많은 신앙인들이 하나님 신을 영(Spirit)으로 믿지 아니하고 물질적이 거나 물체로나 심지어 육적인 신으로 믿을 때가 많다. 이는 곧 물신화를 한 우상화나 피조화를 한 것이다. 처음부터 하나님을 영적인 존재로 믿 었으면 사람들이 무수한 소나 양을 잡아 드리는 제사(祭祀)는 없었을 것 이다. 그러나 보이지 않는 신인데도 언젠가는 보이며 나타나는 신으로 믿는 사람들 때문에 지성소나 성소는 물론 제단(祭壇)을 차려서까지 온 갖 명목의 제사와 제례를 행한 것이다. 신앙인들이 제물(祭物)로 제사상 을 차린 것은 신이 식음을 하고 흠향이라도 하는 것으로 믿은 까닭이다.

아직도 하나님도 오관(五官, 시각, 청각, 미각, 후각, 촉각)과 오성(五 性, 기쁨, 노함, 욕심, 두려움, 근심)이 있어 희로애락과 질투와 저주와 축 복을 하시는 유대교적이며 영지적인 신으로 믿는 신앙인들이 적지 않다. 그래서 온갖 제사와 제례와 알현과 제물과 헌신과 헌금과 금식과 간구를 그치지 않고 있다. 그리고 남몰래 정성을 드리고, 잘 보여서 복을 받아 잘 살고자 새벽부터 심야까지 교회를 찾거나 기도원을 찾아 비는 일이 적지 않다.[635]

그러나 예수는 영이신 하나님을 말씀하며 제사와 제물이 아닌 영과 진리로 하는 예배를 말씀하셨다. 예수 그리스도가 말씀하신 것은 예배를 드리는 것이 아니라 예배하는 것이다. 예배와 제사는 전혀 다른 말이듯 예배를 드리는 것과 예배하는 것도 전혀 다른 말이다. 제사는 의인화를 한 하나님 앞에 제물이나 피를 바치는 것이지만 예배는 제물을 필요로 하지 않으며 영적으로 그리고 진리로 예배하는 것이다. 영어의 예배라는 말(Worship=Worth+Ship)은 "가치의 배를 타는 것"을 말한다. 우리말의 예배는 "경배의 예를 갖추는 것"을 말하나 예수 그리스도가 말씀하신 예 배는 사람이 영으로 진리로 하는 것이다. 이런 예배는 제물을 필요로 하 지 않으며 제사장도 필요없으며 다만 영으로 진리로 각자가 하나님을 사 랑하며 원수까지 사랑하는 길과 진리와 생명을 추구하는 것을 말하며, 때를 따라 사람들이 모여서 공동으로 함께 예배하는 것이다.

예배라는 본문은 다른 복음서에는 없다[636]. 여기서 9회나 집중적으로 언급되었다. 로마서에서 한 번,[637] 사도행전에서 두 번 밖에 언급되지 않은 언급이다.[638] 따라서 초기 교회가 제사를 드리지 않고 예배로 전환할 수 있는 계기가 된 것이다. 또한 제사가 없는 초기 교회의 예배의 현장을 보고 요한복음이 해설한 것으로도 볼 수 있다.

예수 그리스도가 수가성 우물가에서 말씀하신 예배를 이해하려면 먼저 유다와 사마리아의 관계를 알아야 한다. 유다나 사마리아는 곧 남왕국과 북왕국을 대변하는 말이다. 남왕국은 유다 지파와 베냐민 지파로 된 다윗의 단일 왕국을 말하고 북왕국은 열 지파의 연합으로 9개 왕조로 유지되다가 주전 721년에 이미 앗수리아 제국에 의하여 멸망하였고, 그 "남은 자들"이 사마리아에 남아 있었을 때였다. 그러나 유다왕국은 북왕국은 보다 136년을 더 유지하다가 주전 586년에 바벨론 제국으로부터 망하고 "남은 자들"은 포로로 잡혀갔다가 파사가 일어나 바벨론을 무너뜨리자 70여 년의 포로생활을 끝을 내고 "남은 자들" 도합 5만여 명이 돌아와 예루살렘을 재건하였다. 그러나 북왕국은 왕국도 성전도 재건치 못하였다. 북왕국은 솔로몬의 학정에서 여로보암으로 말미암아 10지파가 유다왕국에서 이스라엘 왕국을 세워 남왕국을 대적하는 북왕국이었으나 유다왕국이나 예루살렘과는 언제나 패배와 열세에 있어 원한이 사무친 자들이었다.[639]

그들은 하나님도 "엘로힘"(엘)과 "야웨" 신으로 구분을 하여 따로 믿었고, 성경도, 율법도, 성전도, 신앙도 서로 달리하며, 서로를 이방시 하였다. 북왕국이 앗수리아에 의하여 망할 때 여자들이 능욕을 당한 것을 보고 그들을 금수(禽獸)와 같이 여기는 유대인들은 그들을 상종조차 하지 않았다.

유다왕국은 솔로몬의 성전과 스룹바벨 성전과 헤롯 성전으로 예루살렘에 "야웨의 전"을 지어 제사를 지냈으나 북왕국은 수도 사마리아에 있는 그리심산에 회막을 쳤다가 성전을 선호하는 백성들 때문에 성전을 구축하여 제사를 따로 지냈다.

예수 그리스도는 유대인들이 지나가는 것조차 꺼리는 사마리아의 수가성으로 들어가셨다. 그리고 마침 남편이 다섯이나 되는 여인과 우물가에서 만났다. 그리고 여자에게 물을 요청하였다. 유대인이 사마리아 여자에게 물을 달라는 것을 이상하게 여기는 여자에게 예수 그리스도는 "여자여 내 말을 믿으라 이 산에서도 말고 예루살렘에서도 말고 너희가 아버지께 예배할 때가 이르리라"[640] 하셨다.

"예루살렘에서도 말고"라는 언급은 유대인으로서는 할 말이 아니었다. 이는 반 유다왕국적이며, 반 예루살렘적이며, 반 유대교적인 언급이었다. 그러면서도 예수 그리스도는 "구원이 유대인에게서 남이라" 하셨다. 이는 구원이 이스라엘에서 오는 것이 아니라 유대인인 자기에게서 오는 구원을 말씀하신 것이다. 비록 사마리아인들이 적대시 하는 유대인들이지만 유대인들은 물론 이스라엘의 구원도 바로 자기 자신에게서 오는 구원을 말씀하신 것이다. 그리고 예수 그리스도는 예루살렘이나 그리심산에서 드리는 제사를 통하여 오는 구원이 아니라 이 유대인이 말하는 데서 오는 것을 말씀하셨다. 예수 그리스도는 "하나님은 영이시니 예배하는 자가 신령과 진정으로 예배할지어다"[641] 하셨다. 그리고 "그 때가 오나니 곧 이 때라" 하셨다. 이는 과거나 미래를 말씀하신 것이 아니라 예수 그리스도가 말씀하신 지금 바로 이때를 말씀하신 것이다. 당시 유다나 이스라엘 사람들에게는 그 누구에게도 먹혀 들어갈 수 없는 말씀을 하신 것이다. 오늘의 기독교와 교회조차도 예배보다는 제사를 선호하는데 예루살렘 성전 중심의 시대에 이런 언급을 하셨으니 어느 누가 이해를 할 수 있었을 것인가.

이사야와 사무엘서, 시편과 호세아서를 보면 하나님이 원하시는 것은 제사가 아니라 "상한 심령과 자비와 사랑과 인애와 용서"라고 하였다. 마태복음에서도 "내가 긍휼을 원하고 제사를 원치 아니하노라"[642], "나는 자비를 원하고 제사를 원치 아니하노라"[643] 하신 말씀을 살폈다. 그리고 이사야 1장과 66장에서도 그들은 제사를 드리지 않으면 안 되는 줄 아는 유다와 이스라엘에게 예루살렘 성전이나 그리심산의 성전이 아니요,

이 산도 아니며 저 산도 아니라 다만 어느 곳에서든 영과 진리로 드리는 예배를 말씀하신 것은 이단이나 다름이 없는 언급이셨다.[644]

하나님에게는 제사가 아닌 예배라는 말씀이셨다. 그러나 예배를 드리는 것이 아니라 예배를 하는 것을 말씀하셨다. 영이신 하나님은 그 누구도 볼 수 없는 존재다. 사람이 죄 때문에 하나님을 볼 수 없는 것이 아니라 영이기 때문에 볼 수 없다. 그러므로 하나님을 본 자가 한 사람도 없는 것이다. 하나님은 신이시며 영이시기에 육적으로나 육안으로는 그 누구도 볼 수 없는 존재이며, 어떤 음성도 성육신 이전에는 사람들이 바로 들을 수 없는 존재이다. 성육신 이전에는 육성(肉聲)의 말씀 자체가 없었다. 예수 그리스도 이전의 말씀은 다 중보자나 천사나 선지자들이 감동과 영감을 통하여 한 말씀일 뿐이었다. 성육신 이전에도 하나님의 육성의 말씀이 있었다면 예수 그리스도의 성육신은 처음이 아닌 것이며, 그것은 복음이 아니라 율법일 뿐이다. 어떤 영안(靈眼)이 밝아도 하나님은 보지 못한다. 영안이라는 말 자체가 불가시한 눈을 말한다. 하나님 자체가 영이기에 그 무엇으로도 볼 수 없는 불가시한 존재를 보는 것처럼 말하여도 객관적으로 증명이 될 수 없는 것일 뿐이다. 그러므로 예수 그리스도는 제사나 제물이 아닌 영과 진리를 말씀하신 것이다.

2) 사랑으로 "다 이루었다"

요한복음 18장은 17장까지의 긴 결속과 일체와 유대를 위한 설교나 교훈이나 기도를 마치고 성전 척결 후 3년 이상 비켜만 오던 결정적인 순간으로 바로 돌입을 하였다. "예수께서 이 말씀을 하시고 제자들과 함께 기드론 시내 저편으로 나가시니 거기 동산이 있는데 제자들과 함께 들어가시다"[645]라며 바로 유다가 군대와 대제사장들과 바리새인들에게서 얻은 하속들과 만나게 되고 체포되는 것이었다. 다른 복음서와는 달리 예수 그리스도는 겟세마네 동산에서 피동적이지 않으셨고 능동적으로 나서서 "너희가 누구를 찾느냐?"를 거듭 말씀하시며 나사렛 예수를 찾는다는 그들의 답에 예수는 "내가 그로라" 하시며 나섰다.

요한복음에서는 예수를 체포하려는 유대 경비병들에게 베드로가 나서서 칼로 대제사장의 종 말고의 오른편 귀를 날렸다. 이는 베드로의 저돌적이며 다혈질적인 성품이 나타난 것을 여기서도 볼 수 있게 된다. 그래서 게바(베드로)라는 별명을 예수로부터 받은 것을 알 수 있다. "예수께서 베드로에게 칼을 집에 꽂으라"[646] 하셨다. 요한복음에서는 "검을 가지는 자는 다 검으로 망하느니라"[647]는 말은 없었다.

예수 그리스도는 체포되어 결박된 채 먼저 안나스와 가야바 법정을 거쳐 빌라도 법정으로 끌려갔다. 여기서 예수 그리스도는 다른 복음서에는 없는 진리를 놓고 빌라도에게 "내가 진리를 위하여 태어났으며 이를 위하여 세상에 왔나니 곧 진리에 대하여 증언하려 함이로라 무릇 진리에 속한 자는 내 말을 듣느니라"[648] 하셨다. 여기서 말한 진리는 물론 빌라도가 능히 알아들을 수 있는 말씀을 하신 것이다. 빌라도는 로마인으로서 유대종교적인 말보다는 진리를 아는 총독이었기 때문이었다.[649] 하지만 빌라도는 예수에게 빌라도가 이르되 진리가 무엇이냐고 물었다. 그러나 이에 대한 답은 없었다. 여기서 언급된 진리는 유대교적이거나 율법적인 유전이나 전통이나 관행의 진리와 다른 예수의 진리로 말씀하신 동시에 로마가 말하는 "정의와 평화는 로마로부터"(Pax Romana)라는 정복의 진리와도 다른 모든 사람들이 "서로 사랑"하여야 멸망치 않고 영생하는 진리를 말씀하신 것이다.

요한복음은 1장에서 은혜와 진리를 두 번 언급하였으며[650] 이어서 은혜 위에 은혜를 말하였다. 은혜는 바울의 전문용어로서 마가와 마태복음에는 전혀 없는 말이며, 누가복음에서는 4회[651]를 언급하였으나 요한복음과 마찬가지로 예수 그리스도가 직접 언급하신 은혜가 아니라 기자가 해설을 하며 하는 말이었다.[652] 예수 그리스도와 복음서는 은혜의 부작용을 잘 안 다음이었으며 이미 바울의 은혜로 초기 교회에 만연된 부작용을 본 다음이었다. 예수 그리스도는 은혜라는 말을 한 번도 하시지 않았다. 그러나 오늘도 기독교와 교회는 은혜로 가득차 체념이나 상념에 빠진 상태에 없지 않다. 복음에 충만한 상태와는 전혀 다른 언급이다.

요한복음 19장에는 십자가 형장에 다른 복음서에서는 전혀 언급이 없는 "예수의 어머니와 이모"가 와 있었다.[653] 과연 사실성이 있는 언급인가? 복음서에도 서로 상충되거나 사실성이 없는 언급들이 너무 많다. 특히 탄생절과 고난절과 부활절에서 그런 면모가 많다. 이는 예수 그리스도를 증명하고자 하는 충심들이 부가를 한 것이다.

> 예수께서 그 모친과 사랑하시는 제자가 곁에 서 있는 것을 보시고 그 모친께 말씀하시되 여자여 보소서 아들이니이다 하시고 또 그 제자에게 이르시되 보라 네 어머니라 하신대 그 때부터 그 제자가 자기 집에 모시니라[654]

이는 십자가 형장을 언급한 것이 아니라 그 이후에 예수 그리스도의 어머니 마리아가 어디서 살게 된 것까지를 말한 것이다.

후에 사도 요한이 에베소에서 마리아를 모셨다는 전설도 있으나 그럴 가능성은 희박한 것이다. 과연 사도 요한은 십자가 형장에 있었는가? 그렇게 비춰 있는 요한복음서이다. 다른 복음서에는 12사도는 아무도 형장에 없었던 것을 말하고 있다. 복음서는 서로 거짓말을 하는 것이 된다. "주께서 사랑하시는 제자"가 요한을 말하는지 다른 제자를 말하는지 알 수 없으나 여자 제자인 막달라 마리아일 수도 있는 것이며, 누가복음 뿐 아니라 요한복음을 쓴 저자도 "주께서 사랑하시는 제자"일 수 있는 것이다.[655]

이어서 요한복음은 예수 그리스도가 "목 마르다", "다 이루었다" 하셨다. 다른 복음서에는 없는 언급이다. 그리고 "영혼이 떠나가시니라"[656]는 언급도 하였다. "성경을 응하게 하려 하사 가라사대 내가 목마르다"[657] 하신 언급은 없다. 요한복음 기자도 설명이나 해설을 하는 부분에서는 초기 교회의 양상으로 돌아간 것을 말하고 있다. 즉 예수 그리스도의 부활에 대한 증거를 바울이 말한 것같이 구약대로 이루어진 것을 말하였다는 것이다. 이는 사실성이 없는 것을 말할 때 하는 최선의 방법이다.[658]

십자가상에서의 일곱 말씀 중 단 한 말씀만 말씀한 것이 마가복음이다. 그러면서 마가복음만이 성경대로가 아닌 "예수가 전에 말씀하신 대로"[659]를 말하였다. 예수 그리스도의 복음은 "성경대로인가?" 아니면 "예수가 말씀하신 대로인가?" 하는 것이다. 어느 것이 더 권위가 있는 것인가? 사실적인가? 초기 기독교와 교회에서 복음서가 쓰인 제2기부터는 마가복음을 제외하고는 예수 그리스도의 말씀보다는 구약에 더 권위를 둔 복음서로 전락하였다.

그리고 구속론(救贖論)에서는 다 이루었다(It is finished) 하여도 무방하나 구원론(救援論)에서는 "다 이루었다"라기 보다는 말씀을 "다 마치셨다"거나 "다 끝내었다"는 언급이 더 적절하다는. 제의적인 구속은 제사나 말로나 교리로나 신앙으로 되는 것이나 예수 그리스도의 구원은 구약이나 신약이 말하는 구속적 차원이 아니라 사람들이 뜻이 하늘에서 이루어진 것 같이 땅에서도 이루어지게 하는 것이며 물에 빠졌거나 강도를 만난 자의 구원에는 십자가상에서 하신 말씀으로 "다 이룬" 구원일 수 없다. "다 이루었다"는 번역은 구속적 차원에서 한 것을 말한다.

기독교와 교회가 구속과 구원을 구분치 못한 데서 많은 신앙인들이 제의적으로 오는 구속과 생활에서 오는 구원을 구분치 못하는 자가당착에 있게 된 것이다. 그리고 이런 가운데서 구속이나 구원을 별난 천지로 들어가거나 무슨 특별한 선물을 받는 것으로 아는 영지적이거나 신비적인 상태를 말하는 오류에 빠지게 하고 있다.

3) 베드로의 만회를 통한 사랑의 완성과 최후의 지상명령

요한복음서의 마지막 장인 21장은 원래의 요한복음서가 아니라 제3차로 증보된 부록(Appendix)으로 본다. 그러니까 요한복음 21장은 베드로를 회생시키고 만회하기 위한 매우 의도적으로 재구성된 내용으로서 150년 경에 나온 제3판의 요한복음서로 본다.[660]

바울이 살아있을 동안이나 죽은 후에 바울의 교회는 부활하신 예수 그리스도가 승천하셔서 하나님의 우편에 앉아 계시며 간구하시다가 하나님을 모르고 예수 그리스도의 복음을 복종치 않는 산 자와 죽은 자의 심판을 위하여 도둑같이 밤에 천군 천사와 천사장의 소리와 하나님의 나팔로 재림하시어 심판하신다는 종말론이 가득하였다.

이런 초기 교회에 예수 그리스도의 사도인 베드로나 요한이 예수 그리스도로부터 들은 말씀을 전하였어도 바울의 강한 종말 사상에서는 쉽게 받아들일 내용이 아니었다. 비록 마가복음서를 필두로 하여 마태복음과 누가복음이 나와 30여 년을 보내는 다음이었으나 바울의 재림론과 심판론에는 아무런 변동이나 동요가 없었다.

이런 현상을 수십 년이나 지켜 본 요한복음의 저자는 바울의 가현적 영지주의의 부활과 재림을 말하는 것과는 구별되는 예수 그리스도의 실현적인 영지주의의 부활을 말하며, 바울의 재림론과 심판론을 일축하며 배제를 하였으나 베드로의 교회나 요한의 교회는 바울의 교회에 필적할 수 없었다. 세월이 흘러 100년대에 오자 날로 사람들은 바울이나 베드로가 동시대의 사도로 보며, 누가 더 설득력이 있느냐에 따라 좌우되었으나, 바울의 교회는 부동(不動)이었다.

다른 복음서도 예수 그리스도의 재림과 심판을 에루살렘과 유다의 멸망 그 이상으로 말하지 않았으나 요한복음은 그런 언급을 입 밖에조차 내지 않았다. 요한복음이 엣세네 공동체나 사해사본의 영지사상이나 신비사상에 적지 않게 영향을 받았어도 그들과는 분명히 다른 예수 그리스도의 말씀을 고수하였다. 그러나 바울의 복음과는 여간 벅찬 대결이 아닐 수 없었다. 베드로의 만회와 기사회생은 12사도들의 위상을 높이고 베드로의 권위를 세우는데 적중하였다. 로마교회는 이를 지지하므로 베드로의 교회는 자그마치 1천년 이상의 대로에 있게 되었다.[661]

예수의 마지막 주간 이후의 베드로는 행방이 불분명한 상태나 다름이 없었고 실종상태나 다름이 없었다. 언제나 앞장서던 베드로는 어디서 무엇을 하는지 알 수 없었는데 21장을 보면 갈릴리 호수에서 전업(前業)을 좇고 있던 베드로였다. 그리고 생시나 다름없이, 부활의 예수 그리스도와 부활론은 일체없이, 자연스럽게 조반을 드시며 만회와 복권이 되는 것이었다. 그렇지 않았다면 베드로는 영원히 묻혀 있었을 것이다.

복음서가 나온 동기와 목적은 예수 그리스도의 교회나 복음이 바울의 교회나 복음을 지원하고자 하거나 바울의 주장을 돕고자 함이 아니었다. 마가가 베드로도 아니고 바울도 아닌 예수 그리스도의 복음과 예수 그리스도의 교회를 회복하고자 하며 복음서를 낸 데 따라 마태복음이나 누가복음은 물론 요한복음도 마찬가지였다.

베드로가 직접 또는 마가를 통하여 "예수 그리스도의 복음"을 말하였어도 베드로의 교회는 아직 이렇다 할 "주는 그리스도"시라는 "주님의 교회"는 적지 않게 고전하고 있는 중이었다. 그것은 유대왕국이나 성전 종교나 로마제국이 아니었다. 게바파와 아볼로파와 바울파 중에서 게바와 바울은 어느 누구보다도 강한 라이벌[662]이었다.[663]

그리고 요한의 일곱 교회는 바울이 죽은 다음에 세워진 것이 아닌가 한다. 바울이 살아 있을 때 에베소에 요한이 교회를 세웠다면 대면이 있었을 것이다. 요한이 에베소, 서머나, 버가모, 두아디라, 사데, 빌라델피아, 라오디게아에 교회를 세웠어도[664] 베드로가 필요하였다. 베드로를 업지 않고는 바울의 교회를 필적하여 "예수 그리스도의 교회"를 말할 수 없는 형편이었다.

요한은 바울이 예수 그리스도의 십자가의 대속의 은혜를 믿는 믿음의 교회와 재림을 기다리는 소망의 교회로 몰고 가고 있는데 대하여 요한은 그런 말씀은 예수 그리스도의 말씀이 아니라는 것을 요한복음에서 밝혔다. 요한은 예수 그리스도의 사랑을 본 대로 들은 대로 주목하고 만진 대로 말하며,[665] "주께서 우리를 사랑하신 것같이 우리도 서로 사랑"하는 교회를 세웠다. 요한의 교회는 예수 그리스도의 사랑과 처음 사랑을 잃어버리지 말아야 한다는 것이었다. 요한이 일곱 교회에 책망한 것은 어떤 또 다른 이단이나 사탄을 말하는 것이 아니라 구약으로 돌아가거나 바울로 돌아가는 교회를 말한 것이다.

요한복음은 어느 복음서보다 강경하고 확신에 넘치는 하나님의 사랑과 예수 그리스도의 사랑을 말하였다.

하나님이 세상을 이처럼 사랑하사 독생자를 주셨으니 이는 저를 믿는 자마다 멸망치 않고 영생을 얻게 하려 하심이라 하나님이 아들을 세상에 보내신 것은 세상을 심판하려 하심이 아니요 그로 말미암아 세상이 구원을 받게 하려 하심이라[666]

내가 온 것은 세상을 심판하려 함이 아니요 세상을 구원하려 함이로라 나를 저버리고 내 말을 받지 아니하는 자를 심판할 이가 있으니 곧 나의 한 그 말이 마지막 날에 저를 심판하리라[667]

이상의 언급을 보고 예수 그리스도도 심판을 하신다는 주장을 하는 사람들이나 오해를 하는 사람들이 적지 않으나 예수 그리스도는 심판하시러 오신 그리스도가 아니라 구원하러 오신 그리스도이다. 그리고 예수 그리스도의 심판은 구약이나 신약과는 전혀 다른 자업자득과 자승자박과 인과응보의 이치를 말씀하신 것이다. 마태복음에서는 "지극히 작은 자에게 한 것이 곧 나에게 한 것이라"는 심판의 이치를 말씀하셨을 뿐이다.[668] 이는 최후에 오는 심판보다는 최종적인 심판의 원리를 말씀하신 것이다.[669]

그러니까 예수 그리스도는 사람이 심판이나 영원한 형벌에 임하지 않기를 원한다면 "서로 사랑"하므로 오는 구원에 있을 수밖에 없다는 말씀이셨다. 이를 요한복음은 예수 그리스도가 말씀하신

새 계명을 너희에게 주노니 너희는 서로 사랑하라 내가 너희를 사랑한 것같이 너희도 서로 사랑하라[670]

는 대 계명과 지상명령을 말씀하신데 이어서 마지막 21장에서는 베드로와 최후로 새 계명과 새 명령으로 다짐을 하신 것이다.

저희가 조반 먹은 후에 예수께서 시몬 베드로에게 이르시되 요한의 아들 시몬아 네가 이 사람들보다 나를 더 사랑하느냐 하시니 가로되 주여 그러하외다 내가 주를 사랑하는 줄 주께서 아시나이다 가라사대 내 어린

양을 먹이라 하시고 또 두 번째 가라사대 요한의 아들 시몬아 네가 나를 사랑하느냐 하시니 가로되 주여 그러하외다 내가 주를 사랑하는 줄 주께서 아시나이다 가라사대 내 양을 치라 하시고 세 번째 가라사대 요한의 아들 시몬아 네가 나를 사랑하느냐 하시니 주께서 세 번째 네가 나를 사랑하느냐 하시므로 베드로가 근심하여 가로되 주여 모든 것을 아시오매 내가 주를 사랑하는 줄 주께서 아시나이다 예수께서 가라사대 내 양을 먹이라[671]

이것을 한국복음신학원 손병호 박사는 요한복음의 최후 명령이라 하며 초기의 바울 교회와 베드로 교회와 구별되는 요한의 교회에서 내린 총결론으로 보고 있다. 그럼에도 불구하고 기독교와 교회는 하나님은 물론 예수 그리스도까지 죄로 심판을 하시는 것으로 왜곡하였다. 그것은 죄의식에 있는 신앙인들의 죄로 오는 심판의 구원을 자초하고 죄급죄족(罪給罪足)하고자 하는 상태나 다름이 없다.

만일 요한복음 21장에서 베드로의 만회와 기사회생이 없었다면 바울의 천하는 더욱 가속화 되었을 것이다. 그리고 로마 카톨릭 교회가 구축되지 못하였을 것이다. 그렇다고 개혁교회가 로마교회를 탓할 처지는 아니다. 한동안 두 교회는 신구 교회로 갈라져서 이단시를 하고 적대시를 하였으나 개혁교회가 로마교회와 다를 바가 없다는 것이다. 2천년까지의 바울의 교회나 베드로의 교회는 정(正)과 반(反)이나 다름이 없었다. 두 교회에 부족한 것이 바로 요한의 사랑의 교회였다. 이제는 정과 반의 합(合)으로써 요한의 사랑의 교회로 돌아가야 "예수 그리스도의 교회"가 되는 과정에 있게 된다. 남은 교회는 요한의 교회이며 바울의 교회도 지나갔고 베드로의 교회도 지나갔다는 것이다.

406) 손병호, 예수의 복음, p. 20
407) Ibid., pp. 121-122
408) 손병호, op.cit., p. 135
409) 손병호, op.cit., p. 135
410) 행13:5
411) 벧전5:13
412) 막12:30-31
413) 손병호, op.cit., p. 23
414) 손병호, op.cit., p. 44
415) 행13:5
416) 벧전5:13
417) 행12:12
418) 골4:10
419) 행15:38-40
420) 골4:10; 몬24
421) 딤후4:11
422) 손병호, op.cit., pp. 45-46
423) 로마의 Clement(30-100),
      Ignatius(d.117),
      Hermas(1세기말),
      Barnabas of Alex(1세기 말),
      Papias(60-130), Polycarp(69-160)
424) 손병호, op.cit., p. 47
425) 손병호, op.cit., p. 49
426) 손병호, op.cit., p. 49
427) 손병호, op.cit., pp. 140-141
428) 막1:15
429) 손병호, op.cit., pp. 143-144
430) 막4:30-32

431) 손병호, op.cit., p. 148
432) 막8:36-37
433) 손병호, op.cit., p. 149
434) 막1:40-44
435) 막2:5
436) 막2:11
437) 요9:1-3
438) 막9:35
439) 막9:37
440) 막10:37
441) 막10:43-44
442) 막10:45
443) 손병호, op.cit., p. 205
444) 막9:42-43
445) 막10:21
446) 막10:28
447) 막10:29-30
448) 손병호, op.cit., p. 212
449) 막10:31
450) 막10:35
451) 눅8:3
452) 막10:38
453) 막10:38
454) 막10:39-40
455) 눅17:21
456) 창2:17
457) 손병호, op.cit., p. 155
458) 막2:25-26
459) 막2:27-28

460) 손병호, op.cit., p. 156
461) Ibid., pp. 156-157
462) 막3:3-5
463) 막2:14
464) 마1:31
465) 막2:17
466) 눅3:8
467) 요8:24
468) 요20:23
469) 눅3:23
470) 막3: 33-35
471) 막7:24-30
472) 롬8:-12:
473) 갈3:29
474) 막8:34-37
475) 손병호, op.cit., p. 196
476) 마16:25
477) 마19:29
478) 롬8:34
479) 막10:45
480) 요4:24
481) 손병호, op.cit., p. 221
482) 삼상15:22
483) 시40:6
484) 시51:19
485) 마9:13
486) 마12:7
487) 손병호, op.cit., p. 222.
488) 손병호, op.cit., p. 310
489) 마6:9-15
490) 고전1:1
491) 손병호, op.cit., pp. 310-311
492) 창28:3; 35:11; 48:4; 49:6
493) 출12:3-6; 16:3
494) 손병호, 교회정치학원론, pp. 51-52
495) 마18:19
496) 손병호, 예수의 복음, pp. 311-312
497) 프란시스파는 아시시의 성자 프란시스(1182-1226)가 청빈한 생활로 가난한 자들과 병든 자들을 친구로 하며

하나님의 나라를 이야기 하는 무리들로 예수 그리스도와 같은 목회를 하였다
498) 롬1:1
499) Edmund P. Colowney, The Church, (Intervasity, 1995), p. 46
500) 손병호, 예수의 복음, pp. 314-315
501) Burton L. Mark, Who Wrote the New Testament? (Harper Sanfrancisco, 1995). p. 100
502) 손병호, op.cit., p. 322.
503) Duncan S. Ferguson, Bible Basic:Mastering The Content of the Bible, (Westmenster, 1995), p. 61
504) 창세기, 출애굽기, 레위기, 민수기, 신명기
505) 손병호, op.cit., p. 322
506) B.W. Bacon. Studies in the Matthew, (London, 1931)
507) 손병호, op.cit., p. 323.
508) Michael Goulder. The Evangelist's Calendas-Q Lectionary of the Development of Scripture, (London SPCK, 1974)
509) 마5:1-7:28; 10:5-11:1; 13:1-53; 18:1-19:12; 24:2-26:1-2
510) 손병호, op.cit., pp. 323-324.
511) 손병호, op.cit., p. 324
512) 요2:13; 5:1; 6:1; 12:1
513) 요7:2
514) 요10:22
515) 마16:24-26
516) 엡2:8
517) 마16:24-26
518) 마1:23
519) 마28:20
520) 마24:34
521) 손병호, op.cit., pp. 328-329
522) 마5:21-32
523) 마9:15-17

524) 자구적 구원이라는 것은 스스로 구원을 이루어내는 것을 말한다. 이는 불경스러운 것이나, 인본주의나 배도를 말하는 것이 아니다

525) 마11:29-30

526) 손병호, Gospel of Jesus Christ, p. 122

527) 마28:16-20

528) 마22:36-40

529) 손병호, op.cit., p. 136

530) 사도행전에서는 바울을 위주로 기록하였으나 누가복음에서는 바울과는 전혀 다른 독자노선으로 예수 그리스도의 사람들을 위한 복음을 기록하였다

531) 골4:14; 딤후4:10

532) 눅1:1-3

533) 손병호, 예수의 복음, p. 347

534) 눅1:31

535) 눅2:18,34,51

536) 눅1:41

537) 눅 8:3

538) 손병호, op.cit., p. 351

539) Ibid., p. 352

540) 막14:24

541) 눅22:20

542) Thomas Moore. The Lost Gospel Q: The Orignal Sayings of Jesus (Ulysses Press, 1996), p. 47

543) 손병호, Gospel of Jesus Christ, p. 146

544) 눅6:27-28

545) 레25:46

546) 신15:12

547) 롬10:1

548) 눅10:25-27

549) 요4:1-30

550) 눅10:30-37

551) 손병호, op.cit., p. 354

552) 신21:18-23

553) 신8:5,6

554) 눅11:1-13

555) 눅15:4-10

556) 마20:28

557) 손병호, 복음과 구약, p. 388

558) 신26:1-15

559) 빌4:13

560) 눅18:9-14

561) 고후5:13

562) 눅9:23-24

563) 신24:10-25:3

564) 눅16:19-31

565) 손병호, op.cit., pp. 367-368

566) 출14:14

567) 롬12:19; 신 3:35

568) 눅6:27

569) 눅6:35

570) 눅6:28

571) 눅23:34

572) 마21:19

573) 눅13:6-9

574) 눅19:41

575) 계22:13

576) 요1:1

577) 요14:6

578) 손병호, 예수의 복음, p. 383

579) 요13:23

580) 요19:26, 20:2, 21:7,20

581) Marvin Meyer. The Gospel of Mary, Harper SF, 2001, pp. 5-10

582) 요1서1:1

583) 손병호, op.cit., p. 383

584) 계22:13

585) 요13:34

586) Naurice Casey. Is John's Gospel True? London, 1998, p. 229

587) 요8:12

588) 손병호, op.cit., p. 388

589) 요1:4-10

590) 요8:12

591) 요1:4,5,7,8,9, 3:19,20,21, 5:35, 8:12,
    9:5, 11:9, 12:35,3646
592) 손병호, op.cit., p. 389
593) Kennett C. Davis, The Universe,
    Harper Collons, 2001, pp. 289
594) 손병호, op.cit., pp. 390-391
595) Kennett C. Davis, op.cit., pp. 50-57
596) 요10:6
597) 요16:25
598) 요16:29
599) 요1:1
600) Josep H. Thayer, Greek -English
    Lexicon of the New Testament, New
    York, 1889, pp. 380-382
601) 요1:14
602) 손병호, op.cit., p. 386
603) 요10:34-36
604) E.Pagels, The Gnostic Paul:Gnostic
    Exegesis of the Pauline Letters,
    Trinity Press, 1992.
    J.N.Pallmeyer, The Gnostic Gospels,
    Vitage Books, 1981.
    Pelkins Pehme, The Gnosticism and
    New Testament, Forter Press, 1993
605) 골1:15
606) 손병호, op.cit., pp. 387-388
607) Pelkins Pehem, The Gnosticism and
    New Testament, Forter Press, 1993,
    pp. 109-116
608) 요14:16-17
609) 요15:26
610) 손병호, op.cit., pp. 423-424
611) Alvar Ellegard, Jesus:One Hundred
    Years Before Christ, The Overlook
    Press, 1999. p. 253
612) 요14:22-24
613) 요14:28-31
614) 마28:19-20
615) 마28:16-20
616) 마22:34-36

617) 마5:44
618) 요13:34
619) 요15:14-15
620) V. Brummer, The Model of Love,
    Cambridge, Uni, 1993, p. 33
621) 요21:15-17
622) 손병호, op.cit., p. 407
623) 요8:34
624) 막10:45, 마20:28
625) 손병호, op.cit., p. 408
626) R. McAfee, Protestantism, pp. 94-
    106
627) 마6:12, 눅11:4
628) 마6:14-15, 눅11:2-4
629) 요20:23
630) 요15:22
631) 마5:21-26
632) 요12:47-48
633) 요8:3-11
634) 손병호, op.cit., p. 414
635) 손병호, op.cit., p. 403
636) 요4:20-24
637) 롬9:4
638) 행8:27; 24:11
639) 손병호, op.cit., pp. 404-405
640) 요4:21
641) 요4:24
642) 마9:13
643) 마12:7
644) 손병호, op.cit., p. 406
645) 요18:1
646) 요18:10-11
647) 마26:52
648) 요18:35-38
649) 손병호, op.cit., pp. 432-433
650) 요1:14,16,17
651) 눅1:28,30, 2:40, 4:19
652) 손병호, op.cit., p. 433
653) 요19:25
654) 요19:26-27

655) Marvin Meyer, *The Gospel of Mary*,
    Harper SF, 2004, pp. 5-10

656) 요19:28

657) 시69:21; 요19:28

658) 손병호, op.cit., p. 434

659) 막14:7

660) Robert Funk, *The Five Gospels*,
    Macmillan Pub, 1993, p. 128

661) 손병호, op.cit., p. 436

662) 고전3:4,22

663) 손병호, op.cit., pp. 436-437

664) 계2장-3장

665) 요1서1:1

666) 요3:16-17

667) 요12:47

668) 마25:31-46

669) 손병호, op.cit., p. 438

670) 요13:34

671) 요21:15-17

제 5 장
결론

기독교와 교회는 하나님의 말씀인 성경을 통하여 하나님의 뜻을 깨닫고 이루어 나가는 삶의 모습을 보여 왔다. 그러나 인간이 하나님을 찾은 것이 아니라 하나님이 친히 말씀으로 나타나셨다.

구약에서는 많은 문제점들을 안고 있다. 율법으로 정죄는 있으나 사랑과 용서가 없는 하나님으로, 구원은 있으나 민족적이며 왕국적인 구원을 말하였다. 그러나 구원의 표준이 잘못됨으로 어디로부터 오는 구원인지를 깨닫지 못하였으며 구원을 이루기 위한 방법론에 대하여서도 많은 문제점을 가지고 있었다. 이런 구원을 어찌 이룰 수 있겠는가? 정죄하고 벌하는 그런 기독교와 교회가 된다.

그러나 천지 만물을 창조하신 하나님이 에덴동산에서 아담과 하와가 선악과를 따 먹으므로 "정녕 죽으리라"는 말씀 속에서도 죽이지 않으시고 사랑과 용서로 내어 쫓으셨으며 가인이 동생 아벨을 죽임으로 죽음을 당해야 하나 하나님은 가인을 사랑과 용서로 죽이지 않으셨으며 그를 용서하시고 그의 살 길을 열어 주셨다. 인간이 하나님께 죄를 범함으로 죽음을 당해야 하나 하나님은 노아의 가정을 통하여 구원의 길을 열어 주셨으며 인간의 교만으로 바벨탑을 쌓은 인간들을 죽이시기보다는 사랑과 용서 속에 흩으셨다. 이런 인간들에게 주어진 구원은 자구적인 구원이었다. 스스로의 삶을 개척하며 살아가는 구원 역사의 새 장르였다.

하나님은 갈대아 우르에서 아브람을 불러 그에게 "열국의 아비"

(Father of many nations)가 되는 축복을 주셨다. 그러나 아브라함은 편애와 우유부단함 속에 하나님이 주신 가정과 이웃과 나라와 민족과 세계 속에 사랑과 평화 속에 공존하고 공생하는 법을 실천하지 못하였다. 이삭과 야곱도 마찬가지였다. 그들에게는 하나님의 사랑과 용서의 큰 뜻이 없었다. 아브라함과 이삭과 야곱의 하나님이라고 하였지만 그들은 진정 그 뜻을 이루지 못하였다. 오직 요셉만이 그 뜻을 이루었다. 야곱의 열두 아들 가운데 열한 번째였던 요셉은 형들의 시기와 질투 속에 애굽의 노예로 팔려 갔지만 자신을 죽이려다 팔았던 형들을 용서함으로 하나님의 사랑과 용서를 실천하였으며 하나님 나라의 실현을 이루었다.

애굽에서 종살이하던 이스라엘 백성을 모세를 통하여 구원하시며, 그들에게 율법과 십계명 제사법전과 성결법전을 제정하시고, 오직 하나님만을 섬기며 경배하도록 하였으나 그들은 불순종하며 원망함으로 결국 광야에서 죽음을 당하나 여호수아와 갈렙과 20세 이하를 사랑과 용서로 살려주셨다.

가나안 땅에 도착한 이스라엘은 사사시대를 거치면서도 깨닫지 못하고 우상을 섬기며 불순종하는 삶을 살며, 자신의 소견에 옳은 대로 행하며 하나님의 통치를 벗어나 왕을 요구하는 죄를 구하나 하나님은 그들의 요구를 들어 주신다.

사울 왕과 다윗 왕으로 이어지는 통일왕국과 분열왕국시대를 거치면서 그들은 왕권 강화에 노력하고 하나님의 율법과 나라의 기틀을 위하여 노력하지 않았다. 우상을 멀리하고 산당을 폐하므로 이스라엘 백성이 죄를 범할 수 있는 길을 막지 못하였다. 결국 왕국은 멸망하고 바벨론의 포로로 잡혀 가는 민족적이며 영적인 수치를 함께 당하게 된다.

바벨론 포로에서 돌아온 그들에게는 자신들의 구원과 나라와 민족적 구원과 세계 평화는 더욱 요연한 상황으로 되어 갔을 때 하나님이 성육신하여 이 땅에 오셔 목가적이며 전원적이신 복음의 말씀을 통하여 참된 사랑과 용서가 무엇인지 참된 구원이 무엇인지를 말씀하셨다. 그런 예수 그리스도를 유대인들은 십자가에 못 박았으나 예수 그리스도는 십자가상에서 "다 이루었다" 하심으로 구원을 이루셨다. 예수 그리스도가 이루신 것은 율법이 아니다. "하나님 사랑"과 "이웃 사랑"과 "원수 사랑"을 포함한 "서로 사랑"으로 오는 구원을 이루심을 말씀하신 것이다.

그러나 예수 그리스도가 말씀하신 사랑의 복음을 듣지도 보지고 주목하여 만지지도 못했던 바울이 아라비아에서 17년간 연구한 구약대로 오시는 메시야를 말하였다. 예수 그리스도의 오심은 대속을 이루기 위함이라 하였다. 구약의 제사를 통한 속죄의 제물이 예수 그리스도라 하였다. 그러면서 예수의 부활과 재림과 우편에서 간구하시며 심판하러 오시는 예수 그리스도를 말하였다.

바울이 죽은 후 10여 년이 지나 "예수 그리스도 복음의 시작"이라며 마가복음서가 나와 예수 그리스도의 사랑의 복음을 전하기 시작하였으며, 바울적인 교회론이 아닌 마태의 교회론이 나오게 되었고, 누가의 영원한 인류 사랑의 복음을 말하였다. 복음서에서 바울의 구약대로가 아닌 율법적이 아닌 예수 그리스도의 사랑의 복음을 말하며 세계 평화를 말하였다.

요한복음서에서는 "서로 사랑"이 곧 예수의 "새 계명"이라 하였다. 요한은 예수 그리스도의 "서로 사랑"이 곧 인류와 세계와 우주를 구원하시는 영원한 길과 진리와 생명이라 하였다.[672] 그러면서 요한은 바울의 영지적인 성령이나 영성에 대하여 역사적이며 사실적이며 실제적인 예수 그리스도와 그의 복음을 직접 본 대로 들은 대로 주목하고 만진 대로 증거하는 것이다.[673]

사도 요한은 세례 요한이나 바울과는 달리 하나님이 그 아들을 세상에 보내신 것은 세상을 심판하려 하심이 아니요 저로 말미암아 세상이 구원을 받게 하려 하심이라 하였다.[674] 그러나 요한은 이 "새 계명"의 "서로 사랑"으로 오는 지상명령을 말하며 예수 그리스도의 부활 후의 승천이나 재림이나 심판 등은 언급하지 않았다. 요한은 부활 후에 예수 그리스도가 맨 마지막으로 베드로를 만나 확인하신 말씀도 "네가 나를 사랑하느냐"를 세 번씩이나 물었으며 "내 양을 먹이라"는 말씀으로 모든

말씀은 물론 모든 성서의 결론을 내렸다.[675]

　이는 하나님을 모르고 예수 그리스도의 복음을 복종하지 않는 자들은 영원한 형벌에 임한다는 바울의 재림과 심판과는 전혀 다른 말씀이었다.[676] 그러나 초기 교회는 예수 그리스도의 복음보다 바울의 복음을 더 선호하였다. 이에 사도 요한은 바울과 같은 재림이나 심판의 구원은 언급하지 않고, 사람들이 "서로 사랑"으로 땅에서도 이루어지는 구원의 길과 진리와 생명을 말씀하셨다. 그렇지 않고는 하나님께로 올 자가 없다는 말씀이었다.[677]

　예수 그리스도는 구약의 율법서와 선지자의 대강령을 "하나님 사랑"과 "이웃 사랑"으로 말씀하셨다.[678] 그리고 여기에 "원수 사랑"을 첨가하셨다.[679] 원수 사랑은 유대교로서는 도저히 감당할 수 없는 것이었다. 예수 그리스도는 그들에게 "새 계명을 너희에게 주노니 너희는 서로 사랑하라 내가 너희를 사랑한 것같이 너희도 서로 사랑하라"하셨다. 이는 믿음이나 소망이나 의나 새 언약이나 대속이나 칭의나 이신득의를 말씀하신 것이 아니라 사람들의 믿음과 소망이야 어떠하든 그 믿음과 소망을 이루려면 "서로 사랑"하는 길 밖에 없다는 말씀이다.

　"서로 사랑"은 자기 부인이며 자기 전환이며 자기희생이며 용서이다. 사랑이 없이는 절대로 용서할 수 없으며 용서는 곧 사랑의 과정이며 열매이며 결과이다. 예수 그리스도의 "새 계명"은 구약이나 신약은 물론 대속으로 오는 구원보다 "서로 사랑"으로 오는 인류와 세계와 우주의 영원한 구원의 길과 진리와 생명의 복음을 말씀하신 것이다.

제5장_각주

672) 요14:6
673) 요일1:1-2
674) 요3:16-17
675) 요21:15-17
676) 살후1:8-9
677) 손병호, 복음과 구약, p. 81
678) 막12:35-37, 마22:34-40, 눅20:41-44
679) 마5:44, 눅6:27-28,32-36

BIBLIOGRAPHY

참고문헌

1. 국내서적

강재구, 요한서신 강해 진리와 사랑 (경기: 진리와 사랑, 1996).

곽요셉, 주여, 기도를 가르쳐 주옵소서 (서울: 도서출판 가치창조, 2004).

김균진, 기독교조직신학 Ⅰ (서울: 연세대학교출판부, 1984).

_____, 기독교조직신학 Ⅱ (서울: 연세대학교출판부, 1987).

_____, 기독교조직신학 Ⅲ (서울: 연세대학교출판부, 1987).

_____, 역사적 예수와 하나님의 나라 (서울: 연세대학교 출판부, 1994).

김기문, 바이블랜드를 찾아서 (서울: 도서출판 알돌기획, 1997).

김득중, 복음서 신학 (서울: 컨콜디아사, 1997).

_____, 복음서의 비유들 (서울: 컨콜디아사, 1999).

_____, 요한의 신학 (서울: 컨콜디아사, 1999).

김명수, 원시 그리스도교 케리그마의 다양성 (서울: 기독교사상, 1995).

김성규, 폰 라트의 구약성서신학 (서울: 기독정문사, 1990).

김세윤, 예수와 바울 (서울: 도서출판 두란노, 2003).

_____, 복음이란 무엇인가? (서울: 도서출판 두란노, 2003).

김의환, 복음주의 선교 신학의 동향 (서울: 생명의 말씀사, 1990).

김주환, 복음목회는 아무나 하나 (도서출판 황토, 2000).

김준곤, 예수 칼럼 (서울: 순 출판사, 1983).

김지철, 복음과 문화 (서울: 현대신학연구소, 1992).

김창길, 공관복음서 대조비교 (서울: 맥밀란, 1982).

김철손, 해설 · 사도행전 (서울: 대한기독교출판사, 1986).

_____, 요한계시록 신학 (서울: 대한기독교서회, 1990).

김춘기, 요한복음서 연구 (서울: 성지출판사, 1996).

나용화, 현대신학 평가 (서울: 기독교문서선교회, 1991).

나채운, 우리말 성경연구 (서울: 기독교문사, 1994).

노영상, 영성과 윤리 (서울: 대한예수교장로회총회 출판국, 1991).

류형기, 성서주해 (서울: 한국기독교 문화원, 1990).

목창균, 슐라이에르마허의 신학 사상 (서울: 한국신학연구소, 1991).

_____, 현대신학논쟁 (서울: 도서출판 두란노, 1998).

맹용길, 기독교 윤리학 개론 (서울: 한국장로교출판사, 1994).

_____, 기독교 윤리학 (서울: 쿰란출판사, 1994).

문희석, 구약석의 방법론 (서울: 대한기독교출판사, 1992).

_____, 구약성서 배경사 (서울: 대한기독교서회, 2001).

박근용, 공동서신 이해 (서울: 기독교문사, 1986).

_____, 바울 서신 (서울: 기독교문사, 1986).

_____, 바울의 로마서 이해 (서울: 두란노서원, 1997).

박근원, 오늘의 교역론 (서울: 대한기독교출판사, 1990).

_____, 선교신학의 서설 (서울: 대한기독교협회, 1995).

박두헌, 현대교회 행정학 (서울: 교회교육 연구원, 1991).

박수암, 요한계시록 (서울: 대한기독교출판사, 1991).

_____, 신약성서신학 (서울: 장로교신학대학출판부, 1999).

박영선, 요한복음 강해 (서울: 도서출판 엠마오, 1990).

박창환, 성경의 형성사 (서울: 대한기독교서회, 1987).

박춘복, 성경 총론 (서울: 목양사, 1988).

방석종, 이스라엘 역사 (서울: 나단출판사, 1999).

_____, 성서 본문비평 입문 (서울: 대한기독교출판사, 1998).

서영일, 현대 교회사 (서울: 기독교문서선교회, 1994).

서정운, 교회와 선교 (서울: 도서출판 두란노, 1991).

서중석, 복음서 해석 (서울: 대한기독교서회, 1991).

서철원, 복음과 율법과의 관계 (서울: 도서출판 엠마오, 1991).

성종현, 신약성서의 중심 주제들 (서울: 장로교신학대학 출판부, 1998).

_____, 신약총론 (서울: 장로회신학대학출판부, 1992).

손병호, 교회 정치학 개론 (서울: 도서출판 그리인, 1991).

_____, 복음신학 원론 (서울: 도서출판 유앙게리온, 1992).

_____, 장로교회론 (서울: 도서출판 그리인, 1993).

_____, 복음 신학 (서울: 도서출판 유앙게리온, 1994).

_____, 목회경영학 원론 (서울: 도서출판 엠마오, 1994).

_____, 에크레시아와 유앙게리온 (서울: 도서출판 유앙게리온, 1997).

_____, 교회행정학 원론 (서울: 도서출판 엠마오, 1997).

_____, 장로교회의 역사 (서울: 도서출판 유앙게리온, 2000).

_____, 기독교와 복음 (서울: 도서출판 유앙게리온, 2000).

_____, 교회헌법학 원론 (서울: 도서출판 유앙게리온, 2001).

_____, 복음과 구약 (서울: 도서출판 유앙게리온, 2003).

_____, 복음과 신약 (서울: 도서출판 유앙게리온, 2004).

_____, 예수의 복음 (서울: 도서출판 유앙게리온, 2005).

_____, 복음서의 서로 다른 특성 (서울: 도서출판 유앙게리온, 2005).

손희송, 그리스도교 신학의 근본 규범인 예수 그리스도 (카톨릭대학교 출판부, 1996).

신동혁, 인류의 소망은 예수냐 마르크스냐 (서울: 기독교문사, 1983).

신성종, 신약총론 (서울: 기독교문서선교회, 1990).

안병무, 갈릴레아의 예수 (서울: 한국신학연구소, 1996).

오성춘, 영성과 목회 (서울: 장로회신학대학출판부, 1989).

_____, 목회 상담학 (서울: 한국장로교출판사, 1993).

_____, 신학영성 목회 (서울: 장로교신학대학출판부, 1997).

이봉우, 예수 그리스도와 함께 (왜관: 분도출판사, 1987).

이양구, 신학과 신앙의 자주성을 향하여 (서울: 도서출판 예안, 1991).

이종성, 그리스도론 (서울: 대한기독교출판사, 1984).

_____, 신론 (서울: 대한기독교출판사, 1987).

_____, 성령론 (서울: 대한기독교출판사, 1987).

_____, 조직신학 개론 (서울: 종로서적출판주식회사, 1987).

_____, 신학적 인문학 (서울: 대한기독교출판사, 1991).

이용호, 목회와 현장 (서울: 교회교육연구원, 1986).

이원설, 기독교 세계역사관과 역사발전 (서울: 혜선출판사, 1990).

이윤재, 예수의 비유 (서울: 쿰란출판사, 1996).

이형근, 예수 그리스도의 복음 (서울: 한들, 1999).

이형기, 종교개혁 신학사상 (서울: 장로회신학대학 출판부, 1984).

이형의, 신약성서 개론 (서울: 대한예수교장로회총회 출판국, 1991).

임택진, 장로교회 정치해설 (서울: 기독교문사, 1990).

장일선, 알기 쉬운 구약학 (서울: 종로서적출판주식회사, 1992).

전병욱, 파워 로마서 (서울: 규장문화사, 1998).

전호진, 선교학 (서울: 개혁주의 신행협회, 1987).

정용섭, 교회갱신의 신학 (서울: 대한기독교출판사, 1991).

정일웅, 기독교 예배학 개론 (서울: 도서출판 솔로몬, 1993).

정장복, 설교 사역론 (서울: 대한기독교서회, 1990).

_____, 예배학 개론 (서울: 종로서적출판주식회사, 1991).

_____, 설교 전달의 클리닉 (서울: 예배와 설교 아카데미, 2003).

조경철, 종말론적 거지가 되라 (서울: 성서연구사, 1994).

_____, 바울의 회심사건 (서울: 도서출판 감신, 1996).

조성노, 역사와 종말 (서울: 현대신학연구소).

조해수, 신학입문 (서울: 기독교문서선교회, 1986).

지원용, 말틴 루터 (서울: 컨콜디아사, 1987).

최동출, 부활의 복음신학 (서울: 도서출판 유앙게리온, 2003).

최창모, 이스라엘의 역사 (서울: 대한교과서 주식회사, 1999).

_____, 유월절 기도문 (서울: 보아스사, 2000).

_____, 중간사 (서울: 한국복음신학연구원, 2001).

_____, 히브리 민속학 (서울: 한국복음신학연구원, 2002).

채필근, 비교종교론 (서울: 대한기독교서회, 1993).

채 위, 공관복음서 대조연구 (서울: 한국기독문화원, 1995).

표재명, 키에르케고어 연구 (서울: 지성의 샘, 1998).

_____, 생명윤리 & 환경윤리 (서울: 한국복음신학연구원, 1999).

한국신학연구소, 함께 읽는 구약성서 (서울: 한국신학연구소, 1991).

홍창표, 하나님 나라의 비유 (서울: 도서출판 하나, 1995).

홍치모, 英 美 장로교회사 (서울: 개혁주의신행협회, 1998).

황보갑, 예수 그리스도의 교회 에클레시아 (서울: 도서출판 다리, 1996).

황승룡, 통전적 관점으로 본 그리스도론 (서울: 한국장로교출판사, 2001).

2. 번역서적

Akempis, T., *The Imitation of Christ*, 박명곤 역, 그리스도를 본받아 (서울: 크리스
    찬다이제스트사, 1987).

Albert, N., *Jesus Before Christianity*, 정한교 역, 그리스도교 이전의 예수 (분도출판
    사, 1988).

Alister, L., *Die Bible Heute*, 김윤주 역, 성경과 오늘 (분도출판사, 1976).

Alister, M. G., *Jesus : Who He Is & Why He Matters*, 배용준 역, 예수를 아는 지식
    (규장문화사, 2002).

Anderson, B. W., *Understanding the Old Testament*, 채석봉 역, 구약성서이해 1,2,3
    (성바오로출판사, 1987).

Annderson, B. W., *Understanding The Old Testament*, 강성열 역, 구약성서의 이해
    (서울: 크리스찬다이제스트, 1994).

Anthony, A. H., *The Bible and the Future*, 류호준 역, 개혁주의 종말론 (서울: 기독
    교문서선교회, 1992).

Aumann, J., *The Yheology of Christian Perfection*, 이홍근 역, 영성학 (왜관: 분도출
    판사, 1987).

Aquinas, T., *Along with Jesus Christ*, 이봉우 역, 예수 그리스도와 함께 (왜관: 분도
    출판사, 1997).

Banks, R., *Redeeming the Routines Bringing Theology to Life*, 한화룡 역, 일상생활
    속의 그리스도인 (서울: 한국기독학생회출판부, 2001).

Barclay, W., *The Message of the New Testament Books*, 신성종 역, 신약 성서의 주
    요 메시지 (서울: 컨콜디아사, 1982).

Barth, C. F., *Introduction of the Psalms*, 문희석 역, 오늘의 시편연구 (서울: 대한기
    독교서회, 1991).

Barth, K., *Karl Barth Homiletik Wesen und Vorbereitung der Predigt*. 정인교 역, 칼
    바르트의 설교학 (서울: 한들, 1999).

Barth, K., *Einfuhrung in die Evanglische Theologie*. 이형기 역, 복음주의 신학 입문
    (크리스찬 다이제스트, 1987).

Berkhof, L., *Systematic Theology*, 고영민 역, 뻘콥 조직신학 구원론 제5권 (서울: 기
    독교문사, 1985).

Bernard, R., *The Evangelical Heritage*, 권혁봉 역, 복음주의 신학의 흐름 (서울: 생

명의말씀사, 1985).

Bernhard, L., *A Short History of Christian Doctrine*, 차종순 역, 기독교 교리의 역사 (서울: 목양사, 1986).

Bettenson, H., *The Early Christian Fathers*, 박경수 역, 초기 기독교 교부 (서울: 크리스챤다이제스트, 1997).

Boers, H., *Who was Jesus?*, 박익수 역, 예수는 누구였는가? (서울: 대한기독교서회, 1996).

Boff, L., *Jesus Christ Liberator*, 황종렬 역, 해방자 예수 그리스도 (서울: 분도출판사, 1993).

Bornkamm, G., *Jesus von Nazareth*, 강한표 역, 나사렛 예수 (대한기독교서회, 1981).

Bornkamm, G., *The New Testament, A Guide of Its Writings*, 박창환 역, 신약 성서 이해 (서울: 대한기독교서회, 1992).

Braaten, E. C., *No Other Gospel!*, 김명용 역, 다른 복음은 없다 (서울: 성지출판사, 1999).

Brian, J. W, & Richard, M., *The Transforming Vision Shaping a Christian World View*, 황영철 역, 그리스도인의 비전 (서울: 한국기독학생회출판부, 1990).

Brianchaninov, I., *An Offering to Contemporart Monastcism*, 엄성옥 역, 그리스도를 본받아 사는 생활 (도서출판 은성, 1974).

Bright, J., *The Kingdom of God*, 김철손 역, 하나님의 나라 (서울: 컨톨디아사, 1988).

Bruce, F. F., *Jesus and Christian Origins Outside the New Testament*, 전연섭 역, 예수와 기독교의 기원 (서울: 컨콜디아사, 1989).

Bruce, F. F., *The Gospel of John*, 서문강 역, 요한복음 (서울: 도서출판 로고스, 1996).

Bultmann, R., *Die Geschichte der synoptischen.* 허혁 역, 공관복음 전승사 (서울: 대한기독교서회, 1985).

Burridge, A. R., *Four Gospels, One Jesus?* 김경진 역, 네 편의 복음서 한분의 예수 (서울: 기독교연합신문사, 2000).

Calvin, J., *A Compend of the institutes of the Christian Religion*, 이종성 역, 기독교 강요찬 (서울: 대한기독교서회, 1981).

Charles, F. P., *A Concise History of Israel*, 배제민 역, 구약 성서 개론 (서울: 기독교문사, 1982).

Charles, P., *Jesus et L' Histore*, 박상래 역, 예수와 역사 (서울: 가톨릭출판사, 1984).

Clark, K. H., *Understnding the New Testaments*, 서중석 역, 신약성서 이해 (서울: 한국신학연구소, 1992).

Clinebell, H., *Basic tapes of pasyoral care & counseling*, 박근원 역, 목회 상담 신론 (서울: 대한예수교장로회 총회출판국, 1991).

Clyde, R., *A Study in Preachings as Communication*, 정장복 역, 설교의 호기 (서울: 대한기독교출판사, 1987).

Conzelmann, H., *Geundriss Der Theologie Des Neuen Testaments*, 김철손 · 박창환 · 안병무 공역, 신약성서 신학 (서울: 한국신학연구소, 1986).

Cristian, D., *Habilitation*, 조경철 역, 사도바울의 회심사건 (서울: 도서출판 감신, 1996).

Crossan, D. J., *Who is Jesus?*, 한인철 역, 예수는 누구인가? (서울: 한국기독교 연구소, 1998).

Cullmann, O., *The Christology of the New Testament*, 김근수 역, 신약의 기독론 (서울: 도서출판 나단, 1988).

Davidson, A. B., *An Introductory Hebrew Grammar*, 이순한 역, 신약성서 헬라어자습서 (서울: 백합출판사, 1975).

David, F. H., *Theology of The Old Testament*, 이후정 역, 구약 성서신학 (서울: 컨콜디아사, 1984).

Dawn, J. M., *Keeping the Sabbath Wholly*, 전의우 역, 안식 (서울: 한국기독학생회 출판부, 2001).

Dodd, C. H. & Hunter, A. M., *The Apostolic Preaching and Its Developments*, 채위 역, 설교의 원형과 그 발전 (서울: 한국기독교문화원, 1992).

Drane, J. W., *The old Testament Story*, 이중수 역, 구약이야기 (서울: 두란노서원, 1991).

Dunn, J., *Unity and Diversity in the New Testament*, 김득중 역, 신약성서의 통일성과 다양성 (서울: 도서출판 나단, 1988).

Eduard, L., *Umwelt des Neuen Testaments*. 박창건 역, 신약성서 배경사 (서울: 대한기독교서회, 1983).

Eims, L., *The Lost Art of Disciple Making*, 네비게이코 출판사 역, 제자삼는 사역의 기술 (서울: 네비게이토 출판사, 1994).

_____, *Be the Leader You Were Meant to Be*, 네비게이토 출판사 역, 당신도 영적 지도자가 될 수 있다 (서울: 네비게이토 출판사, 1994)

Ernst, W., *Der Text des Alten Testaments Eine Einfuhrung in die Biblia Hebraica*, 방석종 역, 성서본문 비평입문 (서울: 대한기독교출판사, 1995).

Ernst, W., *Der text Des Alren Testaments*, 방석종 역, 성서 본문비평 입문 (서울: 대한기독교출판사, 1998).

Finkelstein, I & Silberman, N. A., *The Bible Unearthed*, 오성환 역, 성경 : 고고학인가 전설인가 (서울: 까치글방, 2002).

Fred, C., *Preaching*, 김영일 역, 설교 (서울: 컨콜디아사, 1997).

Friedrich, W., *Die Homiletik seit Schleiermacher bis in die Anfaenge der 'dialectischen Theologie' in Grundzuegen*, 정인교 역, 현대 설교학 (충남: 한국신학연구소, 1998).

Frye, J. W., *Jesus The Pastor*, 이덕신 역, 목자 예수 (좋은 씨앗, 2001).

Gerald, C., *Theory and Practice of Counseling and Psychotherapy*, 오성춘 역, 상담학 개론 (서울: 장로회신학대학출판부, 1990).

Gerhard, F. H., *Old Testament Theology*, 이군호 역, 현대구약신학의 동향 (서울: 대한기독교출판사, 1988).

Gerhardsson, B., *The Origins of the Gospel Traditions*, 배용덕 역, 복음서 전승의 기원 (서울: 도서출판 솔로몬, 1993).

Gerrish, B. A., *Thadition and the Modern World Reformed Theology in the Nineteenth Century*, 목창균 역, 19세기 개신교 신학 (서울: 대한기독교서회, 1990).

Gonzales, J. L., *The Story of Christianity*, 서영일 역, 초대교회사 (서울: 은성, 1988).

_____, *The Story of Christianity*, 서영일 역, 중세교회사 (서울: 은성, 1987).

_____, *The Story of Christianity*, 서영일 역, 종교개혁사 (서울: 은성, 1989).

_____, *The Story of Christianity*, 서영일 역, 근대교회사 (서울: 은성, 1989).

Graham, N. S., *The Gospels and Jesus*, 김동건 역, 복음서와 예수 (서울: 대한기독교서회, 1999).

Green, M., *Who is this Jesus?* 유선명 역, 예수에 관한 12가지 질문 (홍성사, 1996).

Hans, K., *Christ Sein*, 정한교 역, 왜 그리스도인 인가 (왜관: 분도출판사, 1982).

_____, *Die Christliche Herausforderung*, 정한교 역, 왜 그리스도인가 (왜관: 분도출판사, 1982).

Hayes, J. H & Holladay, C. R., *Biblical Exegesis*, 김근수 역, 성경 주석학 (서울: 도서출판 나단, 1993).

Henerr, I. C., *A History of Christian Thought*, 송기득 역, 폴 틸리히의 그리스도교의

사상사 (서울: 한국신학연구소, 1983).

Henri, J. M., *Adam*, 김명희 역, 아담 (서울: 한국기독학생회출판부, 2000).

Herman, R., *Paul and Jesus*, 이한수 역, 바울과 예수 (서울: 한국로고스 연구원, 1993).

Herrmann, S., *Geschicte Israels in Alttestamentlicher Zeit*, 방석종 역, 구약시대의 이스라엘 역사 (서울: 나단출판사, 1980).

Hordern, W., *A Layman's Guide to Protestant Theology*, 신태웅 역, 현대신학 이해 (서울: 풀빛목회, 1989).

Jack, B. S., *God's Plan Unfolded*, 한재석 역, 하나님의 구원사역 (서울: 크리스챤서적, 1993).

Jeremias, J., *Die Gleichnisse Jesus*, 허혁 역, 예수의 비유 (왜관: 분도출판사, 1974).

Jeremias, K., *Neutestamentliche Yheologie Erster Teill Die Verkundigung Jesus*, 김경희 역, 예수의 선포 (왜관: 분도출판사, 2001.).

Kallas, K., *The Significance of the Synoptic Miracles*, 김득중, 김영봉 역, 공관복음서 기적의 의미 (서울: 대한기독교출판사, 1991).

Kasper, W., *Jesus Der Christus*, 박상래 역, 예수 그리스도 (왜관: 분도출판사, 1988).

Kingsbury., *The Parables of Jesus*, 김근수 역, 예수의 비유 (서울: 도서출판 나단, 1992).

Kysar, R., *John The Maverice Gospel*, 나채운 역, 요한복음서 연구 (성지출판사, 1996).

Ladd, G. E., *A theology of the New Tesyament*, 신성종, 이한수 역, 신약신학 (서울: 대한기독교출판사, 1984).

Leon, O. H., *Theological Foundations of Wesley's Ethics*, 이희숙 역, 웨슬리의 윤리사상 (서울: 전망사, 1987).

Livingston, J. C., *Modern Christian Thought*, 김귀탁 역, 현대 기독교 사상사 上, 下 (서울: 도서출판 은성, 1993).

Machen, J. G., *The Christian Faith in the Modern World*, 김효성 역, 기독교와 현대신앙 (서울: 기독교문서선교회, 1984).

_____., *New Testament Greek*, 박창환 역, 신약성서 희랍어 교본 (서울: 대한기독교서회, 1988).

Meeks, A. W., *The First Urban Christians*, 황화자 역, 바울의 목회와 도시사회 (서울: 한국장로교출판사, 1993).

Moltmann, J., *Der gekreuzigte Gott*, 김균진 역, 십자가에 달리신 하나님 (서울: 한

국신학연구소, 1981).

Moody, D., *The Theology of the Gospel of John*, 최홍진 역, 요한복음의 신학 (서울: 도서출판 한들, 2001).

Nolan, A., *Jesus Before Christianity*, 정한교 역, 그리스도교 이전의 예수 (왜관: 분도출판사, 1980).

Oates, E. W., *The Christian Pastor*, 김득룡 역, 기독교 목회학 (서울: 생명의말씀사, 1990).

Oswald S. J., *Paul the Leader*, 네비게이토 출판사 역, 지도자 바울 (서울: 네비게이토 출판사, 1993).

Perrin, N., *The Kingdom of God in the Teaching of Jesus*, 이훈영, 조호연 역, 하나님나라 (무림출판사, 1992).

Parker, T. H. L., *John Calvin*, 김지찬 역, 죤 칼빈의 생애와 업적 (서울: 생명의말씀사, 1990).

Placher, G. W., *A History of Christian Theology*, 박경수 역, 기독교 신학사 (서울: 크리스찬 다이제스트, 1996).

Richard, J. L., *The Spirituality of John Calvin*, 한국칼빈주의연구원 역, 칼빈의 영성 (서울: 기독교문화사, 1997).

Robert, B. S., *The Modern Search for the Real Jesus*, 여운세 역, 예수 그는 누구인가? (서울: 생명의말씀사, 1995).

Russell, S. D., *Between the Testaments*, 임태수 역, 신구약 중간시대, (서울: 컨콜디아사, 1999).

Saimon, J. K., *The Gospels in Current Study*, 신성종, 최갑종 역, 현대의 복음서 연구 (서울: 도서출판 엠마오, 1987).

Spener, J. P., *Pia Desideria*, 엄성옥 역, 경건한 소원 (서울: 은성, 1988).

Stephen, S. S., *John-Evangelist & Interpreter*, 김경신 역, 요한신학 (서울: 생명의샘, 1996).

Stein, R. H., *An Introduction to the Parables of Jesus*, 이희숙 역, 예수의 비유 연구 (서울: 컨콜디아사, 1988).

Visser' t, H., *Synkretismus oder christlicher Universalismus?*, 임홍빈 역, 혼합주의와 기독교적 우주주의 (서울 성광문화사, 1987).

Walter, K., *Jesus der Christus*, 박상래 역, 예수 그리스도 (왜관: 분도출판사, 1983).

William, B., *The Beatitudes & The Lord's Prayer for Everyman*, 이희숙 역, 산상수훈 강해 (서울: 종로서적출판주식회사, 1988).

3. 외국서적

Alvar, E., *Jesus:One Hundred Years Before Christ* (The Overlook Press, 1999).

Barrett, K. C., *The Gospel of John & Judaism* (Philadelphia: fortess Press, 1975).

Bieringer, R. D., *Anti-Judaism and the Fourth Gospel* (Westminster John Knox Press: Louisville London, 2001).

Burton, H. T., *Gospel Parallels:A Comparison of the Synoptic Gospels* (Thomas Nelson, 1992).

Burton, L. M., *Who Wrote the New Testament?* (Harper Sanfrancisco, 1995).

Chris, S. A., General Editor. *The Gospel for the New Millennium* (Tennessee: Nashville, 2001).

Carsten, P. T., *Eyewitnesses to Jesus* (Doubleday, 1996).

David, L. D., *A History of the Synoptic Problem* (Double day, 1999).

Duncan, S. F., *Bible Basic:Mastering The Content of the Bible* (Westmenster, 1995),

Edmund, P. C., *The Church* (Intervasity, 1995),

Eldon, L. G., *The Gospel of The Kigdom* (Grand Rapids, Michigan: William B. Eerdmans Publishing Compant, 1995).

Ernest, R., *The Life of Jesus* (Prometheus, 1991).

Errico, A. R., and Lamsa, M. George., *Aramaic Light on the Gospel of Matthew* (New Mexico: Noohra Foundation Publisher, 2000).

George, M. L., *Idioms in the Bible Explained & A Key to The Original Gospels* (Harper Sanfrancisco, 1985).

Gnilka, J., *Jesus of Nazareth* (Hendrickson Publishers, 1997).

Harvey, A., *Son of Man. The Mystical Path to Christ* (New York: A Publishers Weekly Book of the Year, 1998).

Hengel, M., *The Four Gospels and One Gospel of Jesus Christ* (Pennsylvania, Trinity Press International, 2000).

Jenkins, P., *Hidden Gospels* (Oxford: Oxford University press, 2001).

John, S. S., *Why Christianity Must Change or Die* (Harper Sanfrancisco, 1998).

Josep, H. T., *Greek -English Lexiconof the New Testament* (New York, 1889),

Loader, W., *Jesus and the Fundamentalism of Day* (Grand Rapids, Michigan: William B. Eerdmans Publishing Company, 2001).

Louis, J. M., *History and Theology in the Fourth Gospel* (Westminster John Knox Press: Louisville London, 2003).

Marcus, J. B., and Wright, T. N., *The Meaning of Jesus* (HarperSanFrancisco: A Division of Harper Collins Publishers, 2000).

Mark, A. M., *John* (Westminster John Knox Press: Louisville London, 2002).

Martin, H., *The Four Gospels and One Gospel of jesus Christ* (Trinity, 2000).

Marvin, M., *The Gospel of Mary* (Harper SF, 2004),

Mary, L. C., *God Dwells with us Temple Symbolism in the Fourth Gospel* (The Liturgical Press: Collegeville, Minnesota, 2001).

Mcdonardm, M. L., *The Formation of the Christoan Biblical Canon* (Handrickson Publishers, 1996).

Michael, G., *The Evangelist' s Calendas-Q Lectionary of the Development of Scripture* (London SPCK, 1974).

Michael, G., *Jesus an Histoian' s Review of the Gospels* (Touchstone rockefeller Center : New York. 1995).

Miller, J. R., *The Complete Gospels* (HarperSanFrancisco: A Division of Harper Collins Publishers, 1994).

Mitchel, S., *The Gospel According to Jesus* (Harper Perennial: A Division of Harper Collins Publishers, 1993).

Naurice, C., *Is John' s Gospel True?* (London, 1998),

Niesel, W., *The Gospel and The Churches* (Philadelphia: The Westminster Press, 1962).

Niswonger, L. R., *New Testament History* (Grand Rapids, Michigan: Zondervan Publishing House, 1998).

Nelson, P. J., *Jesus Against Christianity* (Pennsylvania: Trinity Press International, 2001).

O' Collins, S.. G., *Christology. A Biblical, Historical, and Systemtic Study of Jesus* (Oxford: University Press, 1995).

Pelkins, P., *The Gnosticism and New Testament* (Forter Press, 1993),

Peter, B., *The Gospel Did Paul and Jesus Agree?* (Darlington: Evangelical Press, 1994).

Peter, C., *Living in the Time of Jesus of Nazareth* (Steinazky, 1993).

Randel, M. H., *Who Wrote The Gospels?* (Millennium Press, 2001).

Raymond, E. B., *An Introduction to the New Testament* (Doubleday, 1996).

Reisinger, C. E., *The Law and the Gospel* (New Jersey: Publishing, 1997).

Richard, A. B., *What are the Gospels?* (Cambridge, Cambridge, University Press, 1995).

Richard, E. F., *Who Wrote the Bible?* (Harper SanFrancisco, 1989).

Robert, B. M., *Protestantism* (Oxford Univ, 1989).

Robert, F., *The Five Gospels* (Macmillan Pub, 1993).

Robert, L. T., *Charts of the Gospels and the Life of Christ* (Zondervan, 2000).

Robert, M., *The Complete Gospels* (Harper S. F, 1994).

Rocco, A. E & George, M. L., *Aramaic Light on the Gospel of Matthew* (Nooa Foundation, 2000).

Ruth, E., *Discovering John* (London: Holy Trinity Church, 2003).

Sawyer, F. A. J., *The Fifth Gospel* (Cambridge University Press, 1996).

Shelby, S. J., *Liberating The Gospels* (HarperSanFrancisco: A Division of Harper Collins Publishers, 1996).

Stanton, N. G., *The Gospel and Jesus* (Oxford: Oxford University Press, 1993).

Stephen, M., *The Gospel Accoeding to Jesus* (London, 1991).

Thomas, E. N., *Classic Texts in Mission and World Christianity* (New York: Orbis Books, 1995).

Thomas, M., *The Lost Gospel Q: The Orignal Sayings of Jesus* (Ulysses Press,1996),

Tippett, R. A., *Introduction to Missiology* (California: William Carey Library,)

Wilson, N. A., *Jesus -A Life* (New York: Fawcett Columbine, 1993).

Witherin, B., *The Christology of Jesus* (Minneapolis: Fortress Press, 1990).

4. 사 전

구약원어 대조 성경 (서울: 도서출판 로고스, 1993).

기독교 대백과 사전 (서울: 기독교문사, 1994).

미어즈 성경핸드북, 헨리에타 C. 미어즈 저, 구영재 역, (서울: 아가페출판사, 1985).

비전 성경 사전, 하용조, (도서출판 두란노, 2001).

성경 성구 대전 (아가페출판사, 1988).

성서백과 대사전 (서울: 성서교재 간행사, 1980).

신학전문용어 및 외래어 사전, Gerhard Schwinge 저, 조병하 역, (서울: 크리스찬다 이제스트, 1998).

아가페 성경사전, 정형철, (아가페 출판사, 1991).

최신 인명·지명 사전, 김남식, (한국복음문서연구회, 1979).

5. 논 문

강복군, 복음화를 위한 복음신학 연구 (한국복음신학연구원, 2001).

김상도, 생명의 복음신학 연구 (한국복음신학연구원, 1997).

김운태, 예수 그리스도의 복음선포에 대한 연구 (한국복음신학연구원, 2000).

김주환, 예수 그리스도의 복음목회에 관한 연구 (한국복음신학연구원, 1999).

류인갑, 복음적인 목회 경영 연구 (한국복음신학연구원, 1997).

박두만, 사랑과 용서의 복음신학 연구 (한국복음신학연구원, 1997).

박일규, 율법과 복음의 비교 연구 (한국복음신학연구원, 1997).

변정식, 십계명에 나타난 복음신학적 연구 (한국복음신학연구원, 2001).

송기헌, 예수 그리스도의 구원의 복음 연구 (한국복음신학연구원, 2000).

신정호, 하나님 나라의 복음신학 (한국복음신학연구원, 1994).

유재석, 화해의 복음 신학적 연구 (한국복음신학연구원, 2003).

이규동, 4복음서에 나타난 예수의 복음연구 (한국복음신학연구원, 2001).

이형근, 복음서에 나타난 예수 그리스도의 복음신학 (한국복음신학연구원, 1997).

이해순, 삼위 일체적 사랑의 복음신학연구 (한국복음신학연구원, 2003).

최동출, 부활의 복음신학에 대한 연구 (한국복음신학연구원, 1999).

최상열, 새 계명에 나타난 복음신학 연구 (한국복음신학연구원, 2005).

최충헌, 죽음의 복음신학 (한국복음신학연구원, 1995).

최창해, 출애굽에 나타난 복음신학 연구 (한국복음신학연구원, 2005).

한현옥, 예수 그리스도의 복음적인 기독론 연구 (한국복음신학연구원, 2000).

포이멘 신서   예수 그리스도의 교회

신학박사 박귀환

교회, 어떠한 곳이며 누구의 교회인가?

본서는 해결방안으로 교회의 정체성과 나아갈 방향을 예수 그리스도의 복음으로 핵심으로 제시하였다.

기존의 베드로와 바울의 교회론에 요한의 교회론을 추가하는 3분법으로 기술하였다. 또한 교회론의 3기둥을 예수 그리스도의 복음(유앙겔리온)과 교회(에클레시아) 그리고 예수 그리스도의 복음을 핵심으로 하고, '예수 그리스도의 교회'를 도구로 하여 '하나님의 나라'를 삼위일체적으로 이루어지기 위해, 길과 진리와 생명인 사랑과 용서와 섬김의 "예수 그리스도의 복음적 교회론"을 내어놓음으로써 음부의 권세가 이기지 못하는 교회, 하나님의 나라의 열쇠를 소유한 교회론을 제시하였다.

포이멘 신서 호반의 예수

신학박사 한현옥

예수는 누구였는가?
그리고 예수는 누구인가?

나사렛과 갈릴리, 예루살렘이라는 상징어
들을 사용하여 갈릴리는 나사렛의 예수가
예루살렘의 에수가 될 수 밖에 없었던 4차
원적 예수를 논하였다. 이 제4탐구는 갈릴
리에서 예수의 핵을 발견한다.
또한 기존의 제 1,2,3 탐구의 예수 연구와
구별하여 제4탐구를 말한다. 그간의 역사
의 예수 탐구들은 충분히 나사렛적인 탐
구였는데 반하여 이 제4탐구는 갈릴리에
서의 복음 예수를 만난다.

복음인의 목자되신 예수님을 상징합니다.
도서출판 포이멘은 기독교와 교회의 정체성을 제시합니다.
예수의 복음을 새롭게 조명합니다.
온 인류의 살길과 생명의 진리인 예수의 복음을 전합니다.
(포이멘. 헬, ποιμεν, 목자)